Horst Bartnitzky

Grammatikunterricht in der Grundschule

Lehrerbücherei
Grundschule

Herausgeber

Gabriele Cwik war Rektorin an einer Grundschule und pädagogische Mitarbeiterin im Ministerium für Schule und Weiterbildung des Landes Nordrhein-Westfalen. Sie ist Schulrätin in der Schulaufsicht der Stadt Essen und zuständig für Grundschulen.

Dr. Klaus Metzger Regierungsschuldirektor, war im Regierungsbezirk Schwaben/Bayern zuständig für alle fachlichen Fragen der Grundschule sowie die zweite Phase der Lehrerausbildung für Grund- und Mittelschulen. Er ist Fachlicher Leiter des Staatlichen Schulamtes Aichach-Friedberg in Schwaben/Bayern.

Der Autor

Horst Bartnitzky, Diplom-Pädagoge, war als Lehrer, Schulleiter und in der Schulaufsicht für Grundschulen tätig. Er ist Vorsitzender des Grundschulverbandes und Autor zahlreicher Publikationen zu Grundschulfragen sowie zum Deutschunterricht in der Grundschule.

Horst Bartnitzky

Grammatikunterricht in der Grundschule

Für die Klassen 1 bis 4

Cornelsen

www.cornelsen.de

Dieser Band folgt den Regeln der deutschen Rechtschreibung, die seit August 2006 gelten.

5. Auflage 2012

Redaktion: lüra – Klemt & Mues GbR, Wuppertal
Umschlaggestaltung: Claudia Adam, Darmstadt
Umschlagfoto: Fotobüro Veit Mette, Bielefeld
Satz: stallmeister publishing, Wuppertal
Druck und Bindearbeiten: fgb · freiburger graphische betriebe
Printed in Germany
ISBN 978-3-589-05065-9

Gedruckt auf säurefreiem Papier, umweltschonend hergestellt
aus chlorfrei gebleichten Faserstoffen.

Inhalt

Vorbemerkung

Grammatik gilt auch in der Grundschule als sperriger Unterrichtsstoff, ihre Vermittlung als nur mäßig erfolgreich. Als besonders schwierig erscheint, wie die traditionellen und vorgeschriebenen Inhalte der Grundschul-Grammatik mit den didaktischen Anforderungen eines handelnd-entdeckenden Unterrichts zusammenzubringen sind. Dabei sollen traditionelle Inhalte und schüleraktiver Unterricht ja nicht nur gelegentlich, bei den didaktischen Rosinenstücken, zueinanderkommen, sondern grundsätzlich und durchgehend.

Ich konnte in vielen Jahren mit dieser Problematik und mit Lösungen reichhaltige Erfahrungen sammeln – im eigenen Unterricht, bei Schulbesuchen, bei Fortbildungen. In mehreren Lehrplankommissionen haben wir darüber gestritten, wie viel und wozu Grundschüler Grammatik überhaupt brauchen. Bei der Entwicklung und Erprobung von Sprachbüchern haben wir Wege grammatischer Arbeit mit Grundschulkindern entworfen und ausprobiert. Dies alles ist in dieses Buch eingeflossen.

Drei Quellen will ich nennen: Bei der über zwanzigjährigen Entwicklung des Schulbuchwerks KUNTERBUNT entstanden viele der Vorschläge, auf die ich hier zurückgreife (BARTNITZKY/BUNK 2004). In meinem Buch *Sprachunterricht heute* habe ich ein didaktisch integratives Konzept vorgestellt, in das auch der Grammatikunterricht einbezogen ist; dies ist der sprachdidaktische Hintergrund des Buches (BARTNITZKY 2006). Im Stichwortverzeichnis dieses Buches findet sich eine Zusammenstellung der „Themen", in deren Kontext sich eine integrative Arbeit anbietet. Zuletzt habe ich mich noch einmal grammatiktheoretisch insbesondere in zwei Nachschlagewerken vergewissert; ich verweise in den einzelnen Kapiteln darauf näher (BUSSMANN 1990, GÖTZE/HESS-LÜTTICH 1999).

Horst Bartnitzky, Januar 2007

Handelnd-reflektierender Grammatikunterricht

„Fleißig ist ein Tunwort, denn da tut man ja was."

Grammatikunterricht ist ein oft leidvoll erfahrenes Kapitel der Schulzeit. Dies gilt für Schülerinnen und Schüler ebenso wie für Lehrkräfte. Für die Grundschulkinder ist es oft mit Unlust und Unverständnis verbunden:

- Das Lernen formaler Sprachstrukturen übersteigt oft ihre Verstehensmöglichkeiten. Grundschulkinder denken inhaltlich und verbinden zum Beispiel das Wort *fleißig* mit einer hohen Aktivität: Da muss eben tüchtig etwas getan werden.
- Die Begriffe klingen oft schon wie von einem anderen Stern. Da soll *faulenzen* ein Tunwort sein, obwohl doch gar nichts getan wird? Und was ist mit *wollen* und *sollen*? Tunwörter?
- Die an den Wänden hängenden Plakate mit all den grammatikalischen Begriffen suggerieren, dass man über jedes Wort nachdenken muss: Lust an Sprache kann da kaum aufkommen.

Auch für Lehrerinnen und Lehrer ist Grammatikunterricht zumeist kein vergnügliches Kapitel:

- Die eigenen Erinnerungen an Grammatikunterricht im Gymnasium sind vor allem mit formalistischen Überlegungen verbunden, oft auch mit sophistischer Haarspalterei.
- Die Linguistikvorlesungen und -seminare während des Studiums wurden nicht selten als sehr abgehoben von schulpraktischen Zusammenhängen empfunden.
- Als Sinn des Grammatikunterrichts gilt häufig vor allem, die Kinder auf die Anforderungen der weiterführenden Schulen vorzubereiten und den einschlägigen Lehrplänen zu genügen. Didaktisches Herzblut bringt eine solche Sinngebung natürlich nicht in Wallung.
- Aus all diesen Gründen wird der Grammatikunterricht tendenziell eher in bestimmte Grammatikstunden verlegt, in denen kursartig das Nötige behandelt wird, verbunden mit der Hoffnung, dass wider eigenes Erwarten etwas hängenbleibt.

- Schließlich und endlich: Grammatikunterricht wird als sperrig und als im Ergebnis wenig erfolgreich erfahren.

Sucht man nach hilfreicher Didaktikliteratur, so ist das Ergebnis nicht sehr üppig. Die Grundschulzeitschriften veröffentlichen immer wieder einmal Themenhefte mit Prinzipien eines handlungsbezogenen Grammatikunterrichts und mit anregenden Unterrichtsbeispielen. Aber wie das mit Zeitschriften so ist: Sie präsentieren beispielhaft Ausschnitte oder Aspekte, nicht das Ganze, und im Unterrichtsalltag genutzt werden eher die Kopiervorlagen als die klugen Aufsätze. Wolfhard Kluge hat verstreut kritische Beiträge geschrieben, sein Grundtenor: So, wie Grammatikunterricht betrieben wird, ist er wenig nütze, eher schädlich. Sein Plädoyer für die verborientierte Valenzgrammatik ist bedeutsam, aber der Gedanke wird nicht weiter konkret (KLUGE 1990, 1998). Ein Buch findet man: „Grammatik-Werkstatt" von Wolfgang Menzel, darin auch dreißig Seiten zur Grundschularbeit, wegweisend der operative Ansatz, aber er wird nur an einigen wenigen Themen exemplifiziert (MENZEL 1999). Am ausführlichsten werden noch die Sprachbücher. Aber da wirken die Aufgaben und Übungen oft blutleer und unzugänglich, angeklebt an die anderen Übungen oder ausgelagert auf Extraseiten, die wieder eher zum Grammatikkurs auffordern. Vergleicht man diese Literaturlage etwa mit der zum Schriftspracherwerb, dann ist die Feststellung „bescheiden" schon eine Übertreibung.

Über die Gründe, warum das so ist, kann man spekulieren. In den Fünfziger- und Sechzigerjahren des vorigen Jahrhunderts gab es noch einen reich bestückten Büchertisch zum Thema. Die Buchveröffentlichungen führten nicht das Wort Grammatik im Titel, aber Begriffe wie Sprachbetrachtung und Sprachübung, Sprachentfaltung und Spracherkenntnis. Konzeptionell gründeten sie insbesondere auf zwei Leuchttürmen der auf Grammatik bezogenen Didaktikgeschichte. Ich erwähne sie, weil es mir bedeutsam erscheint, den Bezug zu ihnen wiederherzustellen – nämlich zu Rudolf Hildebrand und Leo Weisgerber.

„Nicht wie ein anderes Latein"

Rudolf Hildebrand hat in seinen legendären vier Grundsätzen im Jahr 1867 Prinzipien für den Sprachunterricht formuliert, die seither nichts an Bedeutung verloren haben (HILDEBRAND 1867):

- „Der Sprachunterricht soll mit der Sprache zugleich den Inhalt der Sprache, ihren Lebensgehalt voll und frisch und warm erfassen.“ Also: Auch der Grammatikunterricht gründet in den Sprachinhalten und in der Lebendigkeit der gesprochenen, gehörten, gelesenen und geschriebenen Sprache. Nicht die Systematik steht am Anfang, sondern diese Lebendigkeit der Sprache. Im Anschluss daran lässt sich darüber nachdenken, wie Sprachhandeln und sprachliche Äußerungen „funktionieren“. Dabei können Kinder auf eine Geregeltheit stoßen, die dann wieder auf die lebendige Sprache zurückbezogen wird: Ist das, was wir gefunden haben, auch in anderen Fällen so?
- „Der Lehrer des Deutschen soll nichts lehren, was die Schüler selbst aus sich finden können.“ Nach heutigem didaktischem Verständnis konstruieren und rekonstruieren Kinder beim Lernen aktiv Zusammenhänge. Das gilt auch für die „Einsicht in den Bau der Sprache“, um eine alte, von Hans Glinz stammende Zielformulierung aufzugreifen. Der Unterricht muss mithin Kinder anregen, selbst über Sprache nachzudenken, mit ihr zu experimentieren, dabei auch Kategorien zu finden und sie auf ihre Sprachverwendung wieder zurückzubeziehen.
- „Das Hauptgewicht soll auf die gesprochene Sprache gelegt werden.“ Natürlich ist das keine Abwertung des Schriftlichen, aber doch eine Akzentuierung. Sprachlich agieren Kinder vor allem mündlich. In Gesprächen formulieren sie Erfahrungen und Gedanken, Meinungen und Argumente, gleichen sie miteinander ab, schärfen und differenzieren sie.
- „Das Hochdeutsch als Ziel des Unterrichts soll nicht als etwas für sich gelehrt werden, wie ein anderes Latein, sondern im engsten Anschluss an die in der Klasse vorfindliche Volkssprache und Haussprache.“ (HILDEBRAND 1867) Hier spielten zeitgebundene Auseinandersetzungen um den Stellenwert der Sprache der Region und des Hochdeutschen eine Rolle. Für heute bleibt eine plastische Formel: Die deutsche Sprache nicht zu lehren wie ein „anderes Latein“. Wenig hilfreich ist also ein Formalismus wie zum Beispiel die Vermittlung der Wortarten, damit Kinder die Begriffe kennen, ohne ihre eigene Sprache darauf beziehen zu können; oder die künstlichen Satzschemata Subjekt-Prädikat-Objekt, die der Sprachwirklichkeit der Kinder nur selten entsprechen.

Die Prinzipien von Rudolf Hildebrand, fast 150 Jahre alt, haben nichts von ihrer provokanten und innovativen Schärfe verloren. Wer mag schon behaupten, er setze sie im Unterricht stimmig um?

Leo Weisgerber rief 1950 das Ende des Zeitalters der Grammatik aus (WEISGERBER 1950). Er meinte damit den formalistischen Grammatikunterricht der griechischen und lateinischen Tradition, der nicht zu einer motivierten Hinwendung zu den Eigenheiten der eigenen Sprache, zum Staunen über deren Reichtum und letztlich zu einem verantwortungsvollen Umgang mit der Sprache führt. Dies aber waren für ihn zentrale Ziele. Vier Hauptwege gab er der Schule auf:

- **Sprachliches Wachsen**: Das Kind wächst von Beginn an in die Sprache seiner Umgebung hinein. Diese sprachlichen Wachstumsprozesse muss die Schule weiterführen, sie pflegen und ausbauen.
- **Sprachliches Können**: Die sprachlichen Fähigkeiten müssen herausgefordert werden. Sinnvolle Situationen sind nötig, in denen Kinder ihr Können erproben, damit sie auch als Könnenserfahrungen erlebt werden, so wie die gewachsenen Lesefähigkeiten oder in Schreibprojekten das Schreiben und Schriftgestalten als Gewinn erfahren werden.
- **Sprachliches Wissen**: Durch den Gebrauch und die Reflexion über den Gebrauch nehmen die Kinder Distanz zu ihrer Sprache ein und erkennen, was sie besitzen: Sie denken über Sprache als Instrument des Denkens, Fantasierens, Miteinandersprechens nach, über Eigenarten und Regelhaftigkeiten, über die Leistung von Sprache.
- **Sprachliches Wollen**: Dies alles, das Wachsen, Können und Wissen, muss das Kind auch wollen. Sonst entwickelt es sich nicht. Deshalb gilt immer wieder die kritische Frage: Befördert, was und wie wir unterrichten, die Neugier auf die Sprache, die Lust an der Sprache, die Freude am eigenen sprachlichen Fortschritt, letztlich auch die Verantwortlichkeit für das eigene Sprachhandeln?

Wenn wir heute das Unternehmen wieder Grammatikunterricht nennen, dann meinen wir in der Tradition dieser Überlegungen nicht einen auf Formalismus hin ausgelegten Grammatikkurs und auch nicht einen aktionistischen Arbeitsblatt-Unterricht. Wir meinen einen veränderten Grammatikunterricht: Er fördert das sprachliche Wollen, weil es Antrieb für sprachliches Wachsen ist; sprachliches Wachsen wiederum ist Bedingung sowohl für das eher intuitive sprachliche Können als auch für das bewusste sprachliche Wissen. Grammatikunterricht ist dann aber keine gesonderte Unterrichtsveranstaltung, sondern integriert in einen lebensvollen Sprachunterricht. Grammatik wird nicht gelehrt „wie ein anderes Latein“, sondern von den Kindern experimentierend, probierend, entdeckend aktiv erarbeitet, bezogen auf ihre lebendige Sprache. Zugegeben, ein hoher Anspruch.

„Aus dem Wasser der Sprache auftauchen"

Der hohe Anspruch wurde in aller Regel durch die Unterrichtspraxis auch der Fünfziger- und Sechzigerjahre nicht gedeckt. Es wurde in den Schulen gelehrt, was auch heute noch vielerorts üblich ist: eine Wortarten- und eine Satzglieder-Systematik. In den Siebzigerjahren wurden die bis dahin alleingültige Didaktik der muttersprachlichen Bildung und in ihr die Konzepte für Sprachbetrachtung und Sprachübung abgelöst durch die sog. „kommunikative Wende". Der Grammatikunterricht sollte nicht länger eine sprachliche Systematik vermitteln, sondern sich an kommunikativen Situationen orientieren, an alltäglichen Sprechakten, an Irritationen, Auffälligkeiten, Missverständnissen; Erkenntnisse über Regelhaftigkeiten sollten Wirkungen von Sprache durchschaubarer machen. Wolfgang Böttcher und Horst Sitta waren die Initiatoren dieses „anderen Grammatikunterrichts", der sich unausgesprochen lerntheoretisch auch an die Grundsätze von Rudolf Hildebrand hielt, wenngleich hier nun emanzipatorische Aspekte mit leitend waren (Böttcher/Sitta 1978). Den Grammatikunterricht dauerhaft verändern konnten diese Ansätze nicht. Es fehlte an überzeugenden Beispielen für die Grundschule, wie denn sprachliche Situationen ohne konstruiert wirkende Zurüstung Gegenstand des Nachdenkens werden konnten und wie dadurch auf die Zeit gesehen auch Systematisierungen möglich sein würden.

In den Neunzigerjahren mehrten sich dann Ansätze und Beispiele, wie Schülerinnen und Schüler über operative Umgangsweisen mit Sprache Einsichten in Sprachgebrauch und Sprachsystem gewinnen können. Wolfgang Menzel gab hierzu wichtige Anregungen (Eisenberg/Menzel 1995, Menzel 1999). Ebenfalls in der Tradition Rudolf Hildebrands fordern Eisenberg und Menzel konkrete sprachliche Gegebenheiten als Ausgangspunkt. Durch sprachliche Operationen und Experimente kategorisieren sie Auffälligkeiten und Regelhaftigkeiten, gewinnen Kategorien und beziehen sie zurück auf konkrete Situationen. Ihre Formel: vom Konkreten zum Kategorisieren, von Kategorien zum Konkreten. Für die Operationen und Experimente brauchen Schülerinnen und Schüler methodisches Handwerkszeug. Mehrere Autoren rekurrieren dabei auf die „sprachlichen Proben", Menzel und Eisenberg bezeichnen sie für alle Schulstufen als die „Methoden einer Grammatik-Werkstatt". Die sprachlichen Proben (zum Beispiel Verschieben und Ersetzen von Satzgliedern) hatte Hans Glinz schon in den Vierzigerjahren entwickelt, um einen neuen Zugang auf die speziell deutsche Sprache zu gewinnen, in Abkehr vom überlieferten Grammatiksystem des Lateinischen mit seiner Subjekt-Prädikat-Objekt-Reihe. Hans Glinz ist übrigens ein weiterer Leuchtturm in der Didaktikgeschichte des Grammatikunterrichts; er wird in diesem Buch noch häufiger zurate gezogen (GLINZ 1961).

Ein weiterer Widerspruch bestimmte die Jahrzehnte: Es gab Stimmen, die für die Grundschule jeglichen Grammatikunterricht ablehnten und ihn in die Sekundarschulen verwiesen (zum Beispiel SCHWENK 1983). Andere hielten dagegen, dass Sprache ein zentraler Bereich der Lebenswelt von Kindern sei. Und so wie wichtige Bereiche der Lebenswelt (Musik und Design, Natur und Technik, Mensch und Gesellschaft) selbstverständliche Inhaltsfelder des Unterrichts seien, so müsse dies erst recht für die Sprache gelten. Grammatikunterricht könne dazu führen, „dass wir aus dem ‚Wasser' der Sprache, in dem wir uns normalerweise wie die Fische tummeln, einmal ‚auftauchen' und das Medium, in dem wir uns sonst einigermaßen sicher bewegen ‚von oben' betrachten können" (EISENBERG/MENZEL 1995).

Gegenwärtig haben wir also folgende Situation in der Didaktik: Es gilt die seit 150 Jahren bestehende Forderung nach einem Grammatikunterricht, der sich auf lebendige Sprache bezieht und die Kinder zu eigenaktiven Erforschungen von Sprachgebrauch und Sprachsystem anregt. Es fehlt aber ein didaktischer Entwurf, der alle wichtigen Felder des Grammatikunterrichts in der Grundschule theoretisch und unterrichtsdidaktisch aufbereitet. Neben der Didaktikdiskussion gibt es eine Schulpraxis, die sich auf einige Felder beschränkt:

- die Ebene der Laute und Buchstaben insbesondere im Anfangsunterricht, oft ohne das Bewusstsein, dass es sich hier explizit auch um Grammatikunterricht handelt,
- die Ebene Wort insbesondere mit der Wortarten-Grammatik, in der Regel ab Klasse 2,
- die Ebene Satz insbesondere mit den wichtigen Satzgliedern und den Satzarten, in der Regel ab Klasse 3.

Diese Schulpraxis orientiert sich häufiger an traditionellen Grammatikkonzepten, versucht, die grammatikalische Systematik der Wortarten und der Satzglieder an die Kinder zu vermitteln, aus Zeitgründen eher belehrend und übend als zur eigenaktiven Auseinandersetzung anstiftend.

Diese widersprüchliche Situation war Ausgangspunkt für dieses Buch. Ich habe mich bei der Erarbeitung den Feldern zugewandt, die zu den traditionellen des Grammatikunterrichts in der Grundschule gehören. Sie wurden im Übrigen von der Kultusministerkonferenz als verbindliche „Grundlegende sprachliche Strukturen und Begriffe“ in den Bildungsstandards im Fach Deutsch für den Primarbereich festgelegt (Beschluss vom 15.10.2004. KMK 2005, S. 14). Dort wird ausgeführt:

Grundlegende sprachliche Strukturen und Begriffe
Es geht hier in erster Linie um die mit Begriffen und Strukturen gemeinten Kategorien. Die Bezeichnungen dafür können unterschiedlich sein.

Wort	Buchstabe, Laut, Selbstlaut, Mitlaut, Umlaut, Silbe, Alphabet Wortfamilie, Wortstamm, Wortbaustein, Wortfeld, Wortart Nomen: Einzahl, Mehrzahl, Fall, Geschlecht Verb: Grundform, gebeugte Form; Zeitformen: Gegenwart, Vergangenheitsformen Artikel: bestimmter, unbestimmter Artikel Adjektiv: Grundform, Vergleichsstufen Pronomen Andere Wörter (alle hier nicht kategorisierten Wörter gehören zu dieser Restkategorie)
Satz	Satzzeichen: Punkt, Komma, Fragezeichen, Ausrufezeichen, Doppelpunkt, Redezeichen Satzart: Aussage-, Frage-, Ausrufesatz Wörtliche Rede Subjekt Prädikat/Satzkern Ergänzungen: Satzglied, einteilige und mehrteilige Ergänzungen Vergangenheit, Gegenwart, Zukunft (als Zeitstufen)

Mit der Begrenzung auf die Ebenen Wort und Satz lasse ich die Felder aus, die ebenfalls zum Bereich Sprachreflexion gehören, also: kommunikative Prozesse und grundlegende Einsichten in Kommunikation, Textgrammatik, nicht sprachliche Zeichen, Sprachgeschichte (Wörter, Schrift, Redensarten, Rechtschreiben).

Insofern hat die Inhaltlichkeit dieses Buches Tradition. Althergebracht ist auch die Art des Umgangs mit Sprachgebrauch und Sprachsystem – nicht in der Traditionslinie der formalistischen Lateingrammatik, aber in der von Hildebrand bis Glinz. Die Prinzipien dieses Grammatikunterrichts will ich im nächsten Kapitel skizzieren.

Handeln und reflektieren

Schulgrammatik und Grammatiktheorien

Grammatik bedeutet, in der lebendigen Sprache eine Systematik entdecken und konstruieren. Es gibt nicht die eine Grammatik. Es gibt vielmehr eine nicht zählbare Menge von grammatischen Entwürfen, Theorien und Konzepten. Keiner gelingt es, die lebendige Sprache ohne Rest auf ein System hin zu kategorisieren. Wer zum Beispiel den einfachen Satz als bestehend aus Subjekt und Prädikat definiert, kann mit *Lothar singt* ein treffendes Beispiel anführen. Der Satz *Lothar bringt* dagegen ist unbefriedigend, weil man doch wissen muss, was er bringt, vielleicht auch wem. Wer den Satz vom Verb her definiert und alle Ergänzungen hinzufügt, die für eine Aussageeinheit unentbehrlich sind, wird beide als einfache Sätze definieren können: *Lothar bringt mir das Buch,* und: *Lothar singt.* Aber was ist dann mit dem Ausruf: *Feuer!* Auch das ist eine Aussageeinheit, und was für eine, das muss doch auch ein Satz sein – oder? Doch fehlt das Verb, von dem aus der Satz definiert wurde. Dies nur als kleines, noch unvertracktes Beispiel für die Schwierigkeit, eindeutige grammatische Kategorien zu bilden, die der lebendigen Sprache gerecht werden. Das bedeutet: Der Blick auf die eine gültige Grammatik, die nun auch für den Unterricht maßgebend sein könnte, fällt auf eine große Zahl zum Teil auch konkurrierender Grammatiken. Welchen grammatischen Ansatz soll denn nun die Schule wählen?

Die Schule muss primär nicht linguistisch, sondern didaktisch entscheiden:

- Die schulische Grammatik muss es Kindern ermöglichen, mit konkreten Sprachgegebenheiten zu spielen, zu experimentieren, zu operieren – eben auf vielfältige Weise zu handeln mit der Absicht, etwas über Geregeltheit und Besonderheit sprachlicher Äußerungen herauszubekommen. Die sprachlichen Proben Verschieben, Ersetzen, Erweitern und Auslassen sind solche Methoden, die aus der Sprachwissenschaft übernommen werden können.
- Die schulische Grammatik muss Kindern ermöglichen, dabei zu Kategorien zu kommen, die sie verstehen und mit denen sie auch weiterhin umgehen können; Kategorien, die ein Schlüssel sind, um viele sprachliche Gegebenheiten auf ihre Struktur hin zu beleuchten. Eine solche Kategorie ist der Satzkern als Dreh- und Angelpunkt im Satz, von der aus die Satzglieder erfragt werden, die dann Ergänzungen zum Satzkern sind. Haben die Kinder Ergänzungen mit Fragen wie *wem, wen, wo* erfragt, dann kommen sie in anderen Zusammenhängen auch auf Fragen wie *wohin, womit,*

warum. Damit orientiert sich die Schulgrammatik an der wissenschaftlichen Dependenzgrammatik.

- Die schulische Grammatik erarbeitet keine komplette Systematik der Sprache, zum einen weil dies kein Grammatikkonzept kann, zum anderen weil ihr Entscheidungspunkt nicht die Linguistik oder die Übernahme eines Systems ist, sondern die didaktische Frage: Wie können Kinder systemische Zusammenhänge generativ konstruieren? Sie entscheidet nicht unter dem Gesichtspunkt der fachwissenschaftlichen, also linguistischen Systematik, sondern dem der lerntheoretischen Ergiebigkeit. Für die Grundschule heißt dies noch viel bescheidener: Grammatikunterricht schafft hier erste Grundlagen der Methoden, des Kategorisierens und erster Kategorien, die dann der Unterricht in den Sekundarschulen weiter ausbauen muss.

Kategorisieren und konkretisieren

Die Formel von Eisenberg und Menzel ist treffend: vom Konkreten zum Kategorisieren, von Kategorien zum Konkreten. Ein ▸ Beispiel: Beim Thema „Unsere Sinne" bringt die Lehrerin einen Korb mit, der durch ein Tuch abgedeckt ist. Ein Kind fasst in den Korb, ergreift einen Gegenstand, ohne ihn herauszuholen, und beschreibt ihn, ohne ihn zu verraten. Die anderen Kinder raten, worum es sich wohl handelt. Das ist die konkrete Situation, eingebunden in die Unterrichtsthematik. Die Beschreibungswörter werden gesammelt und verglichen, dabei finden sich einzelne Wörter wie *rund*, *flach*, *flauschig*, *eklig*, eventuell auch Satzfragmente wie: *haben wir in der Küche*, *kann man essen* ... Die einzelnen Wörter werden in eine Liste geschrieben, die Satzfragmente in eine andere. Bei weiteren solchen Raterunden entwickelt sich ein Repertoire, das die Kinder nutzen. Sichtbare Gegenstände werden beschrieben und miteinander verglichen, dabei stellen die Kinder fest, dass die einzelnen Wörter auch für Vergleiche nützlich sind: etwas ist *flauschig*, etwas anderes ist *noch mehr flauschig*, *flauschiger*, *besonders flauschig*, *megaflauschig*. Die Kinder entwickeln hier die Kategorie „Adjektive" und wenden sie unmittelbar in konkreten Situationen wieder an. Dabei übersteigen sie die traditionelle Grammatikkategorie Adjektiv als Wiewort: Sie benutzen bei der Beschreibung nicht nur Adjektive, sondern auch andere sprachliche Möglichkeiten, und sie finden beim Vergleichen mit *noch mehr flauschig* und *megaflauschig* andere Möglichkeiten jenseits der üblichen Grammatikkategorien Komparativ und Superlativ. In einem weiteren

Schritt kann die Lehrerin ihnen sagen, dass man solche Wörter Adjektive nennt, und sie können selbst herausbekommen, wie man bei Wörtern herausfindet, ob es Adjektive sind oder nicht: Kann man mit ihnen so etwas machen wie mit *flauschig*, *flauschiger*, *megaflauschig*? Wenn die Kinder das bei allen gefundenen Adjektiven probieren, könnten sie beim Adjektiv *rund* stutzen: *rund*, *runder*, *am rundesten*, *megarund* – geht das? Gibt es etwas, das runder als rund sein kann?

Damit sind die reflektierenden Bewegungen skizziert: Den Kindern fällt beim Sprachgebrauch etwas auf, sie untersuchen und experimentieren, finden Gemeinsamkeiten und Besonderheiten, lernen für eine Kategorie einen Begriff, untersuchen daraufhin wieder den Sprachgebrauch und stellen Regelhaftigkeiten fest oder auch Abweichungen – so wie dies die lebendige Sprache bereithält. Es ist eine ständige Hin- und Herbewegung zwischen konkretem Sprachgebrauch und Reflektieren, zwischen Konkretion und Kategorisierung.

Integrativ und kursorisch

Im Beispiel oben war das Grammatikthema „Adjektive“ eingebettet in das Grundschulthema „Unsere Sinne“, in ein fächerübergreifendes Thema der Fächer Deutsch und Sachunterricht, das aber auch andere Fächer mit einbinden kann. Das Beispiel ist exemplarisch: Grammatikunterricht ist auf solche Weise in den Sprachunterricht integriert. Diese Einbindung halte ich für ein wichtiges Prinzip. Sprachliche Situationen bietet jedes Unterrichtsthema zuhauf. Was hier ergiebig zum weiteren Nachdenken und Untersuchen erscheint, wird aufgegriffen und zum Gegenstand weiterer Spracharbeit gemacht. Menzel widerspricht diesem Ansatz, weil er meint, Grammatik würde so „in Themen verknotet“ nur eben mal „en passant“ ins Spiel kommen und niemals systematisierend (Menzel 1999, S. 133). Meine Erfahrungen sind andere. Vermutlich stellt schon das Sprachbild Menzel das Bein: Das Nachdenken über Sprache ist nicht „verknotet“ und deshalb kaum herauslösbar, sondern es ist eine ständige Dimension bei aller sprachlichen Arbeit. In jedem Sprachunterricht kann auch über Sprache reflektiert werden – in Gesprächen über das aktive Zuhören, über das Anknüpfen an Vorredner, über Regeln; im Schriftspracherwerb über den Zusammenhang von Lauten und Buchstaben, über die Veränderung von Wörtern, wenn man Buchstaben austauscht, über die Frage, wann ein Satz endet … Natürlich muss man den Kindern die Zeit geben, die oben beschriebenen Hin-und-her-Bewegungen zwischen Sprachhandeln und Reflektieren auch zu vollziehen. Grammatikunterricht ist, und so sind im Buch auch die Beispiele angelegt, im Grundsatz in eine thematische Arbeit integriert – eben als sprachuntersuchende Dimension der Spracharbeit. Dabei bietet der thematische Unterricht die sprachlichen Situationen und das Sprachmaterial als Ausgangspunkt der Reflexionen. Er bietet Möglichkeiten, das Erkannte zu verwenden und Weiteres zu erarbeiten. Schließlich vermittelt er den Kindern auch gute Gründe, über Sprache nachzudenken, weil die Ergebnisse des Nachdenkens weiter genutzt werden. Einbindung (nicht Einknotung) in den thematischen Unterricht ist neben diesen didaktischen Vorzügen übrigens auch der ökonomischere Weg.

Allerdings ergibt sich immer wieder die Notwendigkeit, eine erarbeitete Kategorie zu wiederholen, zu differenzieren, weiter zu systematisieren, aber auch: die erkannten sprachlichen Gegebenheiten, die entdeckten grammatischen Kategorien, die erweiterten Möglichkeiten des Sprachhandelns mit weiteren Beispielen zu üben. Integrativ hatten die Kinder im Beispiel oben beim Thema „Unsere Sinne" die Wortart Adjektive und die Möglichkeit erarbeitet, mit ihnen zu vergleichen. Die Kinder bringen nun Gegenstände und Fotos mit – von Tieren, von Fahrzeugen, Häusern, Figuren aller Art, und sie stellen – jenseits des Themas „Unsere Sinne" – Vergleichsreihen zusammen, zum Beispiel drei oder vier unterschiedlich große Tiere: Sie werden mithilfe verschiedener Adjektive verglichen – mit *klein* muss man beim Größten beginnen *(klein – kleiner – am kleinsten)*, mit *groß* beim Kleinsten *(groß – größer – am größten)*. Wird ein noch kleineres oder größeres Tier hinzugenommen, verschieben sich die Vergleichsformen. Ähnlich kann mit Fahrzeugen und anderem mehr gearbeitet werden. Solche kursorischen Übungen befördern das Gespür für Adjektive weiter und auch die Fähigkeit, sie zu nutzen. Dieser Unterricht stellt mithin eine didaktische Schleife dar, eine Arbeitssequenz neben dem thematischen Unterricht. Nur: Solche kursartigen Sequenzen sind nicht Ausgangs- und Zielsituation.

Funktional und eigenwertig

Eine alte didaktische Diskussionsfrage gilt der Alternative: Ist Grammatikunterricht funktional im Sprachunterricht, unterstützt er die Schriftsprachentwicklung, das Textschreiben, das Lesen, das mündliche Sprachhandeln, die Rechtschreibung, oder ist er ein eigenständiger Arbeitsbereich? Er ist das eine insbesondere, aber das andere auch. Grammatikunterricht ist wesentlicher Teil der Sprachreflexion, und Sprachreflexion ist die metasprachliche Dimension aller Spracharbeit. Immer, wenn über Sprachhandeln und über sprachliche Zeugnisse nachgedacht wird, ist Grammatik mit im Spiele: Es geht beim Lesen- und Schreibenlernen um die Klärung von Laut-Buchstaben-Beziehungen, von Wortbausteinen, es geht um einen Begriff von Wort und Satz. Beim Textschreiben geht es um Wortschatz und Sprachstrukturen, um Methoden der Überarbeitung, um das Nachdenken über Rechtschriftlichkeit usw. Deshalb ist es falsch, Sprachreflexion nur einem Arbeitsbereich zuzuordnen, etwa dem Rechtschreiben, wie dies neuerdings gern gemacht wird. Sie ist ein Querbereich zu allen Arbeitsbereichen sprachlicher Arbeit, und Grammatik im Sinne von Wort-, Satz- und Textgrammatik ist immer mit dabei. Sie erhält aus den Bereichen das Material und die Begründung für ihre Reflexionsarbeit, und was sie erarbeitet, kommt dem Arbeitsbereich wieder zugute: Wenn Kinder mit Sätzen experimentieren, sie erweitern, Satzteile umstellen, austauschen, weglassen, dann erwerben sie grundlegende Methoden für die Überarbeitung von Texten. Neben dem funktionalen Bezug zu allen sprachlichen Arbeitsbereichen hat Grammatikunterricht aber auch eigenständige Bedeutung: Einsicht in den Bau der Sprache ist ein wesentliches Bildungsziel. Beim Experimentieren mit Sätzen lernen sie, Satzstrukturen zu erkennen und die sprachwissenschaftlichen Methoden anzuwenden. Nur: Dazu ist kein separierender Grammatikunterricht nötig. Vielmehr gewinnen Kinder diese Einsicht auf dem Rücken der funktionalen metasprachlichen Arbeit.

Gefühl und Wissen

Gefühl ist eine didaktisch nicht gebräuchliche Kategorie. Da derzeit zudem alles, was überprüfbar ist, hoch gehandelt wird, ist das Gefühl als nicht überprüfbare Kategorie nicht gefragt. Dennoch ist es gerade beim sprachlichen Lernen von besonderer Bedeutung: Niemand kann eindeutig definieren, was ein Wort ist. Dennoch haben wir alle, auch die nicht linguistisch Vorgebildeten, ein Gefühl dafür, was zu einem Wort gehört. Im Zweifelsfall, bei der Entscheidung Zusammen- oder Getrenntschreiben, entscheiden viele lieber nach ihrem Sprachgefühl, als im Wörterbuch nachzuschlagen. Das Sprachgefühl wird gesteuert von einem intuitiven Sprachwissen, das wir nicht explizieren können, das aber unser Gehirn besitzt. Es ist stets darauf aus, Wahrnehmungen zu kategorisieren, einzuordnen, zu generalisieren, ohne unser bewusstes Wissen darüber. Diese Vorgänge im Gehirn muss der Unterricht ständig anregen. Sie sind wirkungsvoller und schneller als das, was metakommunikativ, also über Nachdenken und Verhandlungen über sprachliche Gegebenheiten erarbeitet werden kann.

▶ Ein Beispiel: Wenn die Kinder der Klassen 1 und 2 wichtige Wörter in einem Abc-Heft aufschreiben, das als Vokabelheft in der Mitte einen Strich hat, wenn sie dabei die Wörter mit großem Anfangsbuchstaben immer in die linke Spalte schreiben, alle anderen in die rechte, wenn sie im Zusammenhang von Mehrzahlbildungen dies auch bei den Wörtern in der linken Spalte probieren und Wortreihen bilden wie: *ein Affe – viele Affen*, *ein Auto – viele Autos*, dann wird das Gehirn angeregt, einen Nomenbegriff zu bilden: Wörter, die in der linken Spalte stehen, fangen immer mit einem großen Buchstaben an, man kann mit ihnen so etwas machen wie *ein Affe – viele Affen*. Das mögen dann Wörter für Tiere und für Gegenstände sein, Konkreta oder Abstrakta – es sind der Reiheneffekt der linken Spalte, die Besonderheit des großen Anfangsbuchstabens und die Mehrzahlprobe, die einen internen Nomenbegriff bilden lassen, bevor der Begriff mit den Kindern extern mit einem Terminus benannt oder gar definiert ist. Bewusst wird dann die Mehrzahlprobe an Nomen ausprobiert und auch erkannt, dass es Nomen gibt, die es nicht in der Einzahl (Eltern, Ferien) und die es nicht in der Mehrzahl gibt (Mut, Liebe). Auch das hat das Gehirn längst gemerkt.

Das Sprachgefühl steuert, dass zum Beispiel das Mehrzahlwort *Eltern* nicht als *Elter* „vereinzahlt" wird, wenn nur eine Person gemeint ist, eher erfindet es ein neues Wort wie Elternteil. Wenn Kinder darüber nachdenken, können sie solchen Besonderheiten auf die Spur kommen, ebenso verschiedenen Pluralbildungen.

Für den Grammatikunterricht ist mithin zweierlei wichtig:

- erstens: die interne Bildung eines Begriffs, einer Regelung, die sich als Sprachgefühl, als Gespür für „das geht" oder „das geht nicht" äußert; Weisgerber nannte das **sprachliches Können**;
- zweitens: das Bewusstwerden sprachlicher Kategorien und Strukturen, das dem internen Begriff einen formulierten Begriff, einen Terminus, zuordnet, das **sprachliche Wissen**.

Die Förderung des intuitiven Könnens muss dem bewussten Wissen vorausgehen.

Das Sprachgefühl weiß immer mehr als das Sprachbewusstsein. Das Sprachbewusstsein schärft, verstärkt oder korrigiert jedoch seinerseits das Sprachgefühl. Beides zusammen macht übrigens erst die Sprachkompetenz aus.

Handeln und Reflektieren sind die beiden Schlüsselwörter für den Grammatikunterricht. Im Handeln stecken Sprachgebrauch in Situationen und Methoden des Operierens und Experimentierens mit Sprache, hier steuert auch das Sprachgefühl mit. Bei den Handlungen werden Gemeinsamkeiten, Besonderheiten, Strukturen auffällig, sie werden reflektiert, das Experimentieren wird bewusster, Kategorien entwickeln sich. Das Handeln wird reflektiert und die Reflexion führt zum Handeln zurück. Will man es auf einen Begriff bringen: Es geht um handelnd-reflektierenden Grammatikunterricht.

Ein Arbeitsplan für die Grundschuljahre

In diesem Buch werden die folgenden Ebenen grammatikdidaktisch aufgearbeitet:

- Buchstaben und Laute,
- Wörter und Wortarten,
- Sätze und Satzteile.

Zwar lässt sich in vielen Fällen keine eindeutige Progression der Inhalte ausweisen, noch weniger eine Progression der individuellen Lernfortschritte vorschreiben. Dennoch ist eine grobe Zuweisung der Ziele und Inhalte auf die Klassen 1/2 und 3/4 möglich.

In der folgenden Übersicht habe ich die Prozess- und die Ergebnisziele, die in diesem Buch ausgeführt werden, schwerpunktmäßig auf die Doppeljahrgangsstufen verteilt. Sie bilden die tragfähigen Grundlagen jeweils am Schluss des Doppeljahrgangs, auf denen der weitere Unterricht aufbauen kann. Dieser Arbeitsplan kann eine Orientierung auch für die Erarbeitung schuleigener und klassenbezogener Arbeitspläne sein.

Klassen 1 und 2	Klassen 3 und 4
Wörter zerlegen, Wörter bilden, Strukturen erkennen	**Wörter zerlegen, Wörter bilden, Strukturen erkennen**
▪ Laut-Buchstaben-Beziehungen entdecken ▪ verwandte Wörter finden, Wortstämme und Wortbausteine identifizieren ▪ mit Wortstamm und Wortbausteinen operieren und dabei Verben und Nomen bilden, über Veränderungen nachdenken ▪ (flektierbare) Wörter verändern: Nomen mit dem Begleiter (Einzahl, Mehrzahl), Verben (bestimmte Personalformen), Adjektive (Vergleichsformen), dabei Strukturen entdecken	▪ Wörter zusammensetzen, Wörter umbilden ▪ Nomen mit Begleiter verändern (Fälle, Einzahl, Mehrzahl), verschiedene Mehrzahlbildungen entdecken ▪ Verben in verschiedene Personalformen und Zeitformen setzen, Wortbausteine erkennen, die Veränderungen beim Verb bewirken ▪ mit Adjektiven vergleichen, sie auf Vergleichsstufen setzen, sie mit Nomen und Begleitern gemeinsam flektieren, Wortbausteine erkennen, die Veränderungen beim Adjektiv bewirken
Wörter sammeln und ordnen	**Wörter sammeln und ordnen**
▪ Wörter alphabetisch sortieren, ein erstes Wörterbuch nutzen ▪ Wortfelder sammeln und strukturieren ▪ verwandte Wörter sammeln und strukturieren	▪ Wörterbuch nutzen ▪ Wortfelder sammeln und strukturieren ▪ Kategorien für Wörter kennen und Wörter einordnen: Nomen mit Begleiter, Verb, Adjektiv, Pronomen als Stellvertreter, andere Wörter
Sätze erkennen und kenntlich machen	**Mit Sätzen experimentell umgehen**
▪ Texte in Sätze gliedern, Satzschlusszeichen setzen ▪ Sätze erweitern	▪ Sätze vom Satzkern aus erweitern ▪ ein Repertoire von Ergänzungsfragen finden und nutzen ▪ das Subjekt als besondere Ergänzung erkennen ▪ Satzteile umstellen, ersetzen, weglassen und über die Wirkungen nachdenken

Klassen 1 und 2	**Klassen 3 und 4**
	▪ Sätze unterschiedlich intonieren und über die Redeabsichten nachdenken, Satzarten unterscheiden ▪ Nebensätze bilden
Sprachliche Mittel in Texten entdecken und bewusst auch selbst anwenden	**Sprachliche Mittel in Texten entdecken und bewusst auch selbst anwenden**
▪ wie Texte gegliedert sind (Wortgrenzen, Satzgrenzen) ▪ wie man mit Wörtern vergleichen kann ▪ was man an Wortbildungen erkennen kann (Einzahl, Mehrzahl; Gegenwart oder Vergangenheit; Schreibweise verwandter Wörter, häufiger Wortbausteine)	▪ woran man die Zeitstufen erkennt ▪ wie man mit Wörtern vergleichen kann ▪ wie man durch Umstellen, Ersetzen, Erweitern und Weglassen Sätze und Texte verändern kann ▪ wie man Redeabsichten durch Satzzeichen verdeutlicht (Kommas, Satzschlusszeichen, Redezeichen) ▪ wie man Satzergänzungen in Nebensätzen formuliert

Der hier vorgestellte Grammatikunterricht ist nicht ausdrücklich auch für Deutsch als Zweitsprache entwickelt. Doch gelten das integrative und handlungsbezogene Konzept, die Arbeitsmethoden und Beispiele auch für Kinder mit anderer Familiensprache. Manches muss bei ihnen allerdings systematischer geübt werden, siehe hierzu ENGIN u. a. 2004, BARTNITZKY/SPECK-HAMDAN 2005.

Buchstaben und Laute, Morpheme, Wörter

1. Was ist ein Wort?

Die Antwort erscheint unproblematisch. Jede und jeder kann schließlich Wörter von Buchstaben oder Wortgruppen unterscheiden: Die Lücke vor und nach jedem Wort macht es einfach. Kinder haben anfangs beim eigenen Schreiben oft noch Probleme mit den Wortgrenzen. Aber diese Probleme verflüchtigen sich in der Regel im weiteren Verlauf. Deshalb ist das Thema Wort auch kaum ein Gegenstand des Nachdenkens. Dennoch oder besser: deshalb nehme ich es hier auf. Denn Grammatikunterricht beginnt nicht erst mit der Bestimmung der Wortarten in Klasse 2. Vielmehr ist er eine Dimension sprachlicher Arbeit von Anfang an, so wie auch die Arbeit an der Beziehung von Lauten und Buchstaben. Im Übrigen kann an dem scheinbar einfachen Thema Wort auch deutlich werden, welche Beziehung zwischen sprachwissenschaftlichen und didaktischen Überlegungen besteht.

Sachklärung: Wort (Lexem)

Was ist ein Wort? Die Sprachwissenschaft bietet verschiedene Definitionen an:

- **Phonetisch betrachtet**: Wörter sind mündlich durch lautliche Signale unterscheidbar, wie Pause oder Knacklaut bei Vokalanfang. Dagegen spricht, dass in der gesprochenen Sprache Wortgruppen oder Sätze in einem Zug, als eine Klangfolge ohne Unterbrechungen gesprochen werden. Auch werden in solchen Sprechströmen Anfangsvokale oft ohne Knacklaut gesprochen, weil sie mit dem vorherigen Konsonanten verschliffen werden (*jedenabend*).
- **Graphemisch betrachtet**: Wörter sind schriftlich durch Lücken im Schriftbild erkennbar (Spatien, Singular: Spatium). Allerdings wird hier die Definition von der Festlegung der Rechtschreibregel abhängig gemacht. Aber nach welcher Wortdefinition wird die Rechtschreibregel festgelegt? Hier bleibt also eine definitorische Lücke, die nicht geschlossen ist,

wie die Auseinandersetzung um die Frage: zusammen- oder getrennt schreiben zeigt.

- **Morphologisch betrachtet**: Wörter sind Grundeinheiten und zu unterscheiden von den flektierten Wortformen. Danach ist *lesen* ein Wort, während *liest*, *las*, *gelesen* Wortformen des Wortes *lesen* sind. Das entspricht allerdings nicht dem umgangssprachlich verwendeten Wortbegriff, der alles, was durch eine Lücke im Text markiert ist, als Wort versteht (siehe die graphemische Definition).
- **Semantisch betrachtet**: Wörter sind die kleinsten Bedeutungseinheiten der Sprache, die im Lexikon erfasst sind. Hierbei sind ebenfalls die flektierten Wortformen nicht als Wörter definiert.
- **Syntaktisch betrachtet**: Wörter sind die kleinsten Einheiten im Satz, die man verschieben und ersetzen kann. Das aber ist eine theoretische Übung, denn im Satz sind nur Satzteile oder Satzglieder sinnvoll verschiebbar, und im Satz: *Es schneit* ist auch das *es* sinnvollerweise nicht ersetzbar.
- Für „Wort" wird synonym der Terminus Lexem verwendet, in anderen Zusammenhängen steht der Terminus Lexem aber nur für den Wortstamm (siehe BUSSMANN 1990, S. 849 ff.).

Fazit: Die Definitionen der Sprachwissenschaft zum Begriff Wort bzw. Lexem sind, je nach Blickwinkel und zugrunde liegendem Grammatikansatz, immer nur von eingeschränkter Gültigkeit und zum Teil widersprüchlich. Dennoch haben wir einen intuitiven Wortbegriff, der uns zum Beispiel beim Schreiben eines Textes leitet, mit hoher Übereinstimmung übrigens, wenn man Schreibproben vergleicht.

Didaktische Überlegungen

Die didaktischen Überlegungen setzen die oben angeführte Sachklärung voraus, führen nun aber zu eigenständigen Entscheidungen in Bezug auf das Lernen der Grundschulkinder.

Begründung

Der Wortbegriff ist für normgerechtes Schreiben nötig: Kinder müssen lernen, Wortgrenzen zu beachten, auch bei Druckschrift eine erkennbare Lücke von Wort zu Wort zu lassen. Damit ist entschieden, nach welcher Definition der Terminus Wort benutzt wird, nämlich entsprechend der graphemischen Definition. Außerdem ist er als Arbeitsbegriff in der Schule unverzichtbar. Er ist auch Bestandteil weiterer Arbeitsbegriffe wie „Wortlücke“, „Wörter verändern“ (konjugieren, deklinieren, steigern), „zusammengesetztes Wort“, „Wörter, die mit großem Anfangsbuchstaben geschrieben werden“ ...

Begrifflichkeit

Der grammatikalische Begriff in der Grundschule sollte sich auf einen Terminus beziehen, der für Kinder verständlich und eindeutig ist. Dies ist hier der Terminus Wort. Bleibt die Frage nach der Reichweite des Wortbegriffs: Bezieht er sich nur auf die Grundeinheit der Wörter, also bei Nomen auf die Form 1. Person Singular, bei Verben auf die Grundform, bei Adjektiven auf die Grundstufe, oder gehören zum Wortbegriff auch alle flektierten Wortformen und Wortzusammensetzungen? Hier leitet die Praktikabilität und das Verständnis der Kinder: Ich nutze im Folgenden den weiten Wortbegriff, der alle Wortformen einbezieht.

Lernprozess

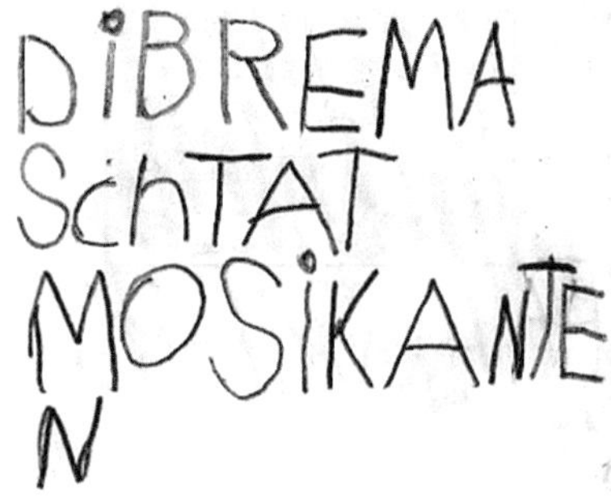

Titelblatt zum Faltbüchlein „Bremer Stadtmusikanten“, erstellt vier Wochen nach Schulbeginn.

Der Artikel bildet hier mit dem Nomen *Bremer* noch ein Wort, *Stadt* ist ein eigenes Wort, vermutlich bekannt aus Wendungen wie *wir fahren in die Stadt*. Die Trennung beim Wort *Musikanten* ist durch das Ende des Formats (des Blattes) gegeben.

Die Kinder kommen mit einem intuitiven Wortbegriff in die Grundschule: Ein Wort ist eine Aussageeinheit. Intuitiv ist der Wortbegriff, weil er nicht bewusstes Regelwissen ist. Das Gehirn nutzt beständig Lerngelegenheiten und versucht, aus den sprachlichen Eindrücken Generalisierungen zu gewinnen, sie mit weiteren Eindrücken abzugleichen, sie gegebenenfalls zu verändern. Das Kind wendet dann die Regelungen an, ohne sie bewusst zu kennen oder sie gar formulieren zu können. Entwickelt wird das Vorwissen zum Wortbegriff durch vorschulische Spracherfahrungen, bei denen das Gehirn entdeckt, dass solche Aussageeinheiten wie Bausteine in Gesprochenem und Gehörtem verwendet werden. Für Kinder kann eine Aussageeinheit zum Beispiel *autofahren* sein oder *meinkaninchen*. Funktionswörter aber, also Wörter, die nicht primär inhaltliche Bedeutung haben, sondern grammatische Funktion wie Artikel, Präpositionen, Konjunktionen, werden oft nicht als eigenständige Wörter verstanden. Gestärkt werden die Erfahrungen, wenn Kinder in Bilderbüchern die Texte sehen, wenn beim Vorlesen zum Beispiel ein Wort wiederholt wird, weil es auf dem Bild eine Rolle spielt usw., und dann natürlich durch Verschriftungen von Botschaften, Einkaufszetteln, Merkzetteln ... Damit wird deutlich: Alle Kinder haben am Schulanfang einen intuitiven Wortbegriff, er ist aber unterschiedlich rechtschreibkonform und unterschiedlich gefestigt. Hieraus erwächst für den Unterricht die Aufgabe, den Wortbegriff weiter zu schärfen.

Im Grammatikunterricht, wie in anderen Bereichen auch, ist die zunächst wirksamste Lernmethode, das Gehirn zu internen Regelbildungen zu aktivieren. Deshalb haben immer Handlungsweisen Vorrang, die das Gehirn anregen, nicht aber formulierte Regeln, die im Klassenraum aufgehängt werden. Möglichkeiten dazu sind: Die Kinder gehen vielfältig mit Wörtern um, sie entdecken die Wortgliederung in Lesetexten, suchen Wörter heraus, sie sammeln, sortieren, durchgliedern Wörter, bilden neue Wörter, tauschen in Texten Wörter aus. Bei diesem handelnden Umgang mit Wörtern präzisiert sich der interne Wortbegriff, der das eigene Schreiben und damit auch das Beachten der Wortgrenzen steuert.

Der Begriff Wort wird im Unterricht von Anfang an genutzt, ebenso wie die Begriffe Buchstabe oder Laut. Sie werden zur Verständigung beim Erschreiben und Erlesen gebraucht und klären sich bei der Verwendung, zum Beispiel wenn die Kinder Wörter sammeln, die mit *A* anfangen. Irgendwann denken die Kinder auch darüber nach, was denn ein Wort ist, und sie werden vermutlich eine **Definition** finden wie:

> Wörter kann man daran erkennen,
> dass sie in geschriebenen und gedruckten Texten
> vor und nach sich eine Lücke haben.

Für die Verwendung des Terminus Wort ist diese ausdrückliche Definition zwar nicht nötig. Da wir aber dem Nachdenken über Sprache und dem Herausfinden von strukturellen Merkmalen Bedeutung beimessen, ist eine definitorische Erarbeitung durch die Kinder so reizvoll wie wichtig.

Unterrichtsbeispiele

In allen Konzepten zum Lesen- und Schreibenlernen wird die Begriffsbildung zum Terminus Wort durch vielfältige Übungen unterstützt. Deshalb werden hier nur exemplarische Beispiele vorgestellt. Sie betreffen vorwiegend die Klasse 1. Alle nachfolgenden Kapitel zum Wortbereich, also zur Wortbildung, zur Wortordnung, zu den Wortarten schärfen den Wortbegriff weiter. Entsprechende Beispiele finden sich dort.

Wörter sammeln

Vom ersten Schultag an werden Wörter gesammelt: Für jedes Kind ist der eigene Name zunächst das wichtigste Lese- und Schreibwort. Auch möchte es, dass die Lehrkraft und die anderen Kinder es beim Namen nennen. Im Rahmen ihrer Arbeit mit den Namen der Kinder in der Klasse sammeln sie Namen: Auf einem Blatt oder in einem Faltbüchlein holen sich die Kinder Autogramme.

Spielzeug, Alltagsgegenstände, Fotos von Gegenständen, Tieren, Pflanzen werden in der Klasse gesammelt. Steht ein Buchstabe mit den entsprechenden Lauten im Mittelpunkt des Unterrichts, dann werden aus der Sammlung Gegenstände und Fotos ausgesucht, deren Wörter mit diesem Buchstaben beginnen, oder in denen der Buchstabe vorkommt. Sie werden auf einem Tisch ausgestellt, auch mit anderen gemischt und wieder entmischt, in einem Korb gesammelt ...

In Zeitungen und Zeitschriften werden Wörter gesucht, in denen bestimmte Buchstaben vorkommen. Sie werden ausgeschnitten, auf Buchstabenblätter geklebt. Schon an dieser Stelle können die Kinder überlegen, woran sie erkennen, dass die Buchstaben zu einem Wort gehören, und woran sie sehen, wann das nächste Wort anfängt.

Die Kinder sammeln eigene Lieblingswörter. Sie können auf Schmuckblätter, in ein Faltbüchlein, in ein eigenes kleines Wörterbuch „Meine Wörter“ geschrieben werden.

Im Laufe der Klasse 1 werden wichtige und häufige Schreibwörter (Merkwörter, Grundwortschatzwörter) öffentlich gesammelt. Dabei werden neben Inhaltswörtern (Nomen, Verben, Adjektive) auch schreibhäufige Funktionswörter (Artikel, Partikel) aufgenommen.

▶ Beispiele: Die Kinder schreiben Briefe, sie werden im Klassenbriefkasten gesammelt und jeden Tag „ausgetragen“. Die Wörter *liebe*, *lieber*, *hallo*, *dein*, *deine* werden auf der Seitentafel notiert.

Die Kinder schreiben und malen Ich-Blätter mit ihren Lieblingsspeisen, Lieblingsspielen usw. Die Wörter *ich*, *mag*, *gerne* werden sichtbar festgehalten. – Der Übersichtlichkeit wegen werden die Wörter im Laufe der Zeit auf einem Plakat gesammelt:

Mit den Wörtern werden Leseübungen durchgeführt:

Ich sehe ein Wort, das du nicht siehst, es fängt mit *j* an.
Wie heißt in der zweiten Spalte das dritte Wort?
Welches Wort steht unter *hallo*?

der	groß	an	ja	ich
die	klein	aus	nein	mich
das	lieb	im	nicht	heute
dem	lieber	in	doch	gestern
den	gerne	mit	und	morgen
ein	schön	um	was	hallo
eine	doof	zu	wo	viel
kein	still	hinter	wann	sehr
...	...	...	...	...

Mit Wörtern operieren

Mit Buchstabenkarten werden in den ersten Wochen Wörter aufgebaut. Bei jedem Schritt überlegen die Kinder, welches Wort nun wohl entstehen mag:

A
AM
AMEI
AMEIS
AMEISE

Diese Übung trainiert die Hypothesenbildung beim Erlesen und damit eine zentrale Teilleistung beim Lesen. Vorteilhaft für die Schärfung des Wortbegriffs ist, dass die Inhaltlichkeit des Wortes im Zentrum steht. Die gebräuchliche entgegengesetzte Übung des Wortabbaus hat dagegen keine Funktion, weder für das Lesenlernen noch für die Plastizierung des Wortbegriffs.

Die Hypothesenbildung kann mit längeren Wörtern weitergeführt werden:

ZOO
ZOOEI
ZOOEIN
ZOOEINTRITT
ZOOEINTRITTSKARTE

Mit Buchstabenkarten werden Wörter umgebaut, dabei sollten neben Inhalts- auch Funktionswörter entstehen:

AMEISE – MEISE – LEISE – LEINE – ALLEINE – EIN – IN – EIN – MEIN – DEIN – KLEIN – FEIN – EI – / EIN FEINES KLEINES EI

Wortgrenzen markieren
Beim eigenen Schreiben in unverbundener Schrift werden die Wortgrenzen zunächst markiert. Die Kinder können übergangsweise nach jedem Wort zum Beispiel einen dicken Punkt setzen.

Über „Wort“ nachdenken
Irgendwann im Laufe der Grundschulzeit können die Kinder auch über den Wortbegriff in tieferer Bedeutung philosophieren. Bei sozialthematischen Unterrichtseinheiten kann es auch um die Frage gehen: Wofür bin ich heute verantwortlich? Wofür sind zum Beispiel die Eltern verantwortlich? Eine Konfliktgeschichte kann die Verantwortlichkeit zugespitzt erfahrbar und diskutierbar machen. Ein ▶ Beispiel: Die Eltern sind einkaufen, der Junge soll auf seine kleine Schwester aufpassen. Nun wollen seine Freunde ihn zum Fußballspielen abholen: Der Junge kann zu Hause bleiben, oder er kann mitgehen und die kleine Schwester mitnehmen. Was kann er tun? Was sollte er tun?

In diesem Zusammenhang kann die Frage gestellt werden: Im Wort *Verantwortung* steckt das Nomen *Wort*. Was haben die beiden Wörter miteinander zu tun? Was bedeutet: Ich gebe dir mein Wort? Was ist ein Wortbruch?

2. Laute und Buchstaben entdecken

Wie der Wortbegriff, so werden auch diese beiden Begriffe intuitiv verwendet, und die Entdeckung der Beziehungen zwischen Lauten und Buchstaben gehört zum Standard der Praxis und Literatur des Schriftspracherwerbs. Die entsprechenden Unterrichtsprozesse, Lehr- und Lernakte haben aber auch hier wesentlich eine grammatische Dimension. Als Lehrkraft sie bewusst zu kennen, ist für die sachgerechte Förderung des Schriftspracherwerbs im System der Buchstabenschrift nicht nur nützlich, sondern nötig; für die Kinder sind die Operationen und Reflexionen in der grammatischen Dimension wesentliche Unterstützungen bei ihrem Lernweg in der Buchstabenschrift.

Sachklärung: Laut-Buchstaben-Beziehungen (Phonem-Graphem-Korrespondenzen)

Mit der Buchstabenschrift werden die Laute der gesprochenen Sprache notiert. Das Besondere ist dabei ihre Ökonomie: Das deutsche Alphabet hat einschließlich des Buchstabens *ß* nur 27 Zeichen und verschriftet damit etwa 40 bedeutungsunterscheidende Laute der deutschen Standardsprache. Mithin kann eine unendliche Menge deutschsprachiger Wörter mit den nur 27 Buchstaben festgehalten werden. Damit unterscheidet sich die Buchstabenschrift grundlegend von anderen Verschriftungssystemen, zum Beispiel von logografischen Schriften, bei denen die Bedeutung der Wörter durch grafische Zeichen fixiert wird. Die moderne chinesische logografische Schrift zum Beispiel benötigt allein für die umgangssprachliche Kommunikation 6000 bis 8000 Zeichen, die zehnfache Menge wird für wissenschaftliche Texte gebraucht. Die Buchstabenschrift ist deshalb einfach in der Struktur, relativ leicht zu lernen und ökonomisch anzuwenden (siehe BUSSMANN 1990, S. 72).

Voraussetzung ist allerdings, dass die Kinder die gesprochene Sprache auf ihren Lautcharakter hin differenziert wahrnehmen, dass sie Phoneme unterscheiden und sie den Graphemen zuordnen können.
Dies ist aus drei Gründen keine einfache Leistung:

1. Die Kinder müssen sich der Lautfolge mündlicher Sprache zuwenden und sie vergegenständlichen, das heißt: sie als Folge inhaltsneutraler Laute wahrnehmen und sie zum Gegenstand ihres Arbeitsprozesses machen.
2. Die Kinder müssen die Laute differenziert wahrnehmen und sie auf den Buchstabenvorrat hin beziehen.
3. Die Kinder müssen in der deutschen Sprache beachten, dass die Laute nicht in einem 1:1-Verhältnis den Buchstaben entsprechen, sondern dass es vielfältige Abweichungen gibt.

Die Besonderheiten der Beziehung zwischen Lauten und Buchstaben werden präziser „Phonem-Graphem-Korrespondenzen“ genannt. Sie haben ihre Ausformung durch die Eigenart der Sprache und durch historische Entwicklungen gewonnen. Sie führten dazu, dass die deutsche Rechtschreibung wohl lautorientiert, aber nicht lautgetreu ist:

- Ein Buchstabe kann verschiedene Laute fixieren. Dies betrifft die Lautvarianz bei den Vokalen: das geschlossene, kurze /e/ in *fest*, das lange in *lesen*, das offene in *Hemd*, das reduzierte in *Raupe*, das verschmolzene bei *Herd*; auch beim Buchstaben a sind Varianten in den folgenden vier Wörtern zu hören: *Apfel*, *Mandarine*, *Banane*, *Markt*. Die Lautvarianz betrifft auch die Konsonanten: die vier verschiedenen /r/ bei den drei Wörtern: *Pferd*, *Reiter*, *klar*; die unterschiedliche lautliche Bedeutung des Buchstabens s bei den Wörtern *Satz, Hose, Fluss, Schatz, Spatz ...*
- Ein Laut wird in verschiedenen Buchstaben realisiert: /k/ in *kalt*, *backen*, *mag*, *Christkind*; /x/ in *Hexe*, *Fuchs*, *flugs*; /t/ in *Hut*, *Hand* und *Hütte*; /e/ in *Fest*, *Gäste*, *fehlen*, *See*; /i/ in *ich*, *Liebe*, *ihr*, *Vieh ...*

Mehrere Buchstaben stehen für einen Laut: *sch*, *ch*, *chs*, *ah*, *ck*, alle Doppelkonsonanten, *ng* ... Die Gründe für diese Abweichungen von einem 1:1-Verhältnis von Laut und Buchstaben liegen, von Zufällen abgesehen, in historischen Entwicklungen, einschließlich der Übernahme von Fremdwörtern, und in den Bemühungen um Regelhaftigkeit der Rechtschreibung wie zum Beispiel im Prinzip der „Stamm-Morphem-Konstanz", also der Gleichschreibung des Wortstamms: Bei *Hand* wird das im Auslaut verhärtete /t/ am Ende mit d geschrieben, weil *Hände* auch, nunmehr hörbar, mit d geschrieben wird; zugleich wird das offene /e/ bei *Hände* mit ä geschrieben, weil das a bei Hand umgelautet erhaltenbleibt. All diese Strukturmerkmale der deutschen Buchstabenschrift müssen in der Erstlese- und Rechtschreibdidaktik berücksichtigt werden. Damit ist auch deutlich, dass die hierauf bezogenen Unterrichtsprozesse immer auch Prozesse intuitiven und bewussten Grammatiklernens sind.

Die bedeutungsunterscheidenden Laute werden in der Linguistik als Phoneme bezeichnet; Gleit- und Übergangslaute ohne Bedeutungsunterscheidung sind zwar Laute, also Phone, aber keine Phoneme. Den Phonemen entsprechen auf der Buchstabenebene die Grapheme. Phoneme können ein- und zweigliedrig sein (*e*, *ei*), Grapheme eingliedrig, zwei- oder dreigliedrig (*s*, *ch*, *sch*). Damit sind die linguistischen Begriffe Phonem und Graphem sowie Phonem-Graphem-Korrespondenz für die Verschriftung durch die Buchstabenschrift präziser als die deutschen Begriffe Laute, Buchstaben, Laut-Buchstaben-Beziehung.

Didaktische Überlegungen

Begründung

Die Hinwendung zur Lautseite der Sprache und die Fähigkeit, Sprechlaute zu unterscheiden, die phonetische Bewusstheit also, ist eine der wesentlichen Voraussetzungen für gelingenden Schriftspracherwerb. Die unterschiedenen Laute müssen dann den Buchstabenzeichen zugeordnet werden. Da dies in der Regel nicht in einem 1:1-Verhältnis möglich ist, müssen vielfältige Erfahrungen mit den Korrespondenzen von Lauten und Buchstaben gesammelt werden – durch eigene Verschriftungsversuche, durch Lesen und durch gezielte Übungen. Auch die Übungen müssen sich immer auf Wörter beziehen, die die Kinder kennen, denn nur dort können sie die Lautvarianzen realisieren. Das Entdecken von Lauten und Buchstaben und ihrer Beziehungen sind mithin unabdingbare Prozesse beim Schriftspracherwerb.

Begrifflichkeit

Die fachlichen Begriffe Phonem und Graphem sind zwar für das Gemeinte treffender, sie sind aber als Arbeitsbegriffe der Kinder zumal in den Anfangsklassen sperrig. Deshalb sollten die umgangssprachlich vielen Kindern schon bekannten Begriffe Laut und Buchstabe verwendet werden.

Bei den Lauten werden unterschieden: **Selbstlaute** und **Mitlaute**. Diese deutschen Begriffe tragen ihre Definition und sind für Kinder verständlich. Auch umgelautete Laute *ä, ö, ü* gehören zu den Selbstlauten, ebenso die verbundenen Laute *ei, au, eu, äu* (Zwielaut, Diphthong). Kinder können sie insgesamt als Selbstlaute bezeichnen. Ich schlage die folgende **Terminologie** vor:

Selbstlaute lassen die Wörter klingen.
Es gibt:

- einfache Selbstlaute: *a, e, i, o, u* — in *Hanna, Emil, Jule, Momo*
- Zwielaute: *ei, au, eu, äu* — in *Meise, Baum, Eule, Bäume*
- Umlaute: *ä, ö, ü, äu* — in *Äffchen, Öhrchen, füttern, Mäuse*

Alle anderen Laute sind Mitlaute. — *B C D F G H* und 14 andere

Lernprozess

Die Kinder haben beim Schulanfang in Bezug auf die Einsicht in die Struktur der Buchstabenschrift sehr unterschiedliche Entwicklungsstände. Um es an den Extremen zu verdeutlichen: Es gibt Kinder, die bereits lesen und schreiben können, während andere Kinder noch keine phonetische Bewusstheit entwickelt haben. Entwicklungsmodelle, die in der Forschung zur Schriftsprachentwicklung erarbeitet wurden, helfen festzustellen, welche Strategien zur Verschriftung Kinder bereits erworben haben:

Strategie	**Beispiele**
Vorphonetische Strategien	Kinder kritzeln, schreiben willkürlich Buchstaben.
Alphabetische Strategien Ausprägungen: ▪ Skelettschreibung ▪ lautentsprechende Schreibung ▪ lauttreue Schreibung	 MT (Mutter), GNA (Kinder) MUTA (Mutter), DOFEN (dürfen) AFE (Affe), SCHRANT (Strand)
Orthografische Strategien	(Kinder übernehmen orthografische Muster wie *v, ei, st, ch, ie*; sie übernehmen normgerechte Schreibweisen häufiger Wörter und häufiger Buchstabenkombinationen.)
Morphematische Strategien	(Kinder übernehmen Rechtschreibstrukturen, zum Beispiel Gleichschreibung der Stamm-Morpheme, normgerechtes Schreiben von Präfixen wie *ver-, vor-,* von Suffixen wie *-en, -er, -ig.*)

An Kindertexten ist erkennbar, welche dieser Strategien ein Kind bereits besitzt. Dabei wird auch deutlich, dass Kinder oft mehrere Strategien zum gleichen Zeitpunkt nutzen:

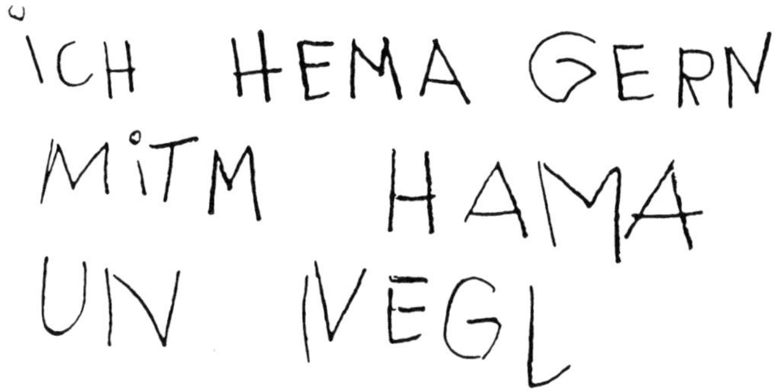

Die meisten Wörter in diesem Kindertext werden mit der alphabetischen Strategie lauttreu verschriftet. Einige Wörter, die im Unterrichtszusammenhang (Ich über mich) eine besondere Rolle spielen, werden bereits in normgerechter Schreibweise übernommen: ich, gern. Wortgrenzen werden beachtet, bei MITM werden die beiden Funktionswörter noch nicht getrennt. Die alphabetische Strategie mischt sich also bereits mit der orthografischen.

Die Kinder entwickeln ihre Schreibstrategien, indem sie die Beziehungen zwischen Lauten und Buchstaben für sich konstruieren. Hier arbeiten sie als Grammatiker. Dabei spielen ihre bisherigen Erfahrungen mit Schrift und ihre Motivation, selber Texte zu schreiben und zu lesen, eine entscheidende Rolle. Gegenüber einseitigen Didaktikmodellen, die ganz auf eigenaktiven, kindgesteuerten Schriftspracherwerb setzen, muss für die meisten Kinder ein breites Anregungsfeld mit Angeboten und auch direkter Vermittlung von Teilfähigkeiten und Schreibmustern geschaffen werden. Dabei sind vielfältige Operationen und Umgangsweisen mit Strukturmerkmalen der Schrift nötig:

- für die grundlegenden **alphabetischen Strategien**: den Lautcharakter gesprochener Sprache in gezielten Übungen wahrnehmen, dabei Phoneme unterscheiden, Buchstabenzeichen zuordnen, Lautvarianzen wahrnehmen, Wörter und eigene Texte verschriften;
- für die Weiterführungen zu **orthografischen Strategien**: wichtige Schreibwörter sammeln und üben, Wörter auditiv und visuell durchgliedern, Abweichungen von der elementaren Laut-Buchstaben-Beziehung feststellen, bei anderen Wörtern überprüfen, über Regelhaftigkeit nachdenken;
- für die Erarbeitung **morphematischer Strategien**: Wörter zerlegen, Wörter bilden, Strukturen erkennen, über Schreibweisen nachdenken.

Unterrichtsbeispiele

Vielfältige Anregungen und Beispiele finden sich in der einschlägigen Literatur zum Anfangsunterricht. An dieser Stelle kommt es auf die besonderen grammatikalischen Aspekte an, insbesondere auf die Phonem-Graphem-Korrespondenzen in der deutschen Schriftsprache. Die Kinder beginnen zwar häufig mit lautentsprechender Verschriftung, doch muss von Anfang an präsent sein, dass die Beziehungen nicht im 1:1-Verhältnis stehen, sondern dass auch Lautvarianzen, Buchstabenvarianten und Buchstabenkombinationen entdeckt werden müssen.

Die Lautseite der Sprache wahrnehmen, Laute und Buchstaben zuordnen (Klasse 1)

Ein möglicher Einstieg sind die Namen der Kinder in der Klasse und die Wahrnehmung der Vokale in den Namen. Gesucht werden Namen, in denen ein *A/a* vorkommt. Die Namen werden gesprochen, das /a/ herausgehört, im Namen der Buchstabe farbig übermalt. Ebenso bei den anderen Vokalen. Schon hierbei wird deutlich, dass jeder Buchstabe für eine Lautvarianz steht. So wie im Namen *ANNA* zwei verschiedene /a/ zu hören sind, so ist dies bei anderen Vokalen in Namen ebenso. Zumindest der eigene Name ist ein erstes Merkwort. Die Namen aller Kinder werden ausgehängt.

Die Kinder erhalten zugleich eine Schreibtabelle und können damit Wörter und Texte über sich erschreiben und dazu malen. Sie finden die Vokale in der Tabelle wieder sowie weitere Buchstaben mit Anlautbildern für das erste Erschreiben. Die Anlaute müssen gut isolierbar sein (bei /k/ nicht *Krokodil* wegen des nachfolgenden Konsonanten, nicht *Kamel* wegen des Buchstabennamens *ka*). Es sollten für das alphabetische Erschreiben nur solche Buchstaben sein, für die man sich ohne Rechtschreibkenntnisse entscheiden kann (zum Beispiel nicht V mit einem Vogelbild, weil die Kinder zunächst nicht entscheiden können, ob ein Wort mit F oder mit V geschrieben wird). Solche Abweichungen von der 1:1-Laut-Buchstaben-Entsprechung werden bereits entdeckt, wenn die Namen der Kinder visuell und auditiv durchgliedert werden. Bei *Christof* zum Beispiel wird festgestellt, dass der Name vorne als /k/ wie bei *Kerze* klingt, aber mit *CH* geschrieben wird. Im Laufe der Zeit können eingetragen werden: *SP, ST, PF, V, Y, C* ...

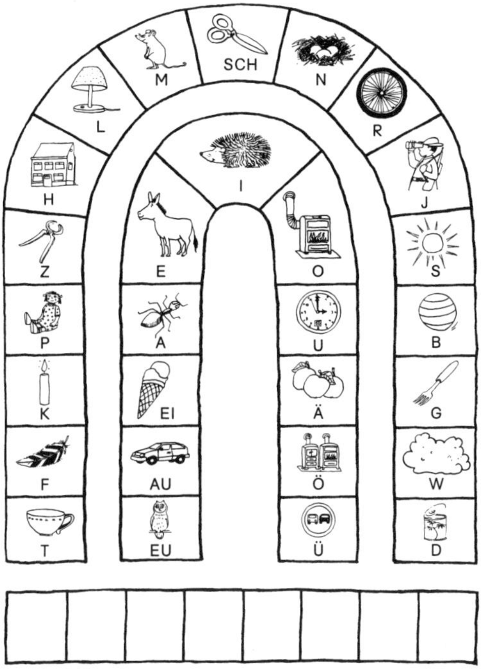

Schreibtabelle mit Großbuchstaben als Erstschrift. In die leeren Kästchen unten werden erste Rechtschreibmuster eingetragen.

Zu allen Buchstaben werden Gegenstände (Hausgeräte, Spielzeug, Fotos) gesammelt, ausgestellt, in Körbchen zum Buchstaben verwahrt. Die Wörter werden abgehört, überartikuliert (I-n-di-a-n-e-r) und „in einem Zug“ gesprochen, auf schon bekannte Buchstaben bezogen, auf neue Buchstaben. Die Namen der Gegenstände werden auf Karten geschrieben, die Kinder ordnen Gegenstände und Namen zu.

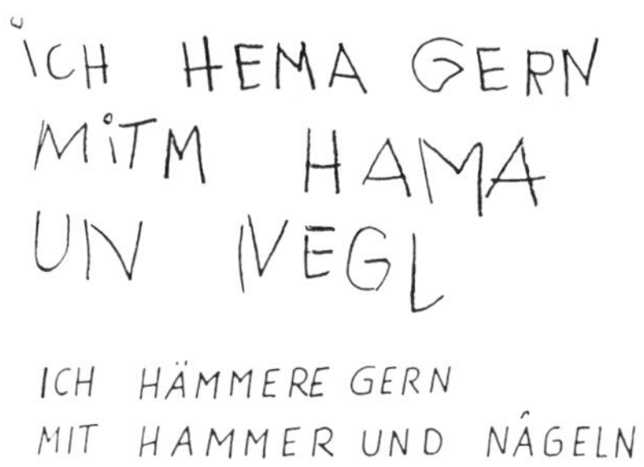

Unter den Kindertext schrieb die Lehrerin den Text in normgerechter Schreibweise – ohne aufdringlichen Korrekturimpetus, aber mit der Anregung, dass die Kinder Schreibweisen miteinander vergleichen. Manche Lehrkräfte sagen: „Das ist eure Schrift (Privatschrift) und das hier ist die Buchschrift.“

Weitere Übungen

▶ **Schreib-Lese-Rätsel** mit Anlautbildern aus der Schreibtabelle:

Die Kinder schreiben die entsprechenden Buchstaben unter die Bilder, suchen bei den drei Bildern rechts das Lösungsbild, malen es farbig aus und schreiben das Wort in die Schreibleiste.

▶ **Abhörübungen**: Statt der üblichen Kreuze in eines von drei Kästchen (Anlaut, Binnenlaut, Endlaut) wird die fragliche Laut-Buchstaben-Zuordnung in den Schreibraum unter das Bild geschrieben. Die Kinder werden es je nach Entwicklungsstand bald nicht mehr dabei bewenden lassen, sondern erschreiben das ganze Wort, auch mithilfe der Schreibtabelle.

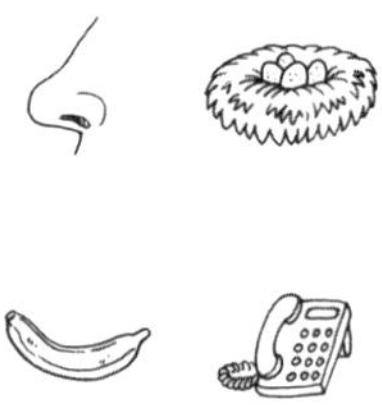

Hier sollen die Wörter auf den Laut /n/ hin abgehört werden. Der Buchstabe N soll dann im Schreibraum unter dem Bild an der entsprechenden Stelle im Wort eingetragen werden.

▶ Weitere Unterstützungen zur **Wahrnehmung des Lautcharakters** können sein:

- Sprechverse (Si- Sa- Suse / hat ne Bli- Bla- Bluse / aus reiner Si- Sa- Seide, passend zum Kli-Kla-Kleide. Macht einen Si- So- Salto, dass es nur so kni- kno- knallt – o!),
- Reime (Zu dem Vater passt die ... / auf das Brot streicht man die ... / Wer viel trinkt, hat sicher .... / Unser Hund frisst gern ...),
- Lieder (Drei Chinesen mit dem Kontrabass ...),
- Wortauf- und -umbau-Übungen (siehe oben S. 29 f.).

Übungen zur morphematischen Strategie werden im nächsten Kapitel beschrieben.

Abweichungen von der elementaren Laut-Buchstaben-Beziehung
Solche Abweichungen zu entdecken und die Schreibweisen zu üben, ist Teil der rechtschreiblichen und der grammatikalischen Arbeit während der gesamten Grundschulzeit. Kinder werden auf eine Abweichung aufmerksam, sammeln weitere Wörter und untersuchen sie nach Regelhaftigkeit. Anstoß dazu geben entweder die Fehlerhäufigkeit bei einem Wort, einem Rechtschreibfall oder Merkwörter, die bei den Schreibsituationen des Unterrichts schreibwichtig und fehleranfällig sind und nun als Modelle für die weitere Untersuchung dienen. Beispiele finden sich in den folgenden Abschnitten.

Selbstlaute von Mitlauten unterscheiden
Lang und kurz gesprochene Vokale auditiv zu unterscheiden, ist für viele Kinder schwierig, auch dialektale Sprechweisen stimmen nicht immer mit der standardsprachlichen Lautung überein. Dennoch ist die Unterscheidung wichtig, weil die Kürze bzw. Länge häufig auftretende rechtschriftliche Abweichungen von der elementaren Laut-Buchstaben-Beziehung begründen: So folgen auf kurz gesprochenen Selbstlaut im Wortstamm zwei Mitlaute, folgt nur einer, wird er verdoppelt (*Muster*, *Mutter*, aber *Mut*).

▶ **Rätselhafte Wörter:** *Bch / Tfl / Rs*

Die Kinder versuchen herauszubekommen, um welche Wörter es geht. Hier fehlen Buchstaben. Sie finden mehrere Möglichkeiten:

Bch: Bach, Buch, Bauch, Bäche, Bäuche
Tfl: Tafel, Teufel
Rs: Rose, Reise, Riese, Riss, Ross.

Die Kinder erkennen durch Leseproben, dass erst mit den ergänzten Buchstaben das Wort eindeutig und sprechbar wird. Die Buchstaben werden lautiert, Lautvarianten werden ausprobiert: kurz sprechen, lang sprechen, tief und hoch sprechen, tief anfangen und hochziehen usw. Dabei erfahren die Kinder, dass all diese Übungen nur mit den eingefügten Lauten gut zu machen sind. Sie lauten selbst und man kann damit klanglich spielen.

Die anderen Laute sind die Mitlaute, die erst durch die Selbstlaute zum Klingen gebracht werden. So weit die Wortklärung. Die gefundenen Selbstlaute werden in den Wörtern markiert. Werden sie kurz oder lang gesprochen? Wie ist das bei *Bach*, wie ist das bei *Buch*? Es wird ausprobiert: *Bach* mit lang gesprochenem /a/; *Buch* mit lang gesprochenem /u/. Klingt das in beiden Fällen richtig? Ebenso werden beide Wörter mit kurz gesprochenem Selbstlaut gesprochen. Was klingt richtig, was falsch? Die Kinder markieren bei den beiden Wörtern den kurz gesprochenen Selbstlaut mit einem Punkt, den lang gesprochenen mit einem Strich:

Bạch   Bu̱ch

Ebenso verfahren sie bei den anderen Wörtern. Im Zweifelsfall hilft die Klangprobe: kurz sprechen, lang sprechen – was klingt richtig? Zweifelsfälle sind möglicherweise die Zwielaute *äu*, *eu*, *ei*. Kurz oder lang gesprochen? Sie gelten als lang gesprochen.

Die Selbstlaute werden herausgeschrieben. Wie kann man sie sortieren? Eine Möglichkeit ist: alle einzelnen ohne Pünktchen, alle mit Pünktchen, alle zu zweit vorkommenden. Dabei entstehen zwei Zweifelsfälle: In die Reihe *au*, *ei*, *eu* passt *ie* nicht so recht hinein, weil man hier nur das /i/ hört. Also wird es nochmal extra geschrieben. Und *äu* passt zweimal, also wird es zweimal zugeordnet. Am Ende ist das Folgende erarbeitet:

Selbstlaute
a, e, i, o, u
ä, äu
au, ei, eu, äu
ie

(Die Begriffe umlauten und Umlaut erschließen sich für die Kinder bei der morphematischen Arbeit, zum Beispiel wenn aus *Hand Hände* und *Händchen*, aus *Haus Häuser* und *Häuschen* wird; siehe das nachfolgende Kapitel.)

Nach diesen Überlegungen bleibt die Frage: Haben wir jetzt alle Selbstlaute gefunden? In gedruckten Texten (Lesebuch, Kinderbücher, Zeitungen) wird weiter geforscht. Schließlich finden die Kinder noch *ö* und *ü* sowie möglicherweise *y*. Die Buchstaben werden in der Liste ergänzt. Der Buchstabe *y* ist noch ein Anstoß für weiteres Nachforschen: y-Wörter werden gesammelt. Wörterbücher können hierbei helfen. Beim Aussprechen der Wörter finden die Kinder verschiedene Möglichkeiten:

Y als /i/ bei Handy, Pony
Y als /ü/ bei Ypsilon, Xylophon
Y als /j/ bei Yak, Yacht

Sprachspielerisch können die Kinder in der Art des Liedes von den „Drei Chinesen mit dem Kontrabass“ Texte verfremden. Muster dazu können sein:

Lihririn, Pitzminn, Schillitirin, Sikritirin.
Mit filschin Bichstibin sind dis listigi Birifi.

Wor bollt donn do? Wor wodolt mot dom Schwonz?
Dos ost Bollo, onsor Hond.

Guspunstur um Huus
Um Funstur, um Funstur
sutzun suchs Guspunstur.
Um Flur, um Flur
spukun suu nur.
Um Schrunk, um Schrunk
luchen suu such krunk.
Um Kullur, um Kullur
huschun suu schnuller.
Um Duch, um Duch
muchun suu Kruch.

Lang gesprochen, kurz gesprochen – Regelungen entdecken

Das *ie* kann zu weiterem Nachforschen anregen, Ansatzstelle kann zum Beispiel bei einem Tierthema das Modellwort *Tier* sein, dazu der Reim:

Biene, Fliege, Spatz und Meise – immer fliegen sie.
Ziege, Elefant und Stier – diese Tiere fliegen nie.

Bei dem Graphem *ie* wird /e/ nicht gesprochen, /i/ wird lang gesprochen. Frage: Ist das immer so? In Texten und Wörterbüchern werden ie-Wörter gesucht. Ergebnis: Es gibt viele, und immer wird *ie* lang gesprochen. Was ist mit i-Wörtern? Das Suchergebnis bringt: Wenige Wörter mit lang gesprochenem /i/ (*Fibel*, *Tiger*, *Igel*), die meisten werden kurz gesprochen. Damit haben die Kinder eine wichtige Regelung entdeckt: Die allermeisten Wörter mit lang gesprochenem /i:/ werden mit *ie* geschrieben (statistisch weit über 80 Prozent).

Bei dem Herausfinden von Selbstlauten in Texten stoßen die Kinder auch auf Wörter, bei denen nach dem Selbstlaut ein *h* steht. Eine Sammelliste solcher Wörter zeigt: Der Selbstlaut vor dem *h* wird immer lang gesprochen. In

Partnergruppen können die Kinder eine Statistik erarbeiten: Jede Gruppe nimmt sich eine Buchseite vor und schreibt die ersten zwanzig Wörter heraus, in denen der Vokal im Wortstamm lang gesprochen wird. In der Klasse werden die Schreibweisen gesammelt:

a	ah	e	eh	o	oh	u	uh	i	ie	ih

Die Wörter werden immer vor dem Eintrag klanglich überprüft: Sind die Selbstlaute wirklich lang? Am Ende wird feststehen: Die meisten lang gesprochenen /a/, /e/, /o/, /u/ werden nur mit dem Selbstlaut geschrieben, also ohne *h*. Tatsächlich sind dies über 80 Prozent der Fälle. Aus diesem Grund sollte der hier öfter gebräuchliche Begriff Dehnungs-h nicht verwendet werden, suggeriert er doch, das *h* sei bei Langvokalen das Normale. Er ist aber die Ausnahme. Der besondere Fall *i* und *ie* wurde schon betrachtet, als Wörter mit *ih* werden die Kinder nur Pronomen finden: *ihn, ihr, ihnen, ihm.*

Eine andere Sammelaufgabe gilt Wörtern mit kurz gesprochenem Selbstlaut im Wortstamm. Ausgangspunkt können Merkwörter zum Thema „Wetter" sein. Die Kinder sortieren Wetterwörter in zwei Spalten:

Wörter mit lang gesprochenem Selbstlaut	**Wörter mit kurz gesprochenem Selbstlaut**
Regen, Nebel, Hagel, nieseln, fieseln, scheinen, baden …	Wetter, Sonne, Wind, Gewitter, Sturm, prasseln, Pfütze …

Die Selbstlaute im Stamm werden markiert (Punkt oder Strich), die folgenden Mitlaute betrachtet: Auf kurz gesprochenen Selbstlaut folgt ein Mitlaut, auf lang gesprochenen Selbstlaut folgen zwei Mitlaute. Einige Male hört man beide Mitlaute (*Wind*); einige Male hört man nur einen (*Wetter*), der ist dann doppelt. Damit sind die Kinder der Regelung zur Konsonantenverdopplung auf der Spur: Nach kurz gesprochenem Selbstlaut folgen zwei Mitlaute. Wenn nur ein Mitlaut folgt, wird er verdoppelt, damit es zwei sind. Ist das immer so? Die Kinder können nun wieder in Wörterlisten oder im Wörterbuch Wörter mit verdoppeltem Mitlaut suchen und den Selbstlaut davor auf Kürze oder Länge überprüfen.

Über weitere Laut-Buchstaben-Beziehungen forschen

Während der ganzen Grundschulzeit können die Kinder über Laut-Buchstaben-Beziehungen forschen, also Wörter sammeln, sie untersuchen, Regelhaftigkeiten erkennen, die Reichweite überprüfen. Sie erkennen dabei Schreibweisen, die von der elementaren Zuordnung abweichen, bei denen die Zuordnung nicht eindeutig ist oder die seltene Buchstaben betreffen.

▶ Beispiele:

- ***ch***: Beim Thema *Buch* sammeln die Kinder ch-Wörter. Sie sortieren sie nach den beiden Lautvarianten mithilfe der Modellwörter: *ich* und *Buch*; schreiben in einer dritten Rubrik Wörter auf, bei denen *ch* wie /k/ gesprochen wird, wie bei *Chor*:

Ich-Wörter	Buch-Wörter	Chor-Wörter
...	...	...

- ***sp***, ***st***: Beide sind Abweichungen von der elementaren Beziehung, weil sie die Schreibweise *schp* und *scht* auf zwei Buchstaben verkürzen; Parallelfälle mit *schr* zu *sr* oder *schl* zu *sl* gibt es in der deutschen Rechtschreibung nicht. Die Kinder suchen sp- und st-Wörter. Sie finden Wörter, in denen *sp* und *st* genau so artikuliert werden (*Wespe*, *Kiste*) und in denen das *s* für *sch* steht (*Sport*, *Stau*). Sie sortieren die Wespenwörter und die Sportwörter, die Kistenwörter und die Stau-Wörter. Welche Regelung ist zu entdecken? (Dies betrifft übrigens die Standardsprache, nicht aber Regionalsprachen, wie sie in Norddeutschland *S-tau* oder in Baden-Württemberg *Kischte* gesprochen werden. Für die Kinder in diesen Regionen kann dies ein weiterer Untersuchungsgegenstand sein.)
- **s-Laut**: Zum Beispiel beim Thema „Wasser" werden Wörter mit s-Laut zu Merkwörtern: *Wasser*, *nass*, *prasseln*, *rieseln*, *Sonne*, *aufsaugen* ... Die Kinder versuchen, den s-Laut zu beschreiben: Mal zischt es (*ss*, *ß*), mal summt es (*s*). Sie legen die Finger einer Hand an ihren Kehlkopf und sprechen die s-Wörter. Was stellen sie fest? Bei den gesummten Lauten vibriert es: Die Stimmbänder schwingen, bei den gezischten Lauten spürt man nichts: Die Stimmbänder schwingen nicht. Man nennt die Laute, bei denen die Stimmbänder schwingen, „stimmhafte Laute", die anderen „stimmlose". Wörter mit s-Lauten werden gesammelt und auf die Erkenntnis hin durchgeprüft. Stimmt das immer?

- **/ts/-Laut**: Zum Thema „Haustiere“ oder „Katzen“ gibt es den Übungsvers:

  Alle Katzen
  können kratzen,
  können flitzen,
  können auf dem Sofa sitzen.

  Der Zischlaut /ts/ wird also mit *tz* geschrieben. Behauptung: Er kann noch auf andere Weisen geschrieben werden. Findet ihr sie? (*z* wie in *Marzipan, zz* wie in *Pizza* und *ts* wie in *rechts*)
- **/ks/-Laut**: Ähnlich kann hier verfahren werden. Beim Thema „Älter werden“ sind *wachsen* und *Erwachsene* Modellwörter. Der /ks/-Laut wird identifiziert. Behauptung: Es gibt in der deutschen Sprache noch vier Möglichkeiten, den /ks/-Laut zu schreiben. Finden wir sie alle? Welche sind die häufigsten? (*Hexe*, *Jungs*, *pieksen*, *Knicks*)

3. Wörter zerlegen, ableiten, bilden

Die deutsche Gegenwartssprache hat einen Wortschatz von bis zu 500.000 Wörtern; nimmt man die fachsprachlichen Wörter hinzu, dann erreicht der Wortschatz einen Umfang von 700.000 bis 800.000 Wörtern. Dies sind jeweils nur die nicht flektierten Formen. Von dieser riesigen Wörtermenge sind nur einige Tausend einfache Wörter, zum Beispiel *Haus*, *fahren*, *groß*, *hier*. Dies sind die Simplexwörter, die nicht aus anderen Wörtern gebildet wurden oder durch Ableiten, durch ergänzte Wortbausteine oder durch Umbilden entstanden sind. Die übergroße Zahl der deutschen Wörter wird aus diesen Simplexwörtern durch verschiedenste Wortbildungsmittel konstruiert. Über 200 Wortbildungsmittel hat die Sprachwissenschaft gezählt. Damit ist die deutsche Sprache in besonderer Weise produktiv und für sprachliche Neuschöpfungen offen, zum Beispiel *Kabelfernsehen*, *Hingucker*, *auf etwas stehen*, *fetzig* (siehe Götze u. a. 1999, S. 341 f.).

Aus dieser Eigenschaft der deutschen Sprache ergeben sich zahlreiche Möglichkeiten für Kinder, mit Wörtern zu handeln: sie zu zerlegen, sie zusammenzusetzen, mit Bausteinen zu experimentieren. Solche Operationen entwickeln das Gefühl für die Struktur der Sprache, vermehren das Sprachwissen und dienen der Wortschatzerweiterung, der Lesefertigkeit und der Rechtschreibsicherheit. Dazu eignen sich aus der großen Zahl der Wortbildungsmittel für die Arbeit mit Grundschulkindern nur bestimmte Mittel. Sie müssen folgende Bedingungen erfüllen:

- Sie betreffen Wörter, die für die Kinder wichtig und verständlich sind.
- Sie sind Mittel, die eine große Reichweite haben, also bei vielen Wörtern angewendet werden können.
- Sie betreffen Strukturen, die elementar sind und von Grundschulkindern entdeckt und genutzt werden können, Strukturen also, die Einfachheit mit Ergiebigkeit verbinden.
- Sie haben auch besondere Bedeutung für die Förderung des Lesens und des Rechtschreibens.

Unter diesen Gesichtspunkten werden zwei Bündel an Wortbildungsmitteln dargestellt:

1. die Strukturelemente von Wörtern, mit deren Hilfe die überwiegende Zahl der Wörter im Deutschen gebildet werden: die **Morpheme**;
2. die **Wörter** selbst, die zu neuen Wörtern zusammengefügt werden und bei denen die Wortart wechselt.

3.1 Mit Morphemen Wörter bilden: ableiten und flektieren

Sachklärung: Wortstamm und Wortbausteine (Morpheme, Präfixe und Suffixe)

Weit mehr als drei Viertel des Wortschatzes bestehen aus Wörtern, die flektiert werden können – also Nomen, Verben, Adjektive, Artikel und Pronomen. Der Rest sind nicht flektierbare Wörter wie Präpositionen, Konjunktionen, Partikel. Den Löwenanteil der flektierbaren Wörter machen Nomen aus (mehr als die Hälfte), Verben (etwa ein Viertel) und Adjektive (etwa ein Sechstel).

Unterhalb der Ebene „Wort" ist die nächste Ebene das „Morphem". **Morpheme** tragen Bedeutung, sind aber zumeist keine selbstständigen Wörter. Definiert werden sie als kleinste bedeutungstragende Einheiten der Sprache. Das sei am Beispiel eines Verbs konkretisiert:

Das Verb *vortragen* besteht aus den Morphemen: *vor/trag/en*. Das zentrale Morphem ist *trag*, das sich in allen verwandten Wörtern wiederfindet, zum Beispiel in *trag/en*, *er/trag/en*, *er/träg/lich*, *trag/bar*, *un/trag/bar*, *(die) Trag/e*, ebenso in den flektierten Formen *(du) träg/st*, *(ich) trug*, *(ich habe) ge/trag/en*. Die zentrale sinntragende Einheit ist das Stamm-Morphem oder der Wortstamm. Die anderen Morpheme haben zwei Funktionen:

- Sie geben dem Wort eine inhaltliche Ausrichtung wie die Wortbildungsmorpheme *un-*, *-bar* bzw. *-heit*, *-ung*; „Ableiten" heißt sprachwissenschaftlich diese Operation.
- Sie flektieren als Flexionsmorpheme das Wort wie beim Verb die Endungen *-e*, *-st*, *-t* bzw. stehen beim Partizip vor dem Stamm-Morphem: *ge-*. Die Morpheme, die vor dem Stamm stehen, werden **Präfixe** genannt, die Morpheme hinter dem Stamm **Suffixe**; beide zusammen sind die Affixe zum Stamm-Morphem.

Präfixe		**Stamm-Morphem**	**Suffixe**	
Flexionsmorphem	Wortbildungsmorphem		Flexionsmorphem	Wortbildungsmorphem
	vor	trag	en	
	un	trag		bar
ge		trag	en	
		träg	st	
		Träg		er
		Träg		erin

Vier Erkenntnisse, die didaktisch bedeutsam sind, lassen sich aus dieser Aufschlüsselung am Beispiel des Verbs *vortragen* gewinnen:

1. Mit Morphemen kann eine schier unendliche Menge von Wörtern gebildet werden: Ein vorhandenes Wort wird mit Morphemen kombiniert und dabei werden neue Wörter abgeleitet.
2. Das Stamm-Morphem ist bei Wortverwandten und bei Ableitungen in der Schreibweise grundsätzlich stabil. Änderungen können sich bei den Vokalen durch Umlautungen ergeben (/a/ zu /ä/ wie bei *tragen – Träger*, /au/ zu /äu/ wie bei *Haus – Häuser*, /o/ zu /ö/ wie bei *Ohr – Öhrchen*), durch Wechsel von /e/ nach /ie/ wie bei *lesen – liest*, /ei/ nach /i/ wie *reißen – riss*. Beim Letzteren ändert sich im Wortstamm übrigens auch die Schreibung des s-Lautes, weil der Diphthong (Zwielaut) /ei/ als lang gesprochen gilt, das /i/ bei *riss* aber kurz gesprochen wird und deshalb der Rechtschreibregel nach die Verdopplung des Konsonanten fordert. Die meisten Änderungen im Stamm treten bei den Vokalen auf.
3. Die Flexionsmorpheme haben keine eigenständige Bedeutung. Die Wortbildungsmorpheme dagegen haben häufiger auch heute noch erkennbare Bedeutungen: Das Präfix *un-* verneint, *vor-* hat seinen Sinn der Präpo-

sition beibehalten. Das Suffix *-in* am Ende von Nomen charakterisiert die weibliche Variante. In vielen Fällen aber ist die eigene Bedeutung nicht mehr erkennbar.
4. Morpheme sind nicht identisch mit Silben: Morpheme sind Formelemente im Sprachsystem; Silben sind Lauteinheiten der gesprochenen Sprache. Dass bei den Präfixen *ge-*, *vor-* und *un-* Morphem und Silbe identisch sind, ist Zufall. Deshalb ist es auch nicht zweckmäßig, Präfixe mit Vor- und Suffixe mit Nachsilben einzudeutschen (siehe GÖTZE u. a. 1999, S. 341 ff.).

Sachklärung: Wortfamilie (Lexeme derselben etymologischen Wurzel)

Mit der Zusammenstellung von Wörtern gleichen Wortstamms kommt der Begriff der Wortfamilie in den Blick: Sie besteht aus Wörtern mit gleichem Stamm-Morphem. Sprachwissenschaftlich strenger formuliert: Mit dem Begriff **Wortfamilie** werden die Wörter einer Sprache zusammengefasst, deren Stamm-Morpheme auf dieselbe wortgeschichtliche (etymologische) Wurzel zurückgehen. Zum Beispiel wird als indogermanische Wurzel *per-* oder *par-* mit der Bedeutung „Fortbewegung" angenommen. Diese Wurzel liegt nunmehr allen Wörtern der Wortfamilie zugrunde, die mit dem Verb *fahren* gekennzeichnet werden kann. Hierzu gehören Wörter, deren Zugehörigkeit zur Wortfamilie sich auch heute erschließt wie: *Fahrer*, *Fahrzeug*, *fahrbar*, *Fähre*. Aber auch Wörter gehören sprachhistorisch zur Wortfamilie, deren Verwandtschaft nicht mehr ohne weiteres erkennbar ist, sei es, dass der inhaltliche Zusammenhang nicht mehr erkennbar ist wie bei *Erfahrung* oder *Führer*, sei es, dass der morphologische Zusammenhang nicht offensichtlich ist wie bei *fertig* oder *Furt*. Zur Wortfamilie gehören in erster Linie die Grundeinheiten der Wörter. Die flektierten Wörter sind dann faktisch nachfolgend mit einbezogen (siehe BUSSMANN 1990, S. 854, 861).

Didaktische Überlegungen

Begründung

Morphemen fehlt die Inhaltlichkeit von Wörtern, die Sinnlichkeit der Sprechsilben und die Einfachheit der Buchstaben. Sie sind abstrakte Sprachelemente, dazu wie die Phonem-Graphem-Korrespondenzen vielfach abweichend vom Grundmuster. Dennoch: Morpheme sind die entscheidende sprachliche Einheit bei der Wortschatzbildung und beim Rechtschreiblernen. Das Gehirn muss die morphematische Struktur erkennen und die

Bauprinzipien an Wörtern erproben. Nur so ist möglich, dass Menschen Wörter bilden, sie grammatisch korrekt flektieren und dass sie die Wörter normgerecht schreiben. Die Kinder haben alle in dieser Hinsicht bereits Sprachentwicklungen durchlaufen. Die Schule muss diese Entwicklung nun weiter unterstützen und anregen. Zudem verschafft die Arbeit mit Morphemen den Kindern grundlegende Einsicht in den geregelten Bau der deutschsprachigen Wörter. Die Abstraktheit der Morpheme wird didaktisch im Übrigen aufgehoben durch die inhaltsbezogene Arbeit mit verwandten Wörtern. Dazu später mehr.

Begrifflichkeit

Die fachlichen Begriffe der Linguistik wie Stamm-Morphem, Flexionsmorphem, Prä- und Suffix sind für die Grundschularbeit nicht tauglich. Die Vor- und Nachsilben sind mit den Morphemen der Prä- und Suffixe nicht identisch, weil die Kinder unter Silben Sprechsilben verstehen und dies Verständnis auch für die Rechtschreibarbeit erforderlich ist. Eine zentrale Stellung in der morphembezogenen Arbeit nimmt das Stamm-Morphem ein, es wird traditionell und zutreffend **Wortstamm** genannt. Die anderen Morpheme, seien es die vor- oder nachgestellten, die Flexions- oder die Wortbildungsmorpheme, sind **Wortbausteine**.

Wörter mit gleichem Wortstamm werden **verwandte Wörter** genannt. Das ist günstiger als der in Sprachwissenschaft und Schulpraxis oft benutzte Begriff der Wortfamilie, mit dem nur die Grundeinheiten der Wörter, nicht aber die flektierten Formen gemeint sind. Mit verwandten Wörtern sind nun alle Wörter mit dem gleichen oder ähnlichem Wortstamm gemeint.

Mithin ergibt sich folgende **Terminologie** für die Grundschule:

Verwandte Wörter zum Leitwort tragen		
Wortbausteine	**Wortstamm**	**Wortbausteine**
vor	*trag*	*en*
vor/ge	*trag*	*en*
	(du) träg	*st*
	trag	*bar*

Lernprozess

Die meisten Kinder haben die deutsche Sprache als Muttersprache oder als Zweitsprache vorschulisch mehr oder weniger elaboriert erworben. Sie nutzen bei ihrer Verständigung bereits die morphematische Gliederung der Sprache: Sie flektieren Wörter (*ich bin gerannt*), sie verstehen neue Wortbildungen („Was soll das Gekleckere?“, wenn sie zuvor nur das Verb *kleckern* kannten), und sie produzieren auch selber neue Wörter nach morphematischen Regeln („Sie hat uns ausgeschumpfen“). Hier steuert das Gehirn nach den bereits erkannten Regularitäten in der Sprachkonstruktion mit Morphemen, wiederum ohne dass die Kinder etwas wissentlich über Morpheme aussagen könnten. Natürlich sind die Verstehensfähigkeiten je nach sprachlichem Milieu der Kinder sehr unterschiedlich weit entwickelt.

Im Anfangsunterricht wird die morphematische Ebene oft vernachlässigt, weil das Schreiben- und Lesenlernen vor allem mit der unteren Ebene, der Laut-Buchstaben-Ebene, in Verbindung gebracht wird. Das allerdings verzögert den Schriftspracherwerb, es vernachlässigt die Förderung wesentlicher Rechtschreibstrategien und des Lesetempos. Deshalb muss die morphematische Ebene in Klasse 1 früh einbezogen werden, zunächst durch Sinnkonstruktion mithilfe von Morphemen. Im weiteren Verlauf muss das Sprachgefühl für Wortverwandtschaften und für das Erkennen des Wortstamms entwickelt werden. Hier liegt ein Schwerpunkt in Klasse 2. Ein entscheidender didaktischer Griff ist die Arbeit mit verwandten Wörtern: Sie stellt die Inhaltlichkeit der Wörter her, macht die Funktion der Wortteile im ganzen Wort deutlich. Dadurch wird die Abstraktheit der Morpheme in den konkreten Zusammenhängen für Kinder fassbar.

Wenn verwandte Wörter zusammengestellt werden, können Wortbausteine erkannt, herausgegliedert, gesammelt werden; zusammen mit Wortstämmen können wieder neue Wörter gebildet werden. Veränderungen im Wortstamm werden untersucht. Im Experiment mit diesen Elementen wird über Sinnveränderungen bei den Wörtern nachgedacht. Einbezogen wird die eher formale Arbeit mit Flexionen, die aber die Leistung von Wortbausteinen besonders deutlich zeigen kann und für die rechtschriftliche Arbeit unentbehrlich ist.

Unterrichtsbeispiele

Wörter bauen, über Bedeutungen nachdenken

Wörter aus Wortstämmen und Wortbausteinen (Morphemen) zusammenbauen sollten die Kinder schon in Klasse 1:

- **Nomen**: Hierzu zunächst Beispiele in traditionellem Übungsbuch-Format. Das Suffix *-er* wird bewusstgemacht und das Lesen entsprechender Nomen geübt. Die Wortteile, die passen, werden miteinander verbunden. Die Inhaltlichkeit wird durch das „Kuckucksei" in den Blick genommen: ein Wortstamm, zu dem das Suffix nicht passt.

Die Suffixe *-er* und *-ung* werden angeboten. Wortteile, die zusammenpassen, werden verbunden.

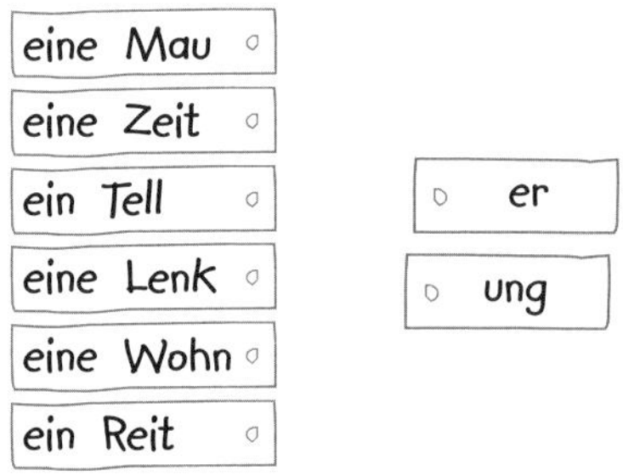

- Ein Dauerarbeitsmittel für die ganze Grundschulzeit ist die **Wörtermaschine**. Hier das Muster einer Wörtermaschine für drei Morphemstreifen:

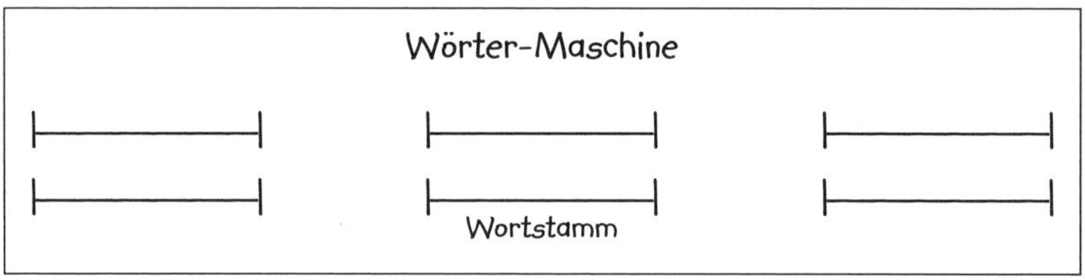

Das Arbeitsmittel kann aus laminiertem Karton hergestellt werden oder aus einer Moosgummi-Platte DIN A4, die der Länge nach halbiert wird. An den gestrichelten Stellen werden die Linien mit einem Cuttermesser eingeschnitten. Die Kinder erhalten Streifen mit Wortstämmen und Wortbausteinen, später auch mit Pronomen und anderen Wörtern. Die Streifen werden bei der Wörtermaschine von hinten durch die unteren eingeschnittenen Linien nach vorne geschoben, dann durch die oberen Linien nach hinten zurückgeführt. Beim Durchziehen ist immer eine Zeile lesbar. Die Beispiele von oben können auf folgende Weise auf die drei Streifen gebracht werden.

Nomen mit Wortbaustein *-er* (zwei Kuckuckseier):

	Mess	
	Tell	
	Leit	
	Dos	
ein	Mau	er
eine	Lenk	
	Reit	
	Lehr	
	Lap	
	Fahr	

Nomen mit Wortbaustein *-er* oder *-ung* (einige Wortstämme können beide Bausteine haben; finden die Kinder schon die Unterschiede?):

	Mau	
	Zeit	
	Tell	
ein	Lenk	er
eine	Wohn	ung
	Reit	
	Send	
	Kreuz	
	Spiel	
	Rechn	

▶ **Verben:** Wieder zunächst im traditionellen Format von Übungsbüchern für Klasse 1:

Die Kinder verbinden die Wortteile passend miteinander und ordnen die entstandenen Wörter als Antworten auf drei Fragen zu:

1. Was kannst du in der Schule tun?
2. Was tust du gern?
3. Was tust du nicht?

Wortbausteine werden vor Verben gesetzt, und die Kinder probieren aus, was geht. Mit einer kleinen Geschichte klären sie die Inhaltlichkeit. Die etwas variierte Übung nun auf Streifen für die Wörtermaschine:

Je nach Buchstabenrepertoire können weitere Präfixe verwendet werden: *zer-*, *ab-*, *be-*, *auf-* ...

	schreib	
	lieb	
	sag	
	turn	
ver	lob	en
vor	sing	
	heirat	
	schlaf	
	les	
	spiel	

▸ **Adjektive:** Die Kinder überlegen, welches Wort stimmt, und lernen dabei, mit dem Suffix *-ig* umzugehen:

Ein Zwerg ist ◦	◦ ries ◦ ◦ winz ◦	◦ ig.
Die Straße ist ◦	◦ holpr ◦ ◦ mut ◦	◦ ig.
Bäume sind ◦	◦ wicht ◦ ◦ salz ◦	◦ ig.
Der Hund ist ◦	◦ biss ◦ ◦ durst ◦	◦ ig.

In den weiteren Schuljahren werden immer wieder solche Wortbausteine (Wortbildungsmorpheme) bei Adjektiven, Nomen und Verben gefunden und experimentell mit Wortstämmen verbunden, oder die Kinder probieren aus, ob Wörter von der einen Wortart in die andere verwandelt werden können, und experimentieren dabei mit den Wortbausteinen.

Ausgangspunkt kann immer ein Modellwort sein, das im thematischen Unterrichtszusammenhang inhaltlich wichtig ist:

- bei **Nomen** sind Wortbausteine im Sinne von Wortbildungsmorphemen zum Beispiel die vorangestellten Bausteine (Präfixe): *Ge-*, *Un-*, *Ur-*, *Nicht-* und die nachgestellten (Suffixe): *-chen*, *-lein*, *-er*, *-erin*, *-heit*, *-keit*, *-er/ei*;

- bei **Verben** zum Beispiel die vorangestellten: *vor-*, *ver-*, *ent-*, *be,- ab-* und viele andere Präpositionen, die nachgestellten *-en*, *-eln*, *-ieren*;
- bei **Adjektiven** die vorangestellten: *un-*, *ur-*, *miss-*, die nachgestellten *-lich*, *-bar*, *-haft*, *-ig*, *-sam*.

▶ Einige Beispiele:

- Beim Thema „Märchen“ sind wichtige Verben: *verzaubern*, *verwandeln*, *verirren*. Verwandte Wörter werden gesucht, der Wortbaustein *ver-* fällt dabei heraus. Die Kinder probieren an anderen Verben aus, ob der Baustein davor passt. Wenn ein sinnvolles Verb entsteht, wird an einer kleinen Geschichte die Sinnhaftigkeit nachgewiesen. Die Kinder überlegen, was der Wortbaustein *ver-* am Verb ändert: *irren – verrirren*. Wenn man sich an einer Weggabelung im Weg irrt, dann kann man noch zurückgehen und den richtigen Weg nehmen; wenn man sich aber auf einem Weg verirrt, dann hat man den richtigen Weg verloren. Das Geschehen ist abgeschlossen. Ein anderes Verb: *zaubern* ist noch die Tätigkeit des Zauberns, *verzaubern*, dann ist das Zaubern abgeschlossen. Stimmt die Erklärung, dass mit dem Wortbaustein etwas abgeschlossen ist, bei allen Verben?
- Beim Thema „Fernsehen“ sind wichtige Verben: *anschalten*, *einschalten*, *umschalten*, *abschalten*, *ausschalten*. Die Kinder probieren bei anderen Verben aus, ob die fünf vorangestellten Wortbausteine dort auch angefügt werden können. Welchen Sinn ergeben sie?
- Beim Thema „Medien“ wird das Verb *informieren* eine Rolle spielen. Ein verwandtes Wort ist *Information*. Beim Markieren des Wortstamms werden die nachgestellten Bausteine sichtbar: *-ieren* beim Verb, *-tion* beim Nomen. Die Wörter stammen aus der lateinischen Sprache und haben deshalb diese seltsamen Endungen. Finden die Kinder andere Verben und Nomen mit solchen Endungen (beim Thema „Fernsehen“: *moderieren*, *Moderation*)?
- Beim Thema „Gesundheit – Krankheit“ sind die beiden Nomen-Endungen *-heit* und *-keit* auffällig. Die Kinder suchen in Listen oder Wörterbüchern noch mehr Nomen mit diesen Endungen.
- Bei vielen Themen ist das Verb *entdecken* wichtig. Die Kinder setzen den Wortbaustein *ent-* vor weitere Verben und klären die neuen Verben wieder durch eine kleine Geschichte: *sorgen*, *gehen*, *spannen*, *laufen*, *wickeln*, *wischen*, *fliegen*, *täuschen*. (Eine eindeutige inhaltliche Bedeutung wie bei *ver-* oder *an-* und *aus-* gibt es für das Präfix *ent-* nicht.) Dann vergleichen die Kinder die beiden Wörter *entdecken* und *endlich*. Warum

schreibt man *endlich* mit *d* und nicht mit *t*? Die Kinder werden den Zusammenhang zum Wort *Ende* finden. Stimmt das auch bei *endlos*? Wieder auf die Verben mit *ent-* bezogen: Haben sie was mit *Ende* zu tun? Nein, deshalb *ent-*. Wörter mit *end-* werden gesucht, der Zusammenhang zum Nomen *Ende* wird hergestellt.

- Beim Thema „Pflanzen" denken die Kinder über die Wörter *Kraut* und *Unkraut* nach. Im unterrichtlichen Zusammenhang finden sie die Abwertung durch den Baustein *Un-* heraus und problematisieren ihn beim Wort *Unkraut* (Brennnesseln: Für wen ist es Kraut, für wen Unkraut?). Die Kinder suchen andere Wörter mit dem Baustein *Un-/un-* und prüfen, was der Baustein am Wort ändert: *Glück – Unglück, klug – unklug* ... Es wird das Gegenteil damit ausgedrückt.
- Bei den Themen „Familie", „Urzeit" oder „Wälder" wird der Wortbaustein *Ur-* erkennbar. Als Verbindungen sind den Kindern bekannt: *Urwald, Urenkel, Ururgroßvater* (Wer ist denn das?). Was macht der Baustein *Ur-*? Er zeigt auf Früheres. Warum heißt es dann aber *Urwald*? Weil das der ursprüngliche Wald war, auch in Deutschland. Was ist *Urzeit* und was ist *Uhrzeit*?

So forschend können Kinder über Wortbausteine als Wortbildungsmorpheme nachdenken, Wörter zusammenstellen, sie erklären.

Verwandte Wörter finden

Schon in Klasse 1 wird damit begonnen, Kinder für Wortverwandtschaften zu sensibilisieren.

Beim Thema „Wetter" werden die Adjektive gefunden oder eingeführt: *schattig, sonnig, wolkig, windig.* Die Kinder ordnen sie den Sätzen zu:

Wo die Sonne scheint, ist es ______________________________
Wo Schatten ist, ist es ______________________________
Wo der Wind weht, ist es ______________________________
Wo die Wolken sind, ist es ______________________________

Oder Nomen werden auf Wortkarten geschrieben: *die Sonne / der Schatten / der Wind / die Wolken / der Sand / der Mut / der Fleiß ...*

Die zugehörigen Adjektive stehen auf anderen Wortkarten, die Kinder lesen und ordnen zu.

Beim Unterrichtsthema „Verkehr" werden die Kinder durch eine kleine Szene auf Wortverwandtschaften aufmerksam:

Polizist: Kasper, du hast ja ein tolles Fahrrad.
Kasper: Ich bin ja auch ein toller Fahrer.
Polizist: Jetzt kannst du überall hinfahren.
Kasper: Ja, ich kann losfahren und hinfahren und wegfahren und rausfahren und Brücken hochfahren und die Straßen runterfahren, dabei darf ich niemanden überfahren ...
Polizist: ... und dann musst du wieder zurückfahren!
Kasper: Genau! Und das alles ohne Fahrkarte.

Die Kinder merken, dass in der Szene oft das Wort *fahren* vorkommt. Sie stellen fest, dass ein Wortteil immer gleich ist: *fahr/Fahr*. Diesen Wortteil kreisen sie ein.

Fahrrad hinfahren

Das Einkreisen des Wortstamms ist von nun an die Standardoperation, um die Wortverwandtschaft zu belegen, der eingekreiste Wortteil ist das Formsignal für den Wortstamm.

Im Weiteren werden verwandte Wörter zusammengebaut. Wortkarten sind dazu das geeignete Erprobungsmaterial: Wohin gehört der Wortstamm *fahr* oder *Fahr* bei diesen Nomen: *Rad / Radweg / Karte / Bahn / Zeug / Schein*?

Verben werden mit der Wortmaschine gebaut. Was bedeuten sie? Ein Satz oder eine kleine Geschichte klärt dies:

hin		
weg		
ab		
hinaus	fahr	
auf	geh	en
zurück	flieg	
ver		
vor		
be		

Wortmaterial – auch mit Veränderungen des Stamm-Vokals – wird gesammelt: *fahren, er fährt, sie fährt, der Radfahrer, die Fahrerin, die Fahrbahn, die Fähre, überfahren, losfahren, wir sind gefahren ...*

Warum sind das verwandte Wörter? Die Kinder kreisen ein, was gleich oder ähnlich ist, und erfahren, dass manchmal aus *a* ein *ä* wird.

Als **Merksatz** kann erarbeitet werden:

fahren, Fahrrad, du fährst, die Fähre

Wörter können verwandt sein.
Sie haben dann den gleichen Wortstamm.
Im Wortstamm ändern sich manchmal die Selbstlaute.

Ähnlich kann mit vielen Wörtern gearbeitet werden, die im thematischen Zusammenhang zu Modellwörtern werden. Im Rechtschreibunterricht kann das Finden verwandter Wörter zu den Standardübungen mit den Merkwörtern verbunden werden. **Regeln** dabei sind:

- Wenigstens zwei verwandte Wörter finden und den Wortstamm einkreisen.
- Wenn es zu einem Wort kein verwandtes Wort gibt, einen Strich hinter das Wort machen.

Selbstlaute umlauten

Bei der Arbeit mit verwandten Wörtern werden oft die Änderungen im Selbstlaut auffallen. Zwar sind dies nicht nur Umlautungen, wie die Beispiele *lesen – liest, sprechen – sprach* zeigen. Aber Umlaute sind doch häufig und können in diesen Zusammenhängen in ihrer Laut-Buchstaben-Verwandtschaft zu den einfachen Selbstlauten erkannt werden. In thematischen Zusammenhängen, in denen es um Körperteile, um Geburt oder um die eigene Biografie der Kinder geht, können die Nomen für Körperteile zu Modellen für Umlautungen werden. Die Kinder haben Körperteile den Sinneswahrnehmungen zugeordnet:

Mit der Nase kann ich riechen. Mit dem Ohr, der Hand, dem Mund ...

Bei einem Baby ist alles viel kleiner. Es hat ein *Näschen* ... Die Aussagen werden entsprechend umformuliert. In einer Tabelle werden gegenübergestellt:

beim größeren Kind, beim Erwachsenen	**bei einem Baby**
die Nase das Ohr der Bauch	das Näschen ...

In einer Zauberer-Geschichte können Wörter verwandelt werden:
Der Zauberer zaubert alles klein. Aus dem Mann wird ...

Die Kinder ordnen die zusammengehörigen Selbstlaute einander zu:

a → ä
o → ö
u → ü
Au → äu.

Die Selbstlaute werden umgelautet: *ä, ö, ü, äu* sind Umlaute.

Was ist mit den Wörtern *Bär* oder *Möhre*? Es gibt also auch Wörter, die einen Umlaut haben, der nicht auf einen einfachen Selbstlaut zurückgeführt werden kann. Die Kinder suchen Wörter, bei denen das auch so ist. Bei dieser Suchaufgabe durchkämmen sie eine Menge Wortmaterial und probieren beständig das Umlauten.

Wörter flektieren
Damit die Veränderungen von Wörtern, Konjugationen und Deklinationen, für Kinder zum Gegenstand des Nachdenkens werden können, müssen sie für die Kinder auffällig werden. Bloß formales Abgleichen von Wortformen ist dabei aber zu vermeiden. Deshalb sind Lerngelegenheiten nötig, in denen im Sprachgebrauch der Kinder Wörter in flektierten Formen verwendet werden und bei denen die Flexionen auch funktional sind.

■ **Verben verändern:**
Zu Themen wie „Freundschaft, Gesundes Frühstück, Aus aller Welt" werden unter anderem auch Rezepte bearbeitet.
▶ Das folgende Beispiel bezieht sich auf Kräuterquark, den die Kinder schon in Klasse 1 oder 2 herstellen können. Die Kinder erhalten dieses Rezept:

ein Paket Quark in eine Schüssel geben
eine Schlangengurke waschen
ein Stück von der Gurke in kleine Würfel schneiden
Schnittlauch und Petersilie kleinschneiden
alles verrühren
mit etwas Salz abschmecken
zu Fladenbrot essen

Die Kinder erstellen mithilfe des Rezepts eine Einkaufsliste, besorgen Zutaten und Geräte und erstellen für das Schulfrühstück den Kräuterquark. Der

Rezepttext wird Zeile für Zeile so verändert, dass jedes Kind sagt, was es tut: *Ich gebe ein Paket Quark in eine Schüssel. Ich wasche eine Schlangengurke ...*

Oder: Die Kinder formulieren den Text so, dass er von Kindern erzählt: *Anna gibt ein Paket Quark in eine Schüssel ...*

Die verschiedenen Texte werden miteinander verglichen. Was ist gleichgeblieben? Was hat sich verändert? Dabei wird auch auffallen, dass sich das Verb abschmecken in zwei Wörter teilt. Die verschiedenen Verbformen werden unterstrichen und in einer Tabelle eingetragen:

Verbform im Rezept	**ich**	**Anna**	**Murat**
geben waschen ...	gebe wasche	gibt wäscht	gibt wäscht

Der Wortstamm wird in allen Fällen eingekreist. Wo sind die Wortbausteine nach dem Wortstamm verschieden? Wo sind sie gleich? Jedes Kind wählt ein Lieblingsverb und probiert damit die Veränderungen aus. Sind dabei die Wortbausteine nach dem Stamm dieselben wie bei den Rezeptwörtern? Diese Überlegungen führen zu ersten Erkenntnissen über die Flexionsmorpheme einiger Personalformen.

- **Nomen verändern:**

Beim Thema „Erkundungen im Wohnviertel“ führen die Kinder eine Statistik über ihre Wohnstraße. Was kann man dort alles zählen? Die Kinder entwerfen eine Strichliste. Sie zählen in ihrer Wohnstraße nach und tragen die Ergebnisse in die Strichliste ein. Sie vergleichen die Ergebnisse.

Haus
Baum
Laterne
Bude / Kiosk
Plakatwand
...

Neben der inhaltlichen Arbeit entsteht auch diese Liste:

ein Haus – viele Häuser
ein Baum – viele Bäume
...

Die Kinder kreisen die Wortstämme ein, vergleichen die Nomen in der Einzahl und in der Mehrzahl und stellen Veränderungen fest: Umlautungen, angehängte Wortbausteine. Sie sehen, dass es verschiedene Möglichkeiten gibt, wie Nomen sich in der Mehrzahl verändern können. Welche verändern sich gleich? *Ein Haus – viele Häuser, ein Strauch – viele Sträucher*; aber: *ein Baum – viele Bäume* (nicht *viele Bäumer*). Wie viele verschiedene Möglichkeiten sind bei den Wörtern festzustellen? Suchaufgabe kann sein: Zu jedem Wortpaar weitere Nomen finden, die sich genauso in der Mehrzahl verändern.

Mit der Wörtermaschine werden Mehrzahlformen ausprobiert. Welche „gehen", welche nicht? Wo verändert sich der Selbstlaut im Wort? Gegebenenfalls muss im Wörterbuch die Mehrzahlform überprüft werden.

ein eine viele	Haus Baum Strauch Busch Wand Bude Wiese Platz Auto Straße	e er n s

Adjektive verändern

Beim Thema „Krankheit – Gesundheit" sprechen die Kinder über Erfahrungen zum Thema. Dabei betrachten die Kinder den Text:

> Morgens war der Husten schlimm,
> mittags wurde er schlimmer,
> abends war er am schlimmsten.

Was verändert sich mit dem Wort schlimm von Zeile zu Zeile – inhaltlich auf den Husten bezogen und sprachlich? Der Wortstamm wird eingekreist. Die zusätzlichen Wortbausteine fallen ins Auge. Die Kinder probieren aus, ob sie ebenso die Adjektive *heftig*, *stark*, *schwach*, *scheußlich* verändern können. Die Adjektivformen können in einer Tabelle gesammelt werden:

*	**	***
schlimm	*schlimmer*	*am schlimmsten*

Die Wortstämme werden eingekreist. Mit anderen Adjektiven aus dem Thema kann probiert werden, ob die Wörter immer so gebildet werden:

am	schlimm heftig stark schwach scheußlich ruhig munter fröhlich	er sten

Und wie ist es mit dem Adjektiv *gut*?

Solche handlungsbezogenen Möglichkeiten, Wörter zu bauen und zu flektieren, werden bei der Arbeit mit den einzelnen Wortarten im nächsten Kapitel wieder aufgegriffen und weitergeführt.

3.2 Mit Wörtern neue Wörter bilden: umbilden und zusammensetzen

Sachklärung: Umbildung (Konverse) und Zusammensetzung (Komposition)

Die deutsche Sprache ist unerschöpflich im Umbilden und im Zusammensetzen von Wörtern: Das Adjektiv *schön* wird zum Verb *schönen* und zum Nomen *Schönheit* umgebildet; dasselbe Nomen wiederum wird mit einem anderen Nomen zusammengesetzt: *Schönheit/s/konkurrenz*. Dies kann in sprachlicher Unschönheit zu Wortungetümen weitergetrieben werden, wie wir sie insbesondere aus der juristischen und bürokratischen Sprache kennen: *Straßenverkehrszulassungsordnung*.

Bei der Umbildung von Wörtern spielen die Morpheme, die für die Wortart spezifisch sind, eine Rolle, so wie im Beispiel das Adjektiv *schön* mithilfe des Wortbildungsmorphems *-heit* zum Nomen wird. Weitere Umbildungsmöglichkeiten sind:

- **Nomen werden zu Verben**: *der Hagel – hageln, die Fliese – fliesen*, die *E-Mail – mailen*.
- **Verben** wie *lesen, schreiben, laufen, tanzen* **werden zu Nomen**: *das Lesen* und *das Schreiben, der Lauf* und *der Tanz, die Turnerei* und *die Klingelei, die Rechtschreibung* und *die Lesung*.
- **Adjektive werden zu Verben und zu Nomen**: *schön – schönen, verschönern, die Schönheit; blind – erblinden, die Blindheit, der Blinde; trocken* zu

trocknen, die Trockenheit; *blau* wird zur poetischen Verbform (es) *blaut* (der Himmel), zum Nomen *das Blau* (des Himmels).

- Überhaupt können **Wörter aus allen Wortarten nominalisiert** werden: *das Aber, das Helau, das Sowohl-als-auch, das Hier-und-heute.*

Die gegenwärtige Sprache ist reich an neugeschöpften Umbildungen: Zum Fremdwort *Skates* wurde das eingedeutschte Verb *skaten* gebildet, das Nomen *Unfall* wurde in der Behördensprache *verunfallen*. Weitere Umbildungen in der Gegenwartssprache sind zum Beispiel: *Satan* → *satanisch, Erdbeeren* → *erdbeerig, frisch* → *erfrischen, krank* → *kränkeln, Sex* → *sexistisch*; Umwandlungen in Adjektive mit dem unschönen Scheinmorphem *-mäßig*: *erholungsmäßig, discomäßig, zuschauermäßig, wettermäßig*: *Wettermäßig ist der Sommer eine Katastrophe* (siehe GÖTZE u. a. 1999, S. 350 ff.).

Bei der Zusammensetzung werden zwei oder mehr selbstständige Wörter zu einem neuen Wort verbunden. Sind es zwei Wörter, dann ist das neue Wort zweigliedrig, sind es drei, dann ist das neue Wort dreigliedrig usw.: *Schul/hof, Schul/hof/spiele*. Die Unerschöpflichkeit dieser Zusammenfügungen führt zu neuen Wortschöpfungen bei Neuheiten, bei Zeitgeistbegriffen oder einfach modischem Wortgebrauch: *Handyklingeltöne, Wahnsinnsdisco, Falschfahrer, röstfrisch, superflippig*. Zusammengefügt werden können Wörter der gleichen Wortart sowie Wörter verschiedener Wortarten:

Nomen und Nomen: *Küche + Zeile* → *Küchenzeile*
Nomen und Verb: *Kopf + rechnen* → *kopfrechnen*
Nomen und Adjektiv: *Blick + dicht* → *blickdicht*
Verb und Verb: *liegen + lassen* → *liegen lassen* oder *liegenlassen*
Verb und Nomen: *streicheln + Einheit* → *Streicheleinheit*
Verb und Adjektiv: *kuscheln + weich* → *kuschelweich*
Adjektiv und Verb: *fern + sehen* → *fernsehen*
Adjektiv und Adjektiv: *tief + rot* → *tiefrot*
Numerale und Nomen: *null + Diät* → *Nulldiät*

Die Wortart wird immer vom letzten Glied her bestimmt: *blickdicht* ist trotz des Nomens *Blick* ein Adjektiv, *Nullbock* ist trotz des Zahlworts *null* ein Nomen. Beim Nomen bestimmt den Genus (das grammatische Geschlecht) ebenso das letzte Glied: *Anhänger + Bremse + Kraft + Regler* → der *Anhängerbremskraftregler*; ebenso: *der Briefträger*, aber *die Briefmarke* usw. Bei vielen zusammengesetzten Nomen ist die Fuge zwischen den Nomen durch Buchstaben gekennzeichnet. Am häufigsten ist das Fugen-s: *Weihnacht/s/baum*. Es war historisch das Übliche. Heute kommen andere Fugen-

Buchstaben hinzu, zum Beispiel *-es-*: *Tag/es/plan* oder *-n-*: *Küche/n/zeile* (siehe Götze u. a. 1999, S. 343 ff).

Didaktische Überlegungen

Begründung

Auch Kinder machen reichhaltigen Gebrauch von umgebildeten oder zusammengefügten Wörtern. Das betrifft traditionelle Wörter, allein im schulischen Gebrauch: *Schreibheft*, *Tagesplan*, *Klassenlehrerin* und viele andere, aber auch modische Fügungen mit *super-*, *mega-*, *-mäßig* oder anderen sich auch wandelnden Zusammensetzungen, die sich von Generation zu Generation ändern. Dies allein begründet die Arbeit mit entsprechenden Wortbildungen, weil hier die Kinder ihre Einsicht in den Bau von Wörtern an konkretem inhaltsbezogenem Wortmaterial vertiefen können. Zugleich differenzieren sie Wortschatz und Wortverständnis, zum Beispiel wenn sie Werbewörter wie *kuschelweich* oder *röstfrisch* auseinandernehmen oder zusammengesetzte Wörter drehen: *Partnerarbeit – Arbeitspartner*, *Bauwagen – Wagenbau,* und wenn sie neue Werbewörter oder Drehwörter erfinden. Der Blick für Wortgliederungen hilft auch, das Lesetempo zu steigern.

Begrifflichkeit

Wenn die Termini für die Wortarten eingeführt sind, werden sie auch gebraucht, um das Umbilden und Zusammensetzen von Wörtern zu beschreiben: Aus einem Adjektiv wird ein Nomen gebildet, zwei Nomen werden zu einem neuen Nomen zusammengesetzt, ein Nomen und ein Verb stecken in dem zusammengesetzten Verb.

Lernprozess

Die Zusammensetzung von Wörtern sollte schon im Rahmen des Anfangsunterrichts ein Thema sein, weil solche Wörter in Texten häufig vorkommen und der Blick für die Gliederung der Wörter das Erlesen erleichtert und beschleunigt. Im weiteren Verlauf werden zunächst nur zusammengesetzte Wörter einer Wortart, dann auch Wörter verschiedener Wortart analysiert und selber gebildet; dabei werden Besonderheiten erkannt: inhaltlich der Bedeutungswandel, formal die Wortartenbildung und mögliche Fugenmarkierungen. Umbildungen zeigen, wie mithilfe von Morphemen neue Wörter gebildet werden; entsprechende Operationen mit Wörtern befördern die interne Regelbildung. Die Nominalisierung (Substantivierung) insbesondere von Verben hilft, das rechtschriftliche Gespür für Nomen weiterzuentwickeln. Die regelgerechte Großschreibung nominalisierter Verben gehört aber nicht zum Standard der Grundschularbeit.

Unterrichtsbeispiele

▸ Lange Wörter bilden (Klasse 1)

Im Anfangsunterricht wird spielerisch mit länger werdenden und mit langen Wörtern gearbeitet. Dies hilft zunächst, dass Kinder Untereinheiten im Wort rascher erfassen, und beschleunigt deshalb das Lesetempo.

Lese- und Sprechvers:

Ein Moppel poppel doppel
An dem Moppelpoppeldoppelsee
malt ein Moppelpoppeldoppelmann
eine Moppelpoppeldoppelfrau
an dem Moppelpoppeldoppelsee.

Beim Thema „Fernsehen" werden in kleinen Texten Wörter zu immer längeren Einheiten zusammengesetzt, die insgesamt eine kleine Geschichte ergeben:

Fernsehen
Fernsehabend
Fernsehabendkrimi
Fernsehabendkrimimusik
Fabian hält sich die Ohren zu.

Eine Maus
eine Fernsehmaus
eine Werbefernsehmaus
sprang aus dem Werbefernsehen raus.
Sie wollte endlich einmal was erleben!
(Was, das denken sich die Kinder selber aus.)

Die Kinder sammeln beim Thema „Fernsehen" zusammengesetzte Wörter:

Fernsehwörter: *Fernsehapparat, Fernsehzeitung ...*
Film-Wörter: *Fernsehfilm, Werbefilm, Spielfilm, Trickfilm, Tierfilm ...*

Die Kinder überlegen: Welche Wörter stecken in den Wörtern? Für die Klasse stehen die zusammengesetzten Wörter auf Karten, für die Kinder auf einem Arbeitsblatt. Die Wörter werden zerschnitten, einzeln gelesen, gegebenenfalls verändert: *Werbefilm* → *Werbung* + *Film* oder *werben* + *Film*.

Das alles ist häufig schon in Klasse 1 möglich, ohne dass die Kinder einen Terminus für die Wortarten verwenden.

Beim Thema „Wasser" sammeln die Kinder Wörter, in denen das Wort *Wasser* vorkommt: *Wassertropfen*, *Wasserhahn*, *Wasserflasche*, *Wasserschlauch* wird ihnen einfallen. Was mag denn ein *Wasserbett* sein oder ein *Wasserwerk*? Gibt es auch Wörter, bei denen *Wasser* hinten steht? Solche Findearbeit ist schwieriger, aber vielleicht finden die Kinder schon *Regenwasser*, *Spülwasser*. Solche Wörter werden auf Wortstreifen notiert und ergänzt.

<table>
<tr><td rowspan="7">Wasser</td><td>Flasche</td><td>Regen</td><td rowspan="7">Wasser</td></tr>
<tr><td>Hahn</td><td>Seifen</td></tr>
<tr><td>Tropfen</td><td>Schmutz</td></tr>
<tr><td>Glas</td><td>Salz</td></tr>
<tr><td>Leitung</td><td>Meer</td></tr>
<tr><td>Werk</td><td>baden</td></tr>
<tr><td>Eimer</td><td>Zähne putzen</td></tr>
</table>

Die Wortstreifen werden in der Mitte längs auseinandergeschnitten. Die Kinder probieren durch Anlegen der Wörter aus, ob sich aus den Wörtern ein neues Wort bilden lässt, und überlegen, was man beim Aufschreiben ändern muss: die Großschreibung des zweiten Wortes, bei den beiden Verben fallen Buchstaben weg. Zu jedem neu gebildeten Wort wird mit einer kleinen Geschichte die Inhaltlichkeit erklärt.

Die Lehrkraft gibt Zeile für Zeile den folgenden Teddy-Text frei, die Kinder erlesen:

Teddy
Teddy bär
Teddy bär bett
Teddy bär bett zeug
Teddy bär bett zeug schrank
Teddy bär bett zeug schrank tür
Teddy bär bett zeug schrank tür schloss
Teddy bär bett zeug schrank tür schloss schlüssel

Die Kinder erhalten den Text zeilenweise zerschnitten und sortieren ihn so, dass die Zeilen immer länger werden. Sie suchen heraus, welche Wörter vorkommen, zerschneiden dazu die letzte Zeile. Sie probieren, ob auch andere Wortzusammensetzungen möglich sind – mit zwei Wörtern oder mit drei Wörtern.
Das Wortspiel kann zu einem Text weitergesponnen werden:

Mein Teddybär soll schlafen.
Da ist das Teddybärbett.
Aber wo ist das Teddybärbettzeug?
Das liegt im Teddybärbettzeugschrank.
Aber die Teddybärbettzeugschranktür ist zu.
Ich brauche einen Schlüssel für das Teddybärbettzeugschranktürschloss.
Aber wo ist nur der Teddybärbettzeugschranktürschlossschlüssel?
Da hängt er ja!
Da am Teddybärbettzeugschranktürschlossschlüsselhaken.
Nun mache ich rasch das **?** auf,
dann die **?** .
Ich hole das **?** heraus.
Das lege ich in das **?** .
Und meinen **?** lege ich hinein.
Gute Nacht.

Auch in den weiteren Schuljahren können die Kinder auf der sprachspielerischen Ebene mit zusammengesetzten Wörtern arbeiten, dabei dürfen die Wörter beim Zusammensetzen immer verändert werden (Fugenbuchstaben, Umbildungen):

- Aus einem Korb mit Zetteln, auf denen Nomen, Verben, Adjektive stehen, zieht ein Kind ein Wort, liest es vor und gibt den Zettel an das nächste Kind weiter. Das muss ein Wort sagen, das mit dem gezogenen zusammengesetzt ist, zum Beispiel: *blind – die Blindenschrift* oder *schmusen – das Schmusetuch* ... Hat das Kind ein zusammengesetztes Wort gefunden, darf es einen neuen Zettel nehmen, das Wort vorlesen und den Zettel weitergeben. Weiß ein Kind kein Wort, gibt es den Zettel weiter. Wenn der Zettel dreimal weitergegeben wurde, ohne dass ein Wort gefunden wurde, nimmt das nächste Kind einen neuen Zettel.
- Diesmal werden zunächst nur Nomenzettel in den Korb gelegt. Der Anfang verläuft wie oben. Das zweite Kind fügt an das Zettelwort ein weiteres an. Das nächste Kind nimmt das zweite Wort als erstes und fügt ein neues an.

Das dritte Kind nimmt wieder das zweite Wort als erstes usw.: *Schule – Schulhaus – Haustür – Türschloss …*

▶ Die Kinder bilden lange Wörter – „das längste Wort der Welt". Wieder wird mit dem Zettelkorb gearbeitet: Ein Kind nimmt einen Zettel, liest vor und hängt ein weiteres Wort an. Das nächste Kind hängt wieder ein Wort an. Das geht so lange, bis keine sinnvolle Ergänzung mehr gefunden wird. Nun muss das Kind, das als Letztes ein Wort angefügt hatte, mit seinem Riesenwort eine kleine Geschichte erzählen.

▶ Beim Thema „Tiere" oder „Lebensraum Wald / Wiese" sind Tiernamen oft schöne Beispiele für zusammengesetzte Wörter: *Regenwurm*, *Tausendfüßler*, *Laufkäfer*, *Wildbiene*, *Waldameise*, *Singdrossel*, *Wildschwein*, *Nacktschnecke*, *Bachstelze*, *Mistkäfer*, *Grünfink*, *Laubfrosch* und viele andere. Die Kinder können solche Tiernamen in Lexika oder Bestimmungsbüchern finden, den Namen auseinandernehmen und darüber nachdenken, was die Wörter über das Tier sagen. Sie sollten dann überprüfen, ob der Name auch das Richtige über das Tier aussagt: Kneift der Ohrenkneifer wirklich in die Ohren?

Verwandte Wörter bilden

Bei den Unterrichtsthemen werden zu Modellwörtern verwandte Wörter gesucht. Dabei werden die Erfahrungen mit Wortbildungen genutzt: Die Möglichkeiten zur Wortbildung, die die Kinder bisher kennengelernt haben, sind die Strategien, um verwandte Wörter zu finden.

Thema „Wetter"

Die Kinder suchen Wörter zum Ausgangswort *Sonne*. Je nach Entwicklungsstand wenden die Kinder mehrere Strategien bewusst und gezielt an:

- **Die erste Strategie betrifft das Zusammensetzen von Wörtern**: Wörter werden an ein Ausgangswort angefügt. Das Wort *Sonne* steht auf einer Wortkarte. Gesucht werden Zusammensetzungen, bei denen Sonne das erste Wortglied ist. Die Kinder finden vermutlich *Sonnenbrand*, *Sonnenschirm*, *Sonnenbrille*, *Sonnenstrahlen*, *Sonnencreme* … auch *Sonntag*, *Sonnabend*. Hier werden die Kinder, wenn sie über einige Tage Wörter sammeln, eine stattliche Menge von „Sonnenwörtern" zusammenbekommen. Wortstamm ist wohl *Sonn*, wie das Wort *Sonntag* zeigt. Der Stamm wird auf der Wortkarte eingekreist. Zur Erinnerung: Das Einkreisen ist die Standardmarkierung und das Formsignal für den Wortstamm. Beim Untersuchen der Wortfügungen fällt auf, dass außer bei *Sonntag* bei allen zusammengesetzten Nomen ein Fugen-n eingefügt wird: *Sonne/n/brand*. *Sonnen* ist eigentlich die Mehrzahlbildung (*viele Sonnen*), gemeint ist aber nur eine *Sonne*. Warum wird hier ein *n* eingefügt? Vielleicht, weil man das Wort dann besser aussprechen kann. Ist das bei anderen zusammengesetzten Wörtern auch so? Hier kann eine Forscheraufgabe angeschlossen werden. Tatsächlich gibt es im Deutschen mehrere Möglichkeiten, die Fuge zu ergänzen. Eine Regelhaftigkeit ist dabei aber nicht erkennbar; vielmehr deutet alles auf eine gewisse Willkür hin, wie das Beispiel *Rind/fleisch, Rind/er/magen, Rind/s/braten* zeigt (GÖTZE u. a. 1999, S. 344). Zurück zu den Sonnenwörtern.

- **Die zweite Strategie beim Zusammensetzen von Wörtern** ist schwieriger zu realisieren: Wörter werden vor das Ausgangswort gesetzt. Wieder kann mit Wortkarten operiert werden: *Morgensonne, Abendsonne, Sommersonne* .... Es finden sich viel weniger Wörter, und sie haben keinen Fugen-Buchstaben.
- **Dritte Strategie** ist, das Nomen *Sonne* in ein Adjektiv und in ein Verb umzubilden: *sonnig*, (sich) *sonnen, sonnenbaden*.
- Eine **vierte Strategie** kann sein, gefundene Wörter zu flektieren: Nomen in die Mehrzahl setzen, Adjektive in die Vergleichsstufen, Verben in bestimmte Personalformen. Das aber ist erst möglich, wenn die Kinder solche Flexionen bewusst und sicher durchführen können.

Beim Thema „Wetter“ kann ähnlich mit weiteren Nomen wie *Regen, Wind, Schnee* gearbeitet werden. Hier, wie so oft, übersteigen die Möglichkeiten, grammatikalisch zu arbeiten, die Zeit und sicher auch die Motivation der Kinder. Nicht die Ausschöpfung der Möglichkeiten ist das Ziel, sondern die modellhafte Arbeit mit ausgewählten Wörtern. Die Lehrkraft wird nach Ergiebigkeit und Wichtigkeit der Wörter, nach Zeit und Motivation entscheiden. Dabei können einzelne Weiterführungen als Forscheraufträge auch an einzelne Kinder oder Gruppen delegiert werden. Sie probieren das, was in der Klasse mit dem Wort Sonne gemacht wurde, nun auch mit einem anderen Wort aus, schreiben die Ergebnisse auf ein Plakat und stellen sie der Klasse vor.

Um zu verdeutlichen, dass ähnlich bei jedem anderen Thema gearbeitet werden kann, folgen einige Beispiele:

- „Märchen“: *Märchen, Märchenschloss, Märchenbuch* .... Die Kinder können wieder eine große Zahl zusammengesetzter Wörter finden. Setzt man das Wort *Märchen* nach hinten, lassen sich finden: *Zaubermärchen, Hexenmärchen, Riesenmärchen, Volksmärchen* ... Hier werden die meisten

Kinder kaum Beispiele selber finden; die Lehrkraft gibt dann solche Zusammensetzungen vor, die Kinder überlegen, ob es das Wort geben kann und was es bedeutet. Als Adjektiv finden die Kinder sicher *märchenhaft*, vielleicht das modische Wort *märchenmäßig* oder Ähnliches; ein eigenes Verb gibt es nicht, nur die beiden Wörter *Märchen erzählen*. Wortstamm ist hier übrigens *Mär*, ein altes Wort für *Erzählung*.

- Thema „Reisen / Aus aller Welt“: *Reise, Reisebus, Reiseziel, Reisetablette ... Ferienreise, Busreise, Flugreise....* Was ändert sich beim Drehen der Wörter *Busreise – Reisebus*? Verb ist *reisen*. Zum Adjektiv können die den Kindern jeweils bekannten Morpheme angesetzt werden: *reislich, reisig, reisbar* – was würden sie bedeuten, wenn es diese Wörter gäbe? Vielleicht finden die Kinder *reiselustig, reisefertig* oder Ähnliches.
- Thema „Umweltschutz“: *Müll, Müllfahrzeug, Mülltrennung, Mülltüte, Mülleimer, Müllverbrennung ... Hausmüll, Industriemüll, Straßenmüll ...* Verben sind neue Bildungen: *müllen, zumüllen*. Ausprobieren können die Kinder andere Zusammensetzungen: *wegmüllen, aufmüllen, hintermüllen, entmüllen, vermüllen* – die Wörter gibt es nicht, aber was würden sie bedeuten? Als Adjektiv finden die Kinder vielleicht *müllig*. Wann ist etwas *müllig* oder sogar *supermüllig* oder *müllmäßig*?

Wörter zusammensetzen, Wörter auseinandernehmen
Beim Thema „Fahrzeuge /Verkehr“ sammeln die Kinder Bilder und Modelle von Fahrzeugen und bereiten damit eine Ausstellung vor. Bei dieser Sucharbeit finden sie zahlreiche Fahrzeugnamen, die oft zusammengesetzte Wörter sind. Sie werden auf einem Plakat oder in einer Kartei gesammelt: *PKW = Personenkraftwagen, Schulbus, Straßenbahn, LKW = Lastkraftwagen, Ausflugsschiff, Ozeanriese, Ruderboot, Geländefahrzeug, Mondfähre ...* Die Wörter werden in einer Fahrzeugkartei oder in einem Fahrzeug-Lexikon erklärt. Dabei werden sie auch auseinandergenommen. Mithilfe der einzelnen Wortglieder werden die Fahrzeugnamen erklärt. Mit Wörtern, die das gleiche Grundwort haben, können die Kinder auch die Besonderheit erkennen, die das Bestimmungswort festlegt: *Ruderboot, Paddelboot, Segelboot, Motorboot, U-Boot*.

Als sprachspielerische Variante erhalten die Kinder eine Wortbildungstabelle und denken sich damit Fantasiefahrzeuge aus:

der Riese	die Straße	die Kraft	der Flitzer
Mini	das Gelände	der Motor	das Mofa
super	der Zirkus	der Transport	der Flieger
die Spitze	die Schiene	der Sattel	der Roller

Gesucht werden Fahrzeuge mit drei oder vier Wortgliedern. Die Kinder konstruieren Wörter in der Tabelle von links nach rechts, also zum Beispiel: *Riesenzirkustransportflieger*. Was kann das sein? Die Kinder zeichnen das Fahrzeug und schreiben eine Verkaufsanzeige dazu.

Ein regelmäßiges Arbeitsformat kann in Aufgaben bestehen, die „Aus 2 mach 1" oder „Aus 3 mach 1" heißen können. In einer senkrechten Reihe werden die Bestimmungs-, in der anderen die Grundwörter aufgelistet. Die Kinder finden die passenden Paare und bilden damit das zusammengesetzte Wort. Dabei können sie die folgende Kurzform wählen:

das Obst + der Salat → der Obstsalat
die Bahn + der Hof + die Uhr → die Bahnhofsuhr.

▶ Beispiele:

Thema „Urlaub": Nomen + Nomen → Nomen	
die Stadt	die Reise
das Obst	der Salat
das Eis	das Land
die Frucht	die Fahrt
das Auto	die Mauer
der Sand	der Strand
der Urlaub	das Café
die Heimat	der Saft

Thema „Schule": Verb + Nomen → Nomen	
sprechen	die Pause
spielen	die Stunde
erzählen	die Kette
melden	das Heft
turnen	der Kreis
lesen	die Halle
schreiben	das Buch

Thema „Gesundheit“: Adjektiv + Nomen → Nomen	
krank	das Haus
	die Schwester
	das Zimmer
	die Pflege
	der Pfleger
	der Transport
	der Wagen
	die Kasse

Thema „Erfindungen“: Verb oder Nomen oder Adjektiv + Nomen oder Verb + Nomen → Nomen		
fern	die Fahrt	das Gerät
fahren	das Rad	die Technik
das Eisen	die Bahn	der Wagen
das Auto	sehen	die Halle
der Staub	saugen	der Sattel
der Flug	der Hafen	die Tür
der Raum	der Schrank	die Brücke
kühl	die Bahn	die Düse

▶ Als sprachspielerische Übungen können Wörter vertauscht zusammengefügt werden. Beispiel zum Thema „Berufe“:

Verrückte Berufe: *Zahnführer, Augenwart, Bergoptiker, Schuhlotse, Straßenleger, Altenwirt, Buchmann, Tankmacher, Kranpfleger, Flugspieler, Schaubauer, Fliesenarzt, Gasthändler*

Neben der Aufgabe, die Berufsnamen richtig zusammenzusetzen, fantasieren die Kinder hier auch über die verrückten Berufe: Was müssten die Leute tun, die diesen Beruf haben? Die Kinder können dazu zeichnen und Berufssteckbriefe schreiben.

Analog zu den Aufgaben „Aus 2 mach 1“ können umgekehrte Aufgaben formuliert werden, in denen Wörter auseinandergenommen werden müssen: „Aus 1 mach 2“:

Thema „Verkehrsmittel“: Nomen → Verb + Nomen,

das Fahrrad, das Segelschiff, die Schwebebahn, der Rennwagen, die Rollschuhe, die Haltestelle, die Schwimmweste, der Stehplatz, die Bimmelbahn, der Fahrstuhl, das Lenkrad, das Ruderboot

Thema „Berufe“: *Dachdecker, Schornsteinfeger, Lokführer, Taxifahrer ...*
Siehe hierzu auch im Kapitel „Wörter ordnen“ unter: Nachschlagewörter finden, S. 78 ff.

Nachdenken

- Bei diesen Übungen finden die Kinder zu neu gebildeten Wörtern eine kleine Geschichte, eine kurze Beschreibung oder machen eine Zeichnung, um die Inhaltlichkeit zu klären. Sie stellen fest, was sich an den Wörtern ändert, wenn sie zusammengesetzt oder wenn sie wieder zu Wörtern auseinandergenommen werden. Wie im Beispiel der zusammengesetzten Wörter zum Grundwort *Boot* überlegen die Kinder, was den verschiedenen Fahrzeugen gemeinsam ist: Sie sind Boote, also kleine Schiffe, die auf dem Wasser schwimmen. Das Besondere steckt im ersten Wort: Es bestimmt, was es für ein Boot ist. Entsprechend können als Begriffe festgehalten werden:

Bestimmungswort	+	Grundwort	→	zusammengesetztes Wort
rudern	+	*Boot*	→	Ruderboot

Weitere **Nachdenkaufgaben** sind:

- Die Kinder vergleichen die einzelnen und die zusammengesetzten Wörter: Wo werden die einzelnen Wörter beim Zusammensetzen verändert – was fällt weg, was kommt hinzu?
- Hinzu kommt häufig ein Buchstabe (oder auch zwei), in die Fuge zwischen die beiden Wörtern gesteckt: bei *Klasse/n/raum* das Fugen-n, bei *Frühstück/s/pause* das Fugen-s, bei *Lehrer/zimmer* aber kein Fugen-Buchstabe. Welche Fugenbuchstaben finden die Kinder, wenn sie eine größere Zahl zusammengesetzter Wörter überprüfen? Sind Wörter ohne Fugenbuchstaben häufiger als Wörter mit Fugenbuchstaben?
- An den Fugen treffen manchmal dieselben Buchstaben zusammen. Die Kinder denken nach über Fragen wie: Warum wird *Fahrrad* mit zwei *r* geschrieben? *Schulleiter* mit zwei *l*? Warum *Bett-Tuch* mit drei *t*, *Papp-Plakat* mit drei *p* hintereinander? Wie findet man zusammengesetzte Wörter, bei denen an der Fuge zwei *m* / drei *m* ... zusammenstoßen?
- Es heißt *der Brief*, *der Briefträger*, aber *die Briefträgerin*. Es heißt *der Briefumschlag*, aber *das Briefporto*. Wer bestimmt über den Artikel?
- Welches Wort bestimmt über die Wortart?

4. Wörter ordnen

Der Sprachgebrauch und die Sprachwissenschaft haben viele Möglichkeiten entwickelt, wie die riesige Menge der Wörter einer Sprache geordnet werden kann: nach äußeren Merkmalen, nach strukturellen Gesichtspunkten, nach inhaltlichen Aspekten, nach regionalem Bezug, nach der Wortgeschichte, nach Vorkommenshäufigkeit usw. Einige dieser Möglichkeiten sind für die Grundschularbeit besonders ergiebig:

- Die **alphabetische Ordnung** ist eine Möglichkeit, Wörter nach dem äußeren Merkmal des Anfangsbuchstabens zu sortieren. Die Fähigkeit, Wörter alphabetisch zu ordnen und Wörter in solcher Ordnung wiederzufinden, gehören zu den Grundlagen selbstständigen Arbeitens. Zu Recht gehört deshalb die Wörterbucharbeit und die Arbeit mit Lexika zum Standard auch in der Grundschule. Allerdings stößt man mit der simplen Strategie, Wörter nach ihrem Anfangsbuchstaben zu finden, rasch an Grenzen: Nachschlagen erfordert auch sprachliches Wissen, über das Flektieren von Wörtern, damit die Verbform *kam* bei der Grundform *kommen* gesucht wird, über die Struktur von Wörtern, damit das Wort *Schaukelstuhl* gegebenenfalls bei *schaukeln* und bei *Stuhl* nachgeschlagen wird, und über plausible Vermutungen, wie denn das Wort wohl geschrieben werden kann, wenn zum Beispiel das Nomen *Pferd* bei *F* nicht zu finden ist.
- Der **inhaltliche Bezug** von Wörtern wird Kindern deutlich, wenn sie Wörter zu einem Ausschnitt der Wirklichkeit sammeln und in Wortfeldern zusammenstellen. Gerade die Wortfeldarbeit ermöglicht weiteren handelnden Umgang mit den gefundenen Wörtern: Wörter, die inhaltlich näher beieinanderliegen, werden zusammengefasst. Wenn die Wortfelder aus thematischer Arbeit erwachsen und wiederum bei eigenen Texten als Anregungshilfe zur Verfügung stehen, dann dienen sie neben der sprachuntersuchenden Arbeit unmittelbar der Wortschatzerweiterung und der Schreibhilfe.
- **Strukturelle Aspekte** werden deutlich, wenn verwandte Wörter zusammengestellt werden und der Wortstamm markiert wird.

Der Umgang mit Wortfamilien und verwandten Wörtern wurde bereits im Zusammenhang der Wortbildung mit Morphemen ausgeführt (siehe S. 54 ff.). Die beiden anderen Möglichkeiten sollen nun beschrieben werden:

1. der Umgang mit der alphabetischen Sortierung von Wörtern,
2. die Arbeit mit weiten und engen Wortfeldern.

4.1 Wörter alphabetisch sortieren, Wörterbücher nutzen

Sachklärung: Alphabetische Ordnung

Voraussetzung für die alphabetische Ordnung ist die Alphabetschrift, siehe auch S. 31. Die Wörter werden in der festliegenden alphabetischen Reihenfolge von A bis Z ihrem Anfangsbuchstaben entsprechend eingeordnet; gegebenenfalls entscheiden der zweite, dritte und auch weitere Buchstaben über die Einordnung. Bei dieser Einordnung liegt in Lexika und Wörterbüchern auch aus ökonomischen Gründen der enge Wortbegriff (Lexembegriff) zugrunde: Alphabetisch einsortiert werden als Haupteintragungen die Grundeinheiten der Wörter, nicht aber die flektierten Wortformen. Auch wird oft auf viele zusammengesetzte Wörter verzichtet. Bestimmte Wortformen und auch Wortzusammensetzungen befinden sich dann als Untereintrag hinter der Grundeinheit. Um Wörterbücher ökonomisch nutzen zu können, ist das Wissen um deren Ordnungsprinzipien nötig sowie die Fähigkeit, diese Prinzipien auch konkret anzuwenden:

- die Rückführung von Verbformen auf den Infinitiv (*las* → *lesen*),
- die Rückführung von deklinierten oder gesteigerten Adjektiven auf die Grundstufe, das Positiv (*höherem* → *hoch*),
- bei Nomen die Bildung des Nominativ Singular (*Sträucher* → *Strauch*),
- bei zusammengesetzten Wörtern die Trennung der Wörter voneinander (*Hebelwirkung* → *Hebel* + *wirken*),
- bei Anfangslauten, die in verschiedenen Graphemen realisiert werden können, alternative Schreibweisen zu kennen und zu nutzen (*Advent* – nicht gefunden bei *At*, auch nachschlagen bei *Ad*; *Pferd* – nicht gefunden bei *F*, also auch nachschlagen bei *Pf*).

Didaktische Überlegungen

Begründung

Nachschlagen können ist eine der wichtigen tragfähigen Grundlagen für selbstständiges Arbeiten: Im Bereich Rechtschreiben gehört das Nachschlagen in Wörterlisten und Wörterbüchern zu den Kernkompetenzen; in allen Sachbereichen gehört das Nachschlagen in Lexika zu den grundlegenden Arbeitstechniken. Die Ordnung der Suchwörter kann alphabetisch oder thematisch sein. Aber auch bei thematischen Gliederungen muss ein alphabetisch geordnetes Suchregister genutzt werden, um gezielt einen Begriff aufzufinden. Die Teilleistungen beim Nachschlagen sind grammatisch relevant: die alphabetische Sortierung, die Rückführung der flektierten Formen in Grundformen, die Entflechtung zusammengesetzter Wörter.

Begrifflichkeit

Abc, Alphabet, alphabetisch – das sind wichtige Arbeitsbegriffe. Außerdem braucht man einen Begriff für die Wörter, nach denen die Haupteinträge sortiert sind. Dazu könnten die genaueren Termini verwendet werden, also Grundform bei Verben, Grundstufe bei Adjektiven, Einzahl 1. Fall bei Nomen. Dies erschwert allerdings erheblich die frühzeitige Verständigung, weil stets grammatikalisch gesichertes differenziertes Wissen erforderlich ist: Grundform und Grundstufe sind auseinanderzuhalten, der schwierige Fall-Begriff ist anzuwenden. Einfacher ist es, einen Begriff zu finden, der für alle flektierbaren Wortarten gilt. Ich schlage hierfür den Begriff **Grundform** vor. Entsprechend kann der **Merksatz** heißen:

Das Nachschlagewort ist	
bei Nomen,	(viele) *Häuser* → das *Haus*
bei Adjektiven,	(am) *schönsten* → *schön*
bei Verben die Grundform.	(sie) liest → *lesen*
Wenn Wörter zusammengesetzt sind,	*Besenstiel* → *Besen* + *Stiel*
dann sind oft die einzelnen Wörter	*abzählen* → *ab* + *zählen*.
die Nachschlagewörter.	

Lernprozess

Nur Kinder aus Milieus, in denen Bücher und Nachschlagewerke eine erhebliche Rolle spielen, haben Vorerfahrungen mit dem Nachschlagen. Für die meisten Kinder ist das Nachschlagen neu. Die Funktion des Nachschlagens und der Umgang mit der alphabetischen Ordnung sind anschaulich und praktisch erfahrbar, wenn Kinder selber Nachschlagewerke herstellen. Das kann schon in Klasse 1 mit Namenlisten, später mit Abc-Heften oder mit eigenen Lexika zu einem ergiebigen Unterrichtsthema geschehen. Leseerfahrene und rechschreibsichere Kinder mit ausgeprägtem Sprachgefühl werden rasch erfolgreiche Nachschlager. Anders ist es bei Kindern, die langsam lesen, ein unsicheres Sprachgefühl und große Selbstzweifel haben; für sie stellt das Nachschlagen eine hohe Anforderung dar, zumal wenn sich das Nachschlagen zum Beispiel beim Rechtschreiben nicht auf wenige Fälle bezieht, sondern auf nahezu jedes Wort. Dabei besteht die Gefahr, dass Kinder vor der Fülle resignieren und nicht mehr nachschlagen. Deshalb ist neben den Projekten, in denen eigene Nachschlagewerke entstehen oder in denen aus Sachinteresse heraus in Lexika nachgeschlagen wird, auch das dauerhafte Training wichtig, in dem die notwendigen Teilfähigkeiten geübt werden: die Grundform bilden, Hypothesen zur Schreibweise kennen, auf den zweiten und dritten Buchstaben achten.

Unterrichtsbeispiele

Wörter alphabetisch ordnen

In Klasse 1 wird, wenn alle Buchstaben eingeführt sind, ein Buchstabenfest gefeiert. Zum Beispiel sammeln die Kinder zum Thema *Was wir gerne machen* viele Wörter, die mit den Buchstaben beginnen:

A a Abenteuer erleben, Apfelmus essen, Ananas essen, Affen beim Toben zusehen, angeln
B b Ball spielen, eine Bude bauen, einen Brief bekommen, basteln, Butterbrote essen, bowlen
C c Comics lesen, am Computer schreiben, Clown spielen, auf dem Campingplatz sein, im Chor singen
usw.

▶ Zu jedem Buchstaben werden die einzelnen Tätigkeiten gemalt. Aus allen Ergebnissen wird ein alphabetisch sortiertes Buch erstellt: **das Buchstaben-Buch**. Für das Fest, zu dem die Eltern eingeladen werden, wird zu jedem Buchstaben ein Buchstabenschild hergestellt, das sich ein Kind umhängt oder an einer Stange trägt. Nacheinander treten alle Buchstaben auf. Zu jedem Buchstaben wird eine der Tätigkeiten vorgespielt, die Eltern müssen sie raten. Dann fragt das Buchstabenkind: „Und was fängt noch mit ... an?" Eine Kindergruppe zählt die anderen Tätigkeiten auf. Das Buchstaben-Buch wird verteilt und die Kinder erzählen zu den Seiten, dazu werden selbst gebackene Buchstaben gegessen.

▶ Zu Anfang in Klasse 2 tauschen sich die Kinder über ihre bisherigen Schulerfahrungen aus: Was machen sie in der Schule gerne, was nicht so gerne? Was können sie gut, was fällt ihnen schwerer? Was machen sie lieber allein, was gerne mit anderen zusammen? Die Wörter werden gesammelt. Die Kinder fertigen dann ein Ich-Blatt:

Mein Ich-Blatt (Foto und Daumenabdruck)	Mein Name: ________________ Ich sitze zusammen mit: ____________ Das kann ich gut: ______________ Das kann ich noch nicht so gut: ________ Das ist noch wichtig: _____________

Die Ich-Blätter werden alphabetisch nach den Namen sortiert, ein Inhaltsverzeichnis wird angelegt und ein Deckblatt. Die Blätter werden zu einem Wir-Buch zusammengefügt. Andere alphabetische Listen können sein:

- Namen und Anschriften, Telefonnummern
- Meine Lieblingswörter
- Tiere-Abc.

Ein **Merkvers** zur alphabetischen Reihenfolge kann sein:
ABCDE – ich stehe auf und geh.
FGHIJ – zur Schule geh ich flott.
KLMNO – ich gehe flott und froh.
PQRST – ich lern das Abc.
UVWXYZ – jetzt ist das Alphabet komplett.

▶ Wenn die Kinder thematisch arbeiten und im integrierten Rechtschreibunterricht schreibwichtige Wörter Merkwörter sind, dann können dies Klassenwörter sein, die für alle Kinder wichtige Wörter sind, sowie eigene Wörter, die nur individuell bedeutsam sind, zum Beispiel beim Thema „Tiere" für ein Kind das Wort *Meerschweinchen* oder *Golden Retriever*. Bei solcher thematisch orientierten Rechtschreibarbeit sollten die Merkwörter gesammelt werden, damit weiterhin mit ihnen auch modellhaft gearbeitet werden kann. Eine Möglichkeit dazu ist das **Abc-Heft**: Das ist ein dickes Vokabelheft im DIN-A5-Format. Jeweils zwei Seiten sind für einen Buchstaben reserviert; *SCH*, *ST*, *SP* haben eigene Seiten. Auf die erste Zeile wird der Buchstabe geschrieben, links vom Mittelstrich der große, rechts der kleine. Die Merkwörter werden dann so sortiert eingetragen: links die Nomen mit ihrem Artikel, rechts alle anderen Wörter.

A Au	**a au**
der Affe	*alle*
das Auto	*aus*

Die Wörter werden zunächst so eingetragen, dass immer eine Zeile übersprungen wird. Das macht die Seite übersichtlicher und gibt eine Zeile Platz für flektierte Formen, die später dazugeschrieben werden können. Mit dem Abc-Heft wird nun weitergearbeitet:

- Die Kinder erhalten Aufgaben wie: Schreibe alle Wörter heraus, die drei Buchstaben haben. / Schreibe alle Wörter heraus, bei denen ein Buchstabe zweimal hintereinander vorkommt. / Schreibe alle Wörter heraus, in denen ein *ei* vorkommt.
  Später: Schreibe alle Verben heraus, vor die du den Baustein *an* setzen kannst. / Schreibe alle Nomen heraus, die etwas mit der Schule zu tun haben. / Schreibe alle Nomen heraus, bei denen die Mehrzahl mit einem *n* gebildet wird: *der Affe – viele Affen* usw.
- Wenn die Lehrkraft Texte der Kinder rechtschriftlich nachsieht, werden alle Wörter, die bereits im Abc-Heft stehen, nur mit einem Zeichen versehen – ein Signal für die Kinder: Das steht in meinem Abc-Heft, ich seh nach und korrigiere das Wort.

Das Abc-Heft hat in dieser Anordnung den Vorzug, dass die Nomen alle in der linken Spalte stehen. Der Reiheneffekt unterstützt die Begriffsbildung für die Wortart Nomen: Nomen sind solche Wörter, wie sie in der linken Spalte stehen. Weiteres hierzu später im Kapitel Wortarten, S. 93 ff.

Das Abc-Heft mit dieser Verwendung kann bis Klasse 3 verwendet werden. Eine Alternative ist die eigene **Wörterkartei**. Sie hat den Vorteil, dass Wörter auch innerhalb des Buchstabens binnensortiert werden können, also bei größerer Wörtermenge auch nach dem zweiten und dritten Buchstaben. Bei der Kartei sollten die Nomen von den anderen Wörtern auffällig unterschieden werden, zum Beispiel indem sie auf andersfarbigen Karten stehen.

Die Sortierung nach den weiteren Buchstaben im Wort können die Kinder auch in Übungssequenzen trainieren. Ein Beispiel:

Ordne die Wörter nach dem Alphabet:
lachen, langsam, Lehrer, lassen, leise, laufen, laut, Land, leben, lecker, leer, lecken, legen, Lehrerin, leicht, lesen, Leporello, Laub.

▶ Im weiteren Verlauf der Grundschulzeit können die Kinder immer wieder eigene Abc-Sammlungen oder kleine, thematisch bezogene Lexika zusammenstellen:

Beim Thema „Tiere“ erarbeiten die Kinder individuell oder in Gruppen Steckbriefe zu verschiedenen Tieren. Vorgabe ist ein Steckbrief-Raster:

Name des Tieres: ____________	Aussehen: ____________
	Ernährung: ____________
	Lebensraum: ____________
(Foto oder Zeichnung)	Besonderheiten: ____________

Die Steckbriefe werden alphabetisch geordnet für ein Lexikonheft oder für eine Kartei.

Ähnlich kann mit vielen anderen Themen gearbeitet werden (zum Beispiel: Pflanzen / Unsere Heimat / Andere Länder / Ritterzeit / Spiele / Märchen).

Im Bereich Rechtschreibübung kann das Nachschlagen eine der Standardübungen sein, mit denen schreibwichtige Wörter bearbeitet werden. Somit ergeben sich im Zusammenhang Nachschlagen zwei Standardaufgaben für das Üben von Merkwörtern:

- die Wörter nachschlagen: Die Kinder schreiben das jeweilige Merkwort auf, schlagen nach und notieren die Seitenzahl dazu sowie das nachfolgende Wort;
- die Wörter ins Abc-Heft eintragen.

Weitere Standards können zum Beispiel sein: in vier Schritten abschreiben (lesen – sich merken – aufschreiben – kontrollieren); in Sprechsilben trennen; zu jedem Wort verwandte Wörter suchen; Nomen, Verben, Adjektive verändern (flektieren).

Nachschlagewörter finden

Bei Nachschlageübungen finden die Kinder heraus, wie Wörterbücher aufgebaut sind. Ein Beispiel:

> **Eine kleine Liebesgeschichte**
> Greta *spielte* mit einem Ball. Da *kam* Nils vorbei und sah sie an. Sie *lachte* und *fand* ihn nett. Später *holten* sie sich zusammen ein Eis. Sie *spielten*, bis es *regnete*. Dann *liefen* sie nach Hause.

Die Kinder sollen die kursiv gesetzten Verben im Wörterbuch finden und aufschreiben, wo man sie suchen muss. Sie berichten über ihre Sucharbeiten und stellen in allen Fällen fest, dass bei Verben die Grundform das Nachschlagewort ist. Weitere Übungen können sich anschließen. Ebenso wird mit Nomen (Mehrzahlformen) und Adjektiven (Wortformen auf der 1. und 2. Vergleichsstufe) geübt. Insgesamt führt dies zum Ergebnis: Bei Nomen, Adjektiven und Verben ist die Grundform das Nachschlagewort. Zu jeder Wortart schreiben die Kinder ein oder zwei Beispiele dazu:

spielte → Grundform *spielen*
kam → Grundform *kommen*
usw.

▶ Die Kinder können selbst Übungsaufgaben zusammenstellen: Voraussetzung ist ein übliches Wörterbuch, in dem der Haupteintrag aus der Grundform besteht und danach einige flektierte Formen aufgeführt sind. Die Kinder erhalten einen Anfangsbuchstaben und suchen bei der Durchsicht flektierte Formen heraus, schreiben sie in eine erste Spalte, daneben die Grundform sowie die Seitenzahl, auf der Wörter im Wörterbuch stehen:

	Grundform	***Seite***
älter	*alt*	*S. 17*

▶ Als Vorlage für weitere Übungen wird das ausgefüllte Formular kopiert; dabei werden die Lösungen in den Spalten Grundform und Seite abgedeckt. Der Schwierigkeitsgrad wird gesteigert, wenn die Anfangsbuchstaben und die Wortarten gemischt werden.

▶ Ähnlich kann mit zusammengesetzten Wörtern gearbeitet werden. Ausgangspunkt können einige Wortbeispiele sein, die im jeweils benutzten Wörterbuch nur entflochten aufzufinden sind, zum Beispiel *Klassengespräch, herunterfallen, wegnehmen, blitzblank, Nikolausmütze.* Auch hierbei können die Kinder Übungsaufgaben selber finden.

	Nachschlagewörter	***Seiten***
Klassengespräch	*Klasse + Gespräch*	*S. 74 + S. 52*

Besondere Herausforderungen stellen Wortzusammenstellungen dar wie:

megaheißer Hitzefreischultag
abgeknabberte Schneemannsmöhrennasenspitze.

Nachschlagen
Für das routinierte Nachschlagen ist zweierlei nötig: die Einsicht in die Nützlichkeit des Nachschlagens sowie eine gewisse Geläufigkeit und Sicherheit im Auffinden des Nachschlagewortes. Das Zweite kann mit Übungen wie oben erreicht werden, das Erste muss in funktionalen Nachschlagesituationen von den Kindern erfahren werden. ▶ Beispiele sind:

▶ Die Kinder benutzen auch bei **Rechtschreibkontrollen** das Wörterbuch. Sie schreiben zuerst ohne nachzuschlagen, markieren aber die Wörter, bei denen sie unsicher sind. Sie haben dann in der zweiten Phase Zeit, alle markierten Wörter nachzuschlagen und gegebenenfalls zu korrigieren. Eine Diktatvariante ist: Wörter werden diktiert und untereinandergeschrieben, danach schlagen die Kinder jedes Wort nach, streichen falsch geschriebene durch und schreiben die richtige Schreibweise daneben.

▶ Die Kinder haben immer wieder Gelegenheit, nach ihren eigenen Interessen als Experten **Informationen zusammenzutragen** und dabei neben Sachbüchern und dem Internet auch Lexika verschiedener Art zu nutzen, insbesondere Kinderlexika: beim Thema „Tiere" über ihr Lieblingstier; beim Thema „Vergangenheit" über Dinosaurier, Steinzeit, altes Ägypten, Ritterzeit usw.; beim Thema „Erfindungen" über Erfinderinnen, Erfinder und ihre Erfindungen; beim Thema „Indianer" über Indianerstämme, Tipis, Kleidung usw. Sie stellen ein Informationsblatt zusammen, ergänzen den Text durch Zeichnungen und Bilder; sie halten einen kurzen Vortrag vor der Klasse und illustrieren ihn durch einen Gegenstand, Bilder auf Folie und Ähnliches.

4.2 Mit Wortfeldern arbeiten

Sachklärung: Wortfeld (lexikalisches Feld, semantisches Feld)

Der Begriff Wortfeld wurde von der inhaltsbezogenen Sprachwissenschaft erarbeitet. Danach gehören zum Wortfeld sinnverwandte Wörter, die sich in Abgrenzung zueinander gegenseitig definieren. Zum Wortfeld *gehen* zum Beispiel gehören Verben wie *eilen*, *marschieren*, *schleichen*, *spazieren*, *schlendern* ..., zum Wortfeld *Kleidung* Nomen wie *Hose*, *Hemd*, *Rock*, *Anzug*, *Jeans*, Verben wie *sich anziehen*, *sich ankleiden*, *sich fein machen* ..., Adjektive wie *schick*, *leger*, *zerlumpt* ... Das vollständige Wortfeld deckt den Wirklichkeitsbereich ab. Die einzelnen Wörter im Feld können aufeinander bezogen und dabei inhaltlich geklärt werden: Was unterscheidet *spazieren* von *schlendern*, *sich anziehen* von *sich fein machen*, *schick* von *leger* ...? Beim Gebrauch eines Wortes schwingt die Kenntnis anderer bekannter Wörter aus demselben Wortfeld mit, die den gemeinten Sachverhalt nicht so treffen und deshalb nicht gewählt wurden (siehe Bussmann 1990, S. 854 f.).

Didaktische Überlegungen

Wortfeldarbeit hat unter dem Topos „treffende Wörter finden" eine lange unterrichtspraktische Tradition. *Gehen* und *sagen* sind Klassiker der Wortfeld-Arbeit in der Grundschule.

Begründung

Wortfeldarbeit kann erheblich zur **Wortklärung** und zur **Wortschatzerweiterung** beitragen. Die Kinder aktivieren bei der Suche nach geeigneten Wörtern ihren eigenen Wortschatz, bei themenbezogener Unterrichtsarbeit entdecken sie in Texten weitere Wörter. Wenn mit den Wörtern weitergearbeitet wird, zum Beispiel beim Sprechen und Schreiben, bei der Überarbeitung von Texten, beim Strukturieren des Feldes, beim Ausgliedern aus einem weiten in enge Wortfelder, dann differenziert und definiert sich der Wortschatz weiter und Kindern forschen über Wörter und ihre Inhaltlichkeit.

Begrifflichkeit

Wortfeld ist ein auch für Kinder plastischer Begriff: Die Kinder sammeln Wörter im Wortfeld, sie füllen das Wortfeld. Das Ausgangswort dient bei der Wortfeldarbeit als Oberbegriff, ich schlage hierfür den Begriff Leitwort vor. Didaktisch ergiebig ist die Unterscheidung von weiten und engen Wortfeldern. Bei weiten Wortfeldern ist das Leitwort allgemeiner gefasst, bei engen Wortfeldern spezifischer.

- Ein **weites Wortfeld** ist zum Beispiel mit dem Leitwort *Wetter* eröffnet. Alle Wörter werden gesammelt, die etwas mit dem Wetter zu tun haben – mit allen Wetter- und allen Wortarten.
- Ein **enges Wortfeld** fasst das Leitwort konkreter, zum Beispiel *Regenwetter*, *Sonnenwetter*, *Schnee* oder Nomen zum Leitwort *Regen*.

Als **Definition** kann gelten:

Wörter können in einem Wortfeld gesammelt werden.
Das Leitwort gibt an, worum es geht.

Lernprozess

Zwar gibt es Kinder mit einem kargeren und Kinder mit einem reichhaltigeren Wortschatz, aber alle haben Erfahrungen mit der Auswahl von bedeutungsähnlichen Wörtern, siehe die beiden Beispiele von Wortfeldern *gehen* und *Kleidung*. Dies gilt auch für Kinder mit anderer Muttersprache, denn bedeutungsähnliche Wörter gibt es in allen Sprachen, wenn auch in kulturspezifischer Differenziertheit.

Wortfeldarbeit kann häufig die themenbezogene Arbeit begleiten: Das Wortfeld wird, wie im Beispiel zum Leitwort *Wetter*, während der Unterrichtsarbeit sukzessive gefüllt. Täglich bringen Kinder neue Wörter mit oder entscheiden im Unterricht, dass ein Wort gut ins Wortfeld passt. Das gefüllte Feld wird darauf untersucht, welche Wörter enger zusammengehören. Durch Verbindungsstriche, durch Unterstreichen oder Einkreisen in einer Farbe werden inhaltlich ähnliche Wörter markiert. Im Laufe der Arbeit können engere Wortfelder ausgegliedert werden. Zum Textschreiben und zum Überarbeiten von Texten können bereits erarbeitete Wortfelder in der Schreibwerkstatt zur Verfügung stehen – auf Postern, in Karteiform, in einem klasseneigenen Wortfeld-Lexikon. Neue Wörter, die Kinder zum Beispiel in Texten entdecken, können ergänzt werden.

Die grammatikalische Dimension der Wortfeldarbeit steckt in den Arbeitsmöglichkeiten, die Kinder beim Sammeln, Ordnen, Definieren, Strukturieren von Wortmaterial haben.

Unterrichtsbeispiele

Wortfelder füllen

Wortfelder sollten ein Form- und Farbsignal haben – ein größeres Feld, in der Mitte ein kleines Feld für das Leitwort, zum Beispiel: Auf der Folie, an der Tafel kann die Feldumrandung grün gestrichelt sein, Plakate können hellgrün gewählt werden.

- Beispiele für unterschiedliche Wortfelder:
- Thema „Ich":
  auch: Lieblingstätigkeiten, Lieblingsessen ...
- Thema „Schulweg": Was wir auf dem Schulweg sehen
- Thema „Unsere Sinne": Was Hände können / Wie etwas aussieht / Wie sich etwas anfühlt ...
- Thema „Tiere": ein Wortfeld mit Tiernamen, eines mit Tieräußerungen wie knurren, bellen, zwitschern ..., eines mit Fortbewegungsverben, eines mit Fachbegriffen wie Schnauze, Schnabel, Maul, Löffel, Fell, Schuppen ..., eines mit Tiernamen für Menschen wie Leseratte, Mäuschen, Häschen, Nachteule, Angsthase ...
- Thema „Märchen": Märchenwörter, auch: Wortwendungen wie *alle Tage*, Anfänge und Schluss-Sätze
- Thema „Zeit": Zeitangaben wie gestern, vor einem Jahr, übermorgen ...
- Thema „Texte überarbeiten": Satzanfangswörter wie zuerst, allmählich, plötzlich ... besonders häufige „Allerweltswörter" als Leitwörter wie sagen, gehen, machen / tun ...
- Thema „Geschichte": Wortfelder zu Dinosaurier, Burg, Archäologie ...

An der Liste ist erkennbar, dass auf allen Klassenstufen und bei jedem Thema Wörtersammlungen für ein Wortfeld möglich sind und dass Wortfelder das Vorwissen der Kinder und ihre wachsenden Kenntnisse ausweisen.

Die Wörter werden in der Klasse gesammelt: in Brainstorming-Runden, in Partnerarbeit, in Gruppenarbeit. Eine besondere Möglichkeit ist die folgende: Das Leitwort wird in die Mitte eines größeren Papierbogens geschrieben. Die Kinder sitzen um den Bogen und schreiben Wörter hinzu, die ihnen zum Leitwort einfallen. Die Kinder rücken einen Platz weiter, lesen, was dort steht, und ergänzen Wörter, die ihnen dazu einfallen usw. Am Ende lesen die Kinder alle Wörter, schreiben sie auf Zettel und montieren daraus ein gemeinsames Wortfeld. Solange am Thema gearbeitet wird, können die Kinder

Vorschläge für weitere Wörter machen. Ein neu gefundenes Wort wird auf einen Zettel geschrieben, der (eventuell nach rechtschriftlicher Korrektur) ins Wortfeld geklebt wird.

Im Laufe der Zeit werden weitere Strategien entwickelt, wie neue Wörter für das Wortfeld zu finden sind:

- Beim Lesen von Texten zum Thema fallen neue Wörter auf, die Kindern gefallen.
- Verwandte Wörter werden gefunden: Ein Wort wird in andere Wortarten umgebildet: *schlafen* zu *Schlaf*, *schläfrig*, *schlaflos*, *Schlafmütze* ... Wörter werden zusammengesetzt: *Langschläfer*, *Mittagsschläfchen* ... (siehe S. 60 ff.).

Die Arbeit an einem Wortfeld ist im Prinzip nie abgeschlossen. Solange sie nützlich ist und die Kinder aktiviert, können neue Wortfunde aufgeschrieben und im Feld ergänzt werden.

Wortfelder strukturieren

Wortfelder, sukzessive gefüllt, enthalten rasch eine schier unübersehbare Menge von Wörtern. Mit ihnen kann nun weiter untersuchend, vergleichend, strukturierend gearbeitet werden. In weiten Wortfeldern wie zum Leitwort *Wetter* werden die Wörter, die enger zusammengehören, mit derselben Farbe unterstrichen: *Regenwörter*, *Sonnenwörter*. Sie werden auf Wörterzettel oder für den Projektor auf Folienstreifen herausgeschrieben. Die Zettel können nach unterschiedlichen Prinzipien angeordnet werden:

- Verwandte Wörter werden nah zueinandergerückt: *Regen*, *regnerisch*, *regnen*, *Regenschirm*. Wörter, die zu einer Wortart gehören, werden mit einer Farbe unterstrichen. Oder sie werden von vornherein auf verschiedenfarbige Zettel geschrieben. Wenn die Anordnung zusagt, wird sie in ein engeres Wortfeld übernommen. Verben sollten immer die Signalfarbe Rot erhalten.
- Die Wörter werden geclustert: Wörter, die inhaltlich zusammengehören, werden herausgeschrieben und mit Zetteln oder Folienstreifen nah zueinandergerückt. Bei der Abschrift werden sie durch Striche miteinander verbunden, weitere Wörter werden entsprechend ergänzt.

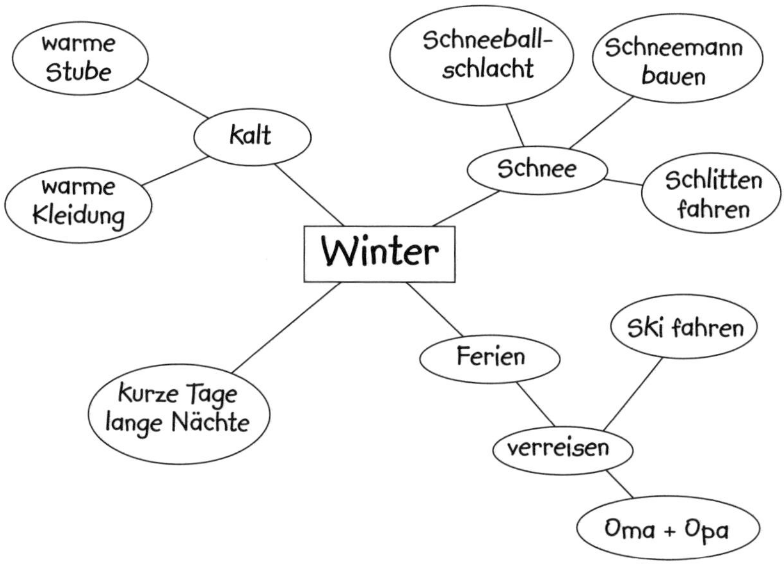

▶ Je nach Thematik bieten sich auch andere Strukturierungen an: Verben zum Leitwort *gehen* können in eine Abfolge von sehr langsam bis ganz schnell gebracht werden; *Märchenwörter* können in Dosen oder Schachteln sortiert werden nach den Aspekten: Märchenorte, Märchenfiguren, Märchendinge, Anfangssätze, Schluss-Sätze, märchenhafte Wörter. Die Kinder können dann aus jeder Dose einen Zettel ziehen und sich durch die Wörter zum Schreiben eines eigenen Märchens anregen lassen.

Wortarten

1. Welche Wortarten braucht die Grundschule?

Sachklärung: Wortarten

Wie viele verschiedene Wortarten gibt es? Die Antworten schwanken – je nach Grammatiktheorie – von zwei bis fünfzehn. Zwei Jahrtausende lang galt die Wortarten-Lehre, die der Grammatiker Dionysios Trax im 1. Jahrhundert vor Christus entworfen hatte. Er definierte die Wortarten Nomen, Verb, Adjektiv, Artikel, Pronomen, Präposition, Adverb, Konjunktion. Was aber ist mit den Zahlwörtern, den Numeralia? *Ein* oder *tausend* können Artikel sein wie bei *ein Haus* oder Adjektive wie bei *tausend Häuser* oder Adverbien wie bei: *Grüß sie viel tausendmal!* oder sogar Nomen wie in *Tausende von Häusern*. Und doch: Sind sie nicht eher eine eigenständige Wortart, weil sie Zahlen und Mengen bezeichnen, was eben die anderen Wortarten nicht können? Was ist mit Ausrufen wie *Heda! Au! Oh!* Sind das überhaupt Wörter? Und doch: Sind sie nicht eigenständige Bedeutungseinheiten und können nicht einer der acht Wortarten zugeordnet werden? Aufgrund solcher Überlegungen ergänzten schließlich Numerale und Interjektionen die acht Wortarten von Dionysios Trax, und so war die traditionelle klassische Zehn-Wortarten-Lehre komplett. Sie galt jahrhundertelang, bestimmte den Grammatikunterricht in den Schulen und ist vermutlich den meisten Lehrkräften auch heute am besten vertraut.

Es gab zahlreiche Versuche, alternative Modelle der Wortarten-Bestimmung zu finden. Die Gründe hierfür lagen insbesondere in folgenden Problemen:

- **Klassifizierungsproblem**: Die einzelnen Wortarten wurden nach unterschiedlichen Kriterien klassifiziert: mal nach semantischen, also inhaltlichen wie beim Numerale (Zahlen und Mengen), mal nach syntaktischen wie bei Konjunktion und Präposition (die Wörter haben eine bestimmte Funktion im Satz), mal nach kontextuellen wie das Pronomen (es vertritt ein Nomen und bezieht sich darauf), mal wurde eine Wortart pragmatisch begründet: die Interjektion.

- **Eindeutigkeitsproblem:** Viele Wörter sind nicht eindeutig zuzuordnen: Das Wort *während* kann Präposition und Konjunktion sein: *während der Weihnachtstage, während wir unterwegs waren*; das Wort *ein* kann Artikel oder Numerale sein; das Wort *der* kann Artikel, Relativpronomen oder Demonstrativpronomen sein; das Wort *jung* kann Adjektiv sein wie in *junge Frau*, aber auch Adverb wie in *die Frau starb jung*; als Adjektiv ist es flektierbar, als Adverb nicht.
- **Inhaltsproblem:** In der Schulgrammatik wurden bestimmte Wortarten inhaltlich bestimmt, deutlich ablesbar an den deutschen Begriffen. Das Nomen oder Substantiv wurde zum Hauptwort oder Dingwort erklärt – aber oft ist es gar nicht das Hauptwort in den Sätzen, und was ist mit den nicht dinglichen Nomen: *Krankheit, Liebe, Glaube*? Ähnlich irritierend ist die inhaltliche Zuschreibung beim Verb: Der deutsche Begriff Tunwörter erfasst nur die Handlungsverben. Was aber ist mit den Zustands- und Vorgangsverben wie *sich erstrecken, leuchten* oder den Modalverben wie *mögen, dürfen*?

Die Uneindeutigkeit macht die Problematik für die Grammatiktheorie aus, aber auch für die Schulpraxis. Denn gerade für die Schule ist wünschenswert, dass die Schülerinnen und Schüler ein eindeutiges Klassifizierungsmodell kennenlernen, das nicht Vagheit und Willkür in sich birgt oder schon durch die Begrifflichkeit in die Irre leitet.

Hans Glinz hatte in den Fünfzigerjahren eine der deutschen Sprache angemessenere und vereinfachte, nach dem Gesichtspunkt der Flexierbarkeit strukturierte Sechs-Wortarten-Lehre vorgelegt, die sich in der deutschen Sprachwissenschaft durchsetzte und in die Schulgrammatik einfloss. Sie wird auch in diesem Buch zugrunde gelegt: Unterschieden werden die vier flektierbaren Wortarten von den Wörtern, die nicht flektierbar sind. Übrigens ist bei der Zuordnung gleichgültig, ob die Wörter in jeder Verwendung immer auch flektiert werden können, deshalb werden die nicht flektierbaren „Adjektivadverbien" (*die Frau starb jung*) zu den Adjektiven gezählt.

Andere Wortarten-Modelle der Linguistik sind für die Grundschule wenig praktikabel. Sie entsprechen auch nicht den amtlich vorgeschriebenen Terminologien.

Funktionen	**Terminus**	**Flektierbarkeit**	**Beispiele**
Die drei Hauptwortarten, die das jeweils Gemeinte bezeichnen.	Verb	konjugierbar	gehen (gehe, geht, ging, gegangen)
Die Wörter können durch Umbildung und Zusammenfügung immer wieder neue Wörter erzeugen.	Nomen	deklinierbar und im Genus veränderbar	Haus (Hauses, Häuser), der Freund, die Freundin
	Adjektiv	steigerbar und im Genus veränderbar	lieb (lieber, liebe, liebes, am liebsten)
Wortart, die auf das jeweils Gemeinte (die ersten drei Wortarten) hinweist oder es zählt (Zusammenfassung der drei klassischen Wortarten Pronomen, Artikel und Numerale).	Pronomen – als Begleiter und als Stellvertreter	deklinierbar und im Genus veränderbar	der (dem, den, die, deren), ein, mein, tausend, viel, alle
Wortart, die alle nicht flektierbaren Wörter zusammenfasst (reines Adverb, Präposition, Konjunktion).	Partikel	nicht flektierbar	fort, dort, nicht, während, weil, und, aber, trotzdem
Einzelwörter, die aus den grammatischen Bezügen heraustreten und unmittelbar inhaltlich etwas ausdrücken.	Interjektion	nicht flektierbar	ach, oh, holla, pfui

(siehe Glinz 1961, S. 28 ff., Linke u.a. 1996, S. 72 ff.)

Didaktische Überlegungen

Begründung

Im Grundschulunterricht ist aus drei Gründen eine Wortarten-Lehre nützlich:

- **Rechtschriftlich**: Die Kinder müssen entscheiden können, wann sie ein Wort mit großem Anfangsbuchstaben schreiben, nämlich bei den Nomen. Dazu müssen sie einen Nomenbegriff erworben haben.
- **Arbeitsbegrifflich**: Für Wortarten, die häufiger auch im Mittelpunkt der Unterrichtsarbeit stehen, brauchen die Kinder definierte Arbeitsbegriffe.
- **Metasprachlich**: Zur Einsicht in den Bau der Sprache gehört auch die Erkenntnis, dass sich bestimmte Wörter verändern, wie sie das tun (siehe das erste Kapitel zur Wortbildung) und welche Funktion die Wörter und die flektierten Formen haben. Dabei werden aus konkreten Erfahrungen heraus auch die sprachlichen Kategorien gebildet.

Begrifflichkeit

Die Grundschularbeit benötigt ein einfaches Wortarten-System, das die Kinder erarbeiten und einsichtig anwenden können. Es soll zugleich so angelegt sein, dass weiterführendes Lernen darauf aufbauen kann. Dies ist durch die Glinz'sche Terminologie gegeben. Ich füge nur die Begleiter (nach traditioneller Terminologie: Artikel, Pronomen und Numerale) zum Nomen, weil sie hier häufig mit auftreten und bei Sprachproben mit verwendet werden. Pronomen sind besonders als Stellvertreter für Nomen auffällig: Personalpronomen ergänzen flektierte Verbformen zu einer verständlichen Aussageeinheit (statt lese: ich lese), sie ersetzen in Texten das Nomen (die Frau – sie). Damit ergibt sich die folgende Begrifflichkeit:

<table>
<tr><td>Verb</td><td rowspan="4">Sie sind veränderbar</td></tr>
<tr><td>Nomen mit Begleiter</td></tr>
<tr><td>Adjektiv</td></tr>
<tr><td>Pronomen (als Stellvertreter)</td></tr>
<tr><td>Andere Wörter</td><td>Sie sind nicht veränderbar</td></tr>
</table>

Konkretere Ausführungen, auch die weiteren Termini zu den Flexionen und Wortformen, finden sich im Folgenden bei den einzelnen Wortarten.

Lernprozess
Der Unterricht setzt am Sprachgebrauch der Kinder an. Auf dem Weg von der inneren Entwicklung eines Begriffs über das Erlernen des entsprechendes Fachwortes zur ständigen Verwendung und zur Verfeinerung des Begriffs ist die Standardabfolge:

1. Begriffsbildung
2. Einführung des Begriffs als Fachwort
3. Übung und Vertiefung

Begriffsbildung: Im Unterricht werden sprachliche Situationen arrangiert, die zur Verwendung einer bestimmten Wortart herausfordern oder bei denen eine bestimmte Wortart auffällig wird. Die Kinder erfahren dabei diese Wortart in ihrer Funktionalität und in ihrer Formgebung. Ein ▶Beispiel: Thema „Unser Körper – Wörter für Körperteile". Wovon habe ich nur eins, wovon habe ich mehrere? *Eine Nase*, aber *zwei Ohren*, *viele Haare* ... Die Wörter bezeichnen etwas, und sie ändern sich, je nachdem ob es eines ist (*ein Ohr*) oder mehrere (*zwei Ohren*). Die Kinder handeln mit den Wörtern der Wortart: Sie sammeln Wörter, strukturieren und verändern sie, verwenden sie in sprachlichen Zusammenhängen, denken über Funktion, Form, Regelhaftigkeiten nach. Dabei schärft sich ihre Wahrnehmung, und es kann sich ein interner Begriff für die Wortart herausbilden, bevor ein Terminus eingeführt und verwendet wird.

Einführung des Begriffs als Fachwort: Erst wenn Kinder vielfältige Erfahrungen mit dem sprachlichen Phänomen gemacht haben, Besonderheiten wahrnehmen und erkennen, wird der Terminus eingeführt und mit den Kindern an den Operationen definiert. Im Beispiel: Nomen sind Wörter, mit denen man so etwas machen kann wie *ein Ohr – zwei Ohren*.

Übung und Vertiefung: Von nun an wird der neue Terminus als Arbeitsbegriff beständig genutzt und bei weiteren Sprachreflexionen in seiner Systemeigenart gestärkt und differenziert. Wieder im Beispiel: Weitere Nomen suchen, die genauso die Mehrzahl bilden wie: *ein Ohr – zwei Ohren*. Welche anderen Möglichkeiten, die Mehrzahl zu bilden, sind noch zu finden? Warum gibt es zum Nomen *Eltern* nur die Mehrzahl? Wie könnte das Einzahlwort heißen? Wann könnte man es gebrauchen?

Unterrichtsbeispiele

Unterrichtsbeispiele zu den Wortarten im Allgemeinen werden an dieser Stelle nicht gegeben, weil die grammatikalische Arbeit sich immer auf die konkrete Wortart bezieht. Eine Zusammenstellung der Wortarten erarbeiten sich die Kinder erst im Laufe der Grundschulzeit.

2. Nomen mit Begleiter

Sachklärung: Nomen (Substantive) und Begleiter

Nomen oder Substantive machen weit über die Hälfte des deutschen Wortschatzes aus und sind neben den Verben die wichtigste Wortart. Sie sind die einzige Wortart, die semantisch so unabhängig ist, dass Texte nur mit Nomen durchaus verständlich sind. Ein Beispiel: Morgenkreis: Begrüßung, Morgenlied, Austausch von Erlebnissen des Vortages.

Unter semantischem Aspekt kann grob unterschieden werden zwischen Konkreta und Abstrakta:

- **Konkreta** können sein Lebewesen (Menschen, Tiere, Pflanzen), Sammelbezeichnungen (Gebirge, Gewässer, Metalle), Stoffbezeichnungen (Eisen, Wein, Beton) und konkrete Dinge.
- **Abstrakta** können sein Eigenschaften (Anstand, Fleiß), Vorgänge (Träume, Spiel), Beziehungen (Freundschaft, Liebe), Maße (Meter, Stunde).

Praktisch können alle Wortarten in Substantive umgebildet werden: das *Singen*, das *Rot*, eine *Sie*, das *Siezen*, das *Heute*, das *Vorher*; es gab ein großes *Hallo*. Nomen können zudem mit anderen Nomen und allen Wortarten zu neuen Nomen zusammengesetzt werden (siehe S. 60 ff.).

Morphologisch zeichnen sich Nomen durch folgende Kategorien aus:
Numerus (Singular/Plural): Nomen können in der Regel im Singular (Einzahl) und im Plural (Mehrzahl) stehen. Die Pluralbildung kann auf verschiedene Weise erfolgen: Für deutsche Wörter gibt es elf verschiedene Möglichkeiten:

- mit Pluralsuffix (*Junge/n*, *Tisch/e*, *Frau/en*, *Feld/er*, *Auto/s*),
- mit Pluralsuffix und Verdopplung (*Freundin/nen*, *Finsternis/se*),
- mit Pluralsuffix und Umlautung (*Kamm – Kämm/e*, *Haus – Häus/er*),
- ohne Pluralsuffix (*Briefträger*),
- ohne Pluralsuffix und mit Umlautung (*Vogel – Vögel*).

Über zehn Möglichkeiten kommen für Fremdwörter noch dazu (*Atlanten, Firmen, Rhythmen, Porti, Kakteen, Medien* ...). Es gibt auch Nomen, die stehen nur im Singular (*Singulariatantum*) wie Personennamen, Sammelnamen (*Polizei*) oder abstrakte Allgemeinbegriffe (*Glück, Liebe*); andere Nomen stehen nur im Plural (*Pluraliatantum*) wie Namen für Inselgruppen (*Kanaren*), für Gebirge (*Alpen*), für Personengruppen (*Eltern, Leute*), Zeitnamen (*Ferien*), Sammelnamen (*Lebensmittel*), Krankheiten (*Masern*) und andere Wörter wie *Trümmer* oder *Wirren*.

Kasus (Fall): Nomen können in vier Kasus stehen: im Nominativ, Genitiv, Dativ, Akkusativ. Die Formveränderungen sind dabei nicht so ausgeprägt und so klar strukturiert wie bei der Konjugation der Verben; vielmehr gibt es im Singular drei, im Plural fünf Deklinationstypen, dazu kommen noch drei ergänzende Typen, in denen der Binnenvokal umgelautet wird. Häufig verändert sich das Nomen bei der Deklination nur geringfügig (Anhängen von *n* oder *s*) oder gar nicht. Der jeweils zu bildende Kasus ist im Satz von der Valenz (Wertigkeit) des Verbs abhängig: Das Verb *schenkt* führt unweigerlich zur Frage: Wer schenkt wem was? Damit sind Ergänzungen in drei Kasus nötig: im Nominativ (*Wer?*), im Dativ (*Wem?*), im Akkusativ (*Was?*). Der Genitiv (*Wessen?*) ist im Deutschen dagegen ein aussterbender Kasus. Er wird überwiegend noch verwendet als Attribut (*der Hund meiner Eltern*), zusammen mit bestimmten Präpositionen (*wegen Umbaus geschlossen*), in eher altertümlich wirkenden Wendungen (*sich des Elends erbarmen*) sowie in bestimmten Fachsprachen, insbesondere der Juristerei (*wurde des Einbruchs in vier Fällen angeklagt*).

Genus (männlich, weiblich, sächlich): Nomen gibt es in drei verschiedenen Genera (grammatischen Geschlechtern): im Maskulinum (männlich), im Femininum (weiblich), im Neutrum (sächlich). Das Genus wird deutlich am Begleiter. Zwar entspricht in vielen Fällen das Genus dem natürlichen Geschlecht, wie bei *der Mann, die Frau*, ebenso bei Umbildungen wie bei *der Friseur, die Friseurin*; doch sind grammatisches und natürliches Geschlecht nicht immer identisch: *das Kind, das Mädchen, das Fräulein*, aber *der Junge*. Außerhalb der Personen und Tiere ist die Festlegung des Genus historisch bedingt (siehe Götze u. a. 1999, S. 140 ff.).

Didaktische Überlegungen

Begründung

Die erste und vordergründige Bedeutung des Nomenbegriffs liegt im Rechtschreibfall: Großschreibung der Nomen. Der Nomenbegriff muss sich bei Kindern bilden, damit sie ein Gespür dafür entwickeln, welche Wörter mit großem Anfangsbuchstaben geschrieben werden, und damit sie im Zweifelsfall auch eine Strategie kennen, um herauszufinden, ob ein Wort ein Nomen ist oder nicht. Tiefer liegt eine andere Begründung: Nomen machen die Mehrzahl der Wörter im Deutschen aus, sie sind wichtige Inhaltsträger, zentrale Lernwörter (fachsprachliche Begriffe für alle Themenbereiche der Grundschule), sie verändern sich je nach Kontext und nehmen dabei verschiedene Funktionen wahr (Einzahl – Mehrzahl, Umbildungen, Zusammensetzungen). Dann sind sie aber auch notwendigerweise ein wesentlicher Untersuchungsgegenstand der Sprachreflexion, und es bedarf einiger grammatikalischer Begriffe als Arbeitsbegriffe für die unterrichtliche Arbeit.

Einige Aspekte können und müssen in der Grundschule vernachlässigt werden: Genus und Kasustypen sind wegen der oben dargestellten Probleme für Grundschulkinder nicht sehr zugänglich.

Begrifflichkeit

Mehrere deutschsprachige Termini für Nomen oder Substantive sind in Gebrauch: Namenwort, Dingwort, Hauptwort. Sie führen zu fehlerhaften Begriffsbildungen oder sind für Kinder missverständlich:

- Beim Terminus Namenwort geht der Unterricht zumeist von den Namen der Kinder aus, sammelt Vor- und Nachnamen, Kosenamen usw. Dann wird behauptet: Auch Tiere und Sachen haben einen Namen. Namen für Menschen sind aber immer auf den einmaligen Menschen hin bezogen, während die anderen Nomen generalisierte Bezeichnungen haben. Zum Beispiel können Tische sehr verschieden aussehen. Wenn sie auf Beinen stehen und zur Ablage dienen, sind es aber Tische. Tisch ist also eigentlich kein Name für ein konkretes Ding. Andererseits können Wörter für *glücklich, fleißig, rodeln, weinen* für Kinder auch Namen für etwas sehr konkret Erfahrenes sein. Der wohlgemeinte Versuch, den Terminus Nomen über die deutschsprachige Eselsbrücke Namenwort zu finden, stiftet also eher Irritation, als er klären kann.

- Beim Terminus Dingwort stehen zunächst die konkreten Dinge im Vordergrund, die für Kinder auch anschaulich vorhanden sind. Sie erfassen aber nur einen kleinen Ausschnitt aus der Fülle der Nomen, die für Kinder bedeutsam sind. Sie erfassen keine Menschen, Tiere und Pflanzen, bei denen sich die Bezeichnung Ding verbietet, und keine Abstrakta wie Liebe, Freundschaft, Geheimnis, Streit, Schläge, Krankheit, Hausaufgaben. Lange Tradition hat die Dingwort-Definition, selbst wenn der Begriff gar nicht mehr verwendet wird. Die **Definition** lautet dann:

  Das sind Wörter für alles, was man anfassen kann.

Man braucht gar nicht die alte Anekdote von dem Wort *Ofen* aufzuwärmen, den man bekanntlich im Sommer anfassen und im Winter nicht anfassen kann, um die viel zu enge Definition von der Dinglichkeit her zu erkennen.

- Der Terminus Hauptwort schließlich suggeriert Kindern oft etwas anderes als das Gemeinte. Im Satz *Ich hab meine Mama lieb* sind die Hauptwörter für Kinder *ich*, *meine Mama* und *lieb*. Im Satz *Heute schneit es* ist *schneit* mit ziemlicher Sicherheit für Kinder ein Hauptwort.

Kinder denken zunächst inhaltlich und nicht formal-strukturell. Diese Denkweise wird durch inhaltlich formulierte Begriffe verstärkt.

Da die deutschsprachigen Begriffe untauglich sind, sollte auf einen lateinischen Terminus zurückgegriffen werden, der inhaltlich neutral ist. Zwei Begriffe stehen zur Auswahl: **Nomen** und Substantiv. Da die beiden Termini Substantiv für die Wortart und Subjekt für das Satzglied ähnlich klingen, werden sie von Kindern leicht verwechselt. Damit verunklart sich auch die Unterscheidung von Wort- und Satzebene, von Wortart und Satzglied/Satzteil. Bleibt der Terminus Nomen, bei dem Verwechslungen ausgeschlossen sind. Nur muss auf die Eselsbrücke über Namenwort verzichtet werden. Das aber ist kein Verlust, weil Kinder das Wort Nomen auch in der Klasse 2 so leicht lernen wie Inliner oder addieren – vorausgesetzt, sie haben in der Anbahnungsphase ein internes Konzept der Wortart entwickelt.

Für den Numerus sind die deutschsprachigen Begriffe aus sich heraus verständlich: Einzahl und Mehrzahl.

In den amtlichen Vorgaben ist statt des anschaulichen Begleiter-Terminus der engere Begriff Artikel vorgesehen. Ich schlage demgegenüber den Begriff **Begleiter** vor. Er umfasst im traditionellen Verständnis sowohl die Artikel als auch Pronomen und Numerale, die häufig statt der Artikel die Begleiterfunktion einnehmen (*der Hase*, *mein Hase*, *zwei Hasen*). Auf die explizite Unterscheidung von bestimmtem und unbestimmtem Artikel kann verzichtet werden, wenn die verschiedenen Begleiter ohnehin von Kindern experimentell auf ihre Aussage hin untersucht werden und die Kinder zum Beispiel zwischen *der*, *ein*, *mein*, *viele*, *alle* unterscheiden.

Die Fallsetzungen werden im Zusammenhang mit der Satzbildung thematisiert, denn dort werden sie im Rahmen von Satzergänzungsfragen funktional (siehe ausführlich S. 156 ff.): Ich schlage vor, die deklinierten Nomen oder Pronomen als Ergänzungen im Wem-Fall und im Wen-oder-was-Fall zu benennen; das Subjekt steht dann immer im Wer-oder-was-Fall. Diese Begriffe formulieren die Fragestellungen und die Funktionen im Satz als Ergänzung; sie sind deshalb im Zusammenhang von Ergänzungsoperationen für die Kinder funktional erkennbar und verwendbar. Die lateinischen Begriffe sind dagegen überflüssig. Auf den Genitiv kann aus den genannten Gründen in der Grundschule ganz verzichtet werden (siehe auch S. 181 ff.).

Mithin kann man sich für die Grundschulzeit an folgender **Definition** orientieren:

Nomen haben immer einen großen Anfangsbuchstaben.	*Vogel, Blume, Monat, Freundschaft*
Man kann sie verändern. Nomen können oft in der Einzahl und in der Mehrzahl stehen.	***ein Vogel** – viele **Vögel*** ***eine Blume** – viele **Blumen***
Sie können einen Begleiter bei sich haben.	
Die Nomen-Probe: *Ist das ein Nomen?* Kann ich mit dem Wort so etwas machen wie: ein riesiger *Vogel*, viele riesige *Vögel*? oder eine riesige *Blume*, viele riesige *Blumen*?	

Gegebenenfalls tritt hinzu:

Nomen und Pronomen können auf Fall-Fragen antworten. Sie stehen dann	
▪ im Wer-oder-was-Fall (Subjekt)	Wer oder was? *ich, der Stift, die Wut*
▪ im Wem-Fall	Wem? *mir, dem Stift, der Wut*
▪ im Wen-oder-was-Fall	Wen oder was? *mich, den Stift, die Wut*

Lernprozess

Der Prozess der Begriffsentwicklung, -differenzierung und -festigung verläuft in den drei dargestellten Phasen: Begriffsbildung – Einführung des Fachworts – Verwendung und Vertiefung.

Begriffsbildung: Auffällig werden Nomen für Kinder von Anfang ihres Schriftspracherwerbs an durch die Großschreibung. Mit dieser Auffälligkeit kann der Begriffsbildungsprozess beginnen. Andere Auffälligkeiten wie die Einzahl-Mehrzahl-Bildung, die Kombination mit Begleitern treten hinzu.

Einführung des Fachworts: Wenn es dann nützlich ist, zur gemeinsamen Verständigung einen Terminus für Wörter dieser Eigenheiten zu haben, dann wird der Begriff Nomen eingeführt, ebenso Begleiter für die kleinen Begleitwörter. Das kann schon in Klasse 1 sein, sonst irgendwann im ersten Halbjahr der Klasse 2. Dabei sollte der Terminus mit vielen Beispielen garniert werden, damit das Gehirn die Inhaltsseite des Begriffs ausbildet.

Verwendung und Vertiefung: Im Weiteren wird der Terminus Nomen in allen möglichen Zusammenhängen als Arbeitsbegriff verwendet und bei Umbildungen und Wortzusammenstellungen sowie mit Nachdenk- und Forscheraufgaben weiter ausdifferenziert.

Unterrichtsbeispiele

Den Nomenbegriff entwickeln (Klasse 1)

In Klasse 1 stellen die Kinder fest, dass bestimmte Wörter immer mit großem Anfangsbuchstaben geschrieben werden. Dabei spiegeln ihre eigenen Texte die Annäherung an den Nomenbegriff, wenn sie bei den Verschriftungen zunächst noch mit den Großschreibungen experimentieren:

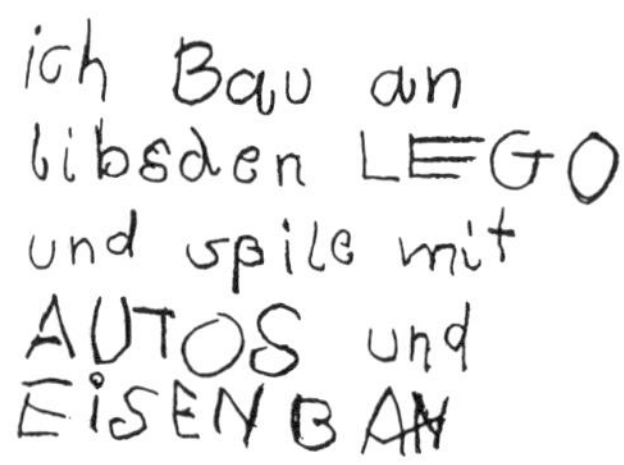
ich Bau an
libsden LEGO
und spile mit
AUTOS und
EiSENBAN

Ich baue am liebsten mit Lego und spiele mit Autos und Eisenbahn.

Die Entwicklung zu einem stabileren internen Nomenbegriff kann dadurch gestärkt werden, dass die Kinder sich bewusst mit den Wörtern befassen, die mit großem Anfangsbuchstaben geschrieben werden. Insbesondere regt der Reiheneffekt das Gehirn an, das Gemeinsame zu generalisieren.

▶ Unter die ersten Kindertexte schreibt die Lehrkraft hin und wieder den Text in normgerechter Schreibweise (siehe vorige Seite).

▶ Bei den Abhörübungen und bei den Lese-Schreib-Rätseln (siehe S. 38 f.) entstehen immer Wörter mit großem Anfangsbuchstaben. Das wird den Kindern erklärt und an einigen Beispielen mit ihnen gemeinsam eingeübt.

▶ Die Lehrkraft wählt mit den Kindern zum jeweiligen Thema wichtige Wörter aus, die auf ein Plakat geschrieben werden (Merkwörter). Dabei wird in zwei Spalten geschrieben: links die Nomen mit Begleiter, rechts alle anderen Wörter.

Beispiel: Thema „Das bin ich“

ein Junge	ich
ein Mädchen	ich heiße
meine Haare	ich spiele
meine Augen	ich esse
mein Lieblingstier	ich mag gerne
mein Freund / meine Freundin	…
…	…

▶ Die Kinder suchen sich einen großen Anfangsbuchstaben aus. Nun werden Wörter mit diesem Anfangsbuchstaben aus der Fibel, aus Büchern, aus Wörtersammlungen herausgeschrieben. Sie werden sortiert: Wörter, die am Satzanfang stehen – Wörter, die im Satz stehen. Die Kinder finden heraus: Der Satzanfang wird immer großgeschrieben, egal, was da für Wörter stehen. Warum ist das wohl so?

Die herausgesuchten Wörter im Satz werden immer großgeschrieben. Die Kinder probieren aus: Vor welche Wörter kann ich *ein* oder *eine*, *mein* oder *meine* setzen?

▶ Im Rahmen des Rechtschreibunterrichts legen die Kinder spätestens zu Beginn der Klasse 2 ein Abc-Heft an (siehe auch S. 76):

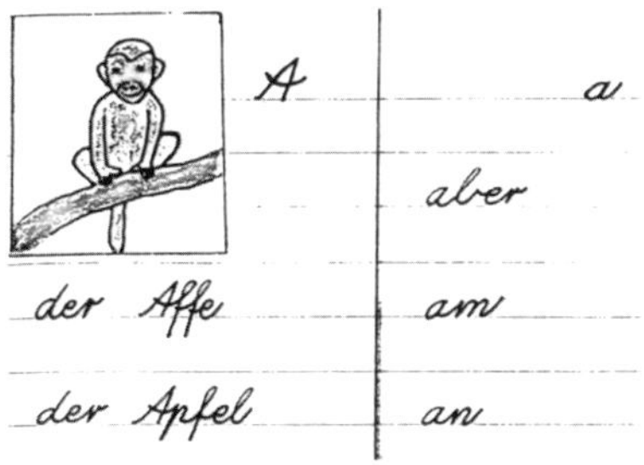

Sie schreiben die Wörter mit großem Anfangsbuchstaben in die linke Spalte, alle anderen in die rechte. Jetzt kann auch der Terminus Nomen verwendet werden:

Nomen sind die Wörter mit großem Anfangsbuchstaben, die im Abc-Heft immer in die linke Reihe geschrieben werden.

Einzahl – Mehrzahl bilden

In vielen thematischen Zusammenhängen ergeben sich Situationen, in denen von Einzelnen und von mehreren gesprochen wird. An anderer Stelle war dies am Beispiel: „Das gibt es alles in meiner Straße" (S. 58 f.) skizziert worden. Zum Thema: „Wie wir wachsen" bringen Kinder Sachen und Fotos von früher mit. Dabei entstehen Wörtersammlungen, die so sortiert werden können:

Babys brauchen ...
Kindergartenkinder brauchen ...
Schulkinder brauchen ...

Die Nomen werden in der Einzahl und Mehrzahl eingetragen, zum Beispiel: *Babys brauchen ein Bettchen, mehrere Schmusetiere, viele Windeln* ... Die Kinder überlegen: An welchen Wörtern erkennen sie, ob es eines ist oder ob es mehrere sind. Die Nomen werden mit den Begleitern in eine Tabelle eingetragen:

eins	mehr als eins
...	

Die Begriffe Einzahl – Mehrzahl sind nun leicht zu ergänzen.

Mit den Nomen im Abc-Heft kann probiert werden, ob bei ihnen die zwei Möglichkeiten: *eins* und *mehr als eins* / Einzahl – Mehrzahl möglich sind. Die Mehrzahl-Wortformen können in der frei gebliebenen Zeile ergänzt werden.

Die Mehrzahlform bilden die Kinder leichter, wenn sie als Begleiter ein Zahlwort verwenden, zum Beispiel *viele*. Der Grund: Der Mehrzahlartikel (*die* Babys) ist identisch mit dem weiblichen Artikel (*die* Mama). Dadurch wird das Sprachgefühl der Kinder beim Mehrzahlartikel nicht unbedingt auf die Mehrzahl hingeführt; anders ist dies bei einem Begleiter, der die Mehrzahl suggeriert, wie dies bei einem entsprechenden Zahlwort der Fall ist.
Im weiteren Verlauf geht es dann um verschiedene Mehrzahlbildungen:

- Beim Thema „Umweltschutz" sind Modellwörter: *der Abfall – viele Abfälle, der Bach – viele Bäche*. Die Kinder suchen weitere Nomen, bei denen in der Mehrzahl aus einem *a* ein *ä* wird, bei denen ein *e* angehängt wird; ebenso können Nomen gesucht werden, bei denen in der Mehrzahl *au* zu *äu* umgelautet wird (ein *Baum*, viele *Bäume*).
- Beim Thema „Schule" oder „Berufe" können Modellwörter sein: *der Lehrer – die Lehrerin*. Die Kinder bilden die Mehrzahlformen: *der Lehrer – viele Lehrer, die Lehrerin – viele Lehrerinnen*. Sie vergleichen und stellen fest:

Bei *Lehrer* ändert sich in der Mehrzahl gar nichts, bei *Lehrerin* wird sogar das *n* verdoppelt (warum wird es verdoppelt?). Gibt es noch mehr Nomen, bei denen die Einzahl- und die Mehrzahlform gleich ist (Nomen mit dem Suffix: *-er* und *-en*, zum Beispiel männliche Berufsnamen, *Kuchen, Balken, Tropfen* ...)? Gesucht werden weitere Beispiele, bei denen für *Frauen* ein *-in* angehängt wird. Wie heißt die Mehrzahl? Was ist mit den Berufen: *Reinigungskraft, Marktfrau*?

Bei anderen Gelegenheiten können gleich gebildete Mehrzahlformen gesucht werden,

-en: das Herz – die Herzen ...
-er: das Haus – die Häuser ...
-s: das Auto – die Autos ...

Forscheraufgabe kann schließlich sein: Wie viele verschiedene Möglichkeiten, die Mehrzahl zu bilden, finden wir bei deutschen Nomen? Wie ist das in anderen Sprachen, zum Beispiel in Englisch?

- Beim Thema „Familie“ kann auffallen, dass *die Eltern* ein Nomen in der Mehrzahl ist: *Die Eltern haben lang geschlafen*. Warum ist das ein Mehrzahlwort? Wenn es nur Mama oder nur Papa gibt, wie wird das dann genannt? Gibt es noch mehr Wörter, die es nur in der Mehrzahl gibt? Ein Plakat wird für Mehrzahlwörter eröffnet, die Such- und Sammelarbeit läuft dann über längere Zeit neben dem Unterricht her. Die Kinder können Wörter finden wie *Leute, Ferien, Lebensmittel, Windpocken* ... Sie überlegen ähnlich wie oben beim Modellwort *Eltern*.
- Ebenso können Nomen auffallen, die es nur in der Einzahl gibt. Zum Beispiel beim Thema „Gesunde Ernährung“ sind solche Einzahlwörter *Milch, Müsli, Wasser* ...

Wenn es darum geht, sich etwas zu wünschen, können solche Wünsche in einem Satz aufgeschrieben werden.

Der Hund wünscht sich eine dicke Wurst, einen großen Knochen und einen langen Spaziergang.
Der Junge wünscht sich ein Fahrrad, ein Witzebuch und ganz viel Mut.
Der Opa wünscht sich eine neue Brille, eine Katze und immer Gesundheit.

Die Nomen werden herausgesucht und die Mehrzahlprobe wird durchgeführt. Welche Wörter gibt es nicht in der Mehrzahl, und warum ist das so? Wie würde das Wort in der Mehrzahl heißen?

Der Nomenbegriff konturiert sich bei solchen Arbeiten weiter, die Mehrzahlprobe kommt hinzu:

Nomen können oft in der Einzahl und in der Mehrzahl stehen. Man kann mit ihnen so etwas machen wie: ein Hund – viele Hunde.

Nomen ableiten, umbilden, zusammensetzen, auseinandernehmen

Viele Beispiele zur Nomenbildung finden sich in den Kapiteln: Wörter zerlegen (S. 44 ff.), ableiten, bilden (S. 60 ff.). Darauf wird hier nur verwiesen:

- Nomen mit Suffixen und Präfixen bilden,
- Nomen im Wortstamm umlauten,
- Mehrzahl bilden,
- Nomen aus mehreren Wörtern zusammensetzen, Fugenbuchstaben,
- Zusammengesetzte Nomen auseinandernehmen,
- Grundwort und Bestimmungswort unterscheiden.

Begleiter und andere Wörter ergänzen

Eine übliche Fehlerquelle ist mit der Artikelprobe verbunden. Die schlichte Regel lautet dort: Wenn *der*, *die* oder *das* vor dem Wort stehen kann, wird es großgeschrieben. Dies führt zu dem bekannten Fehlertyp: *die Graue katze*. Die Artikelprobe ist in dieser Form deshalb ungeeignet. An ihre Stelle tritt die Ergänzungsprobe. Beim Thema „Tiere" geht es auch um Adjektive: Wie können Katzen und Hunde sein?

So können Katzen sein	So können Hunde sein
klein oder groß grau, weiß, braun, gefleckt, getigert lieb, schmusig, eigenwillig, schläfrig	klein, mittelgroß, groß schwarz, weiß, braun, rötlich lieb, wachsam, bissig

Katzen und Hunde werden mithilfe von Fotos beschrieben. Die Schriftform wird so gestaltet, dass die Zeilen immer länger werden:

eine Katze
eine kleine *Katze*
eine kleine, getigerte *Katze*
eine kleine, getigerte, schläfrige *Katze*

Die Kinder beschreiben so Schmusetiere, ihr liebstes Spielzeug, ihre Mama …

mein Quaki
mein grüner *Quaki*
mein grüner, kuscheliger *Quaki*
mein grüner, kuscheliger, megalieber *Quaki*

Ähnlich kann zum Beispiel mit Fahrzeug-Nomen gearbeitet werden. Die Kinder sehen, dass die Großschreibung des Nomens konstant bleibt, dass bei Aufzählungen ein Komma gesetzt wird, und üben eine weitere Nomenprobe ein. Dazu können Probewörter hilfreich sein, zum Beispiel: *ein riesiges* oder *eine riesige*. Der Satz *Ich habe Lust auf Eis* wird erweitert: *Ich habe eine riesige Lust auf ein riesiges Eis*. Also sind *Lust* und *Eis* Nomen. Solche Übungen können insbesondere mit Abstrakta durchgeführt werden, die Kinder häufig in ihren Texten verwenden, so wie hier im Beispiel das Nomen *Lust*. Die ergänzende **Definition für Nomen** kann dann heißen:

> Nomen können durch Begleiter und andere Wörter (Adjektive) ergänzt werden:
> ein Hund, mein Hund, viele Hunde, mein kleiner lieber Hund.
> Man kann mit ihnen so etwas machen wie: ein riesiger Hund, eine riesige Wut.

Die Kinder suchen in Texten die Begleitwörter von Nomen und sammeln sie in einer Liste. Eine Textvorlage dazu kann die folgende sein:

Vor dem Schaufenster eines Spielwarengeschäfts
„Ach, ist der Teddy niedlich!"
„Wo ist ein Teddy?"
„Na, dieser Teddy."
„Ich seh keinen Teddy."
„Guck doch, den Teddy meine ich."
„Ich find aber meinen Teddy niedlicher."

Um der Funktion der Begleitwörter auf die Spur zu kommen, können sie probeweise vertauscht werden.

„Ach, ist *ein* Teddy niedlich!"
„Guck doch, *keinen* Teddy meine ich."

Welche kann man tauschen, welche nicht? Was sagen die Begleitwörter über den Teddy?

Die Begleitwörter werden weggelassen, die Kinder überlegen, welche am besten in die Lücken passen und warum:

Im Bäckerladen
„Ich hätte gern _____ Stück Kuchen."
„Darf es _____ Apfelkuchen sein oder _____ Pflaumenkuchen da?"
„_____ Apfelkuchen sieht gut aus."
„Ja, das ist _____ einfacher Apfelkuchen, das ist _____ Apfelkuchen mit _____ Rosinen."
„Gut, dann nehme ich _____ Pflaumenkuchen."

Die Fallsetzungen unterscheiden (siehe hierzu auch S. 178 ff.)
Die Fallsetzungen des Nomens sind in ihrer Systematik (vier Fälle in Singular und Plural, die verschiedenen Deklinationstypen) nicht Gegenstand der Grundschule. Wohl aber ergibt sich im Rahmen von Satzbildungen und Experimenten mit Sätzen ein funktionaler Zugang zu den Fallfragen; ein Beispiel: *Wer schenkt wem was?* Hierbei steht das Verb im Zentrum und führt zu drei Fragewörtern, auf die jeweils eine Satzergänzung antwortet:
- die Wer-Ergänzung (später: Wer-oder-was-Ergänzung, das Subjekt),
- die Wem-Ergänzung,
- die Was-Ergänzung (später: Wen-oder-was-Ergänzung).

Diese Ergänzungen beinhalten ein Nomen, oft mit einem Begleiter, oder ersatzweise ein Pronomen. Auf die Wessen-Ergänzung kann in der Grundschule generell verzichtet werden, weil sie für Kinder in der Regel nicht erfahrbar ist. Der Fallbegriff ist bei diesen strukturellen Erkenntnissen nicht erforderlich. Wenn er verwendet werden soll, dann wird er im Rahmen solcher Ergänzungsoperationen eingeführt. In der Vorweihnachtszeit oder im thematischen Rahmen von Geburtstagen wird über das Wünschen und das Schenken gesprochen. An dieser Stelle können Kinder mit folgenden Satzmustern ihre Wunsch- und Geschenkideen in Sätzen formulieren:

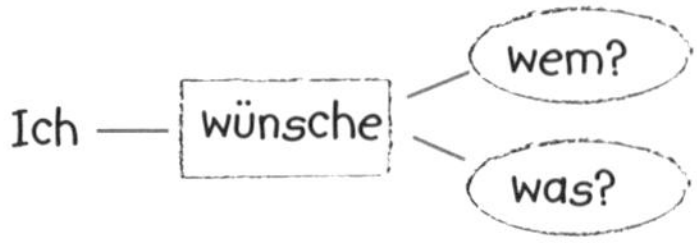

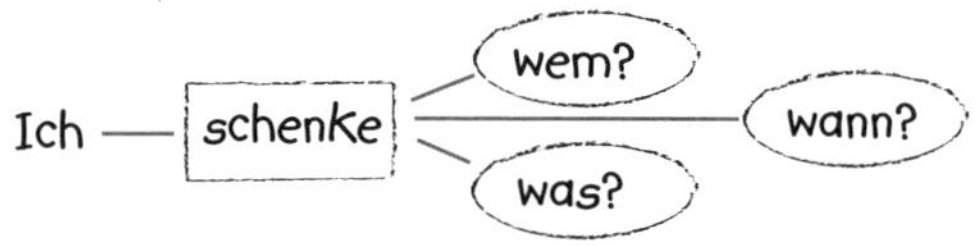

Natürlich stehen zunächst die Inhalte der Sätze, also die konkreten Wünsche und Geschenke der Kinder im Vordergrund aller Mitteilungen. Dann kann mit dem Sprachmaterial der Kinder weitergearbeitet werden. Die Ergänzungen aus den Sätzen der Kinder werden in eine Tabelle eingetragen:

Wem-Ergänzungen	**Was-Ergänzungen**
unserem Hund meiner Mama	ein Leckerchen ein Foto

Wenn für *ich* andere Personen eingesetzt werden, dann erhält man auch eine Liste von Wer-Ergänzungen, die als Spalte ergänzt werden kann.

Die Kinder suchen aus der folgenden Satzbautafel ein Verb aus und setzen als Wen-Ergänzung die Nomen ein, die sie bei ihren Wünsche- und Geschenksätzen schon bei der Wem-Ergänzung verwendet hatten.

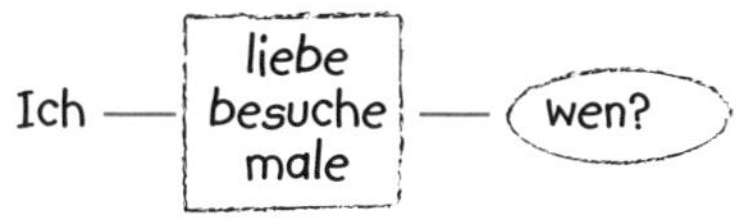

Sie vergleichen Nomen und Begleiter – was ändert sich, was bleibt gleich?

Wer-Ergänzung (Wer-Fall)	Wem-Ergänzung (Wem-Fall)	Wen-Ergänzung (Wen-Fall)
unser Hund meine Mama mein Papa	unserem Hund meiner Mama meinem Papa	unseren Hund meine Mama meinen Papa

Der Fallbegriff ist meines Erachtens überflüssig. Er ist für Kinder auch wenig prägnant, weil die Nomen nur wenig flektiert werden, und wenn, dann ist für Grundschulkinder eine Geregeltheit kaum erkennbar.

Eine interessante weiterführende Nachdenkfrage ist: Wann fragt man *wer*? Wann fragt man *was*?

Wer besucht uns? Was besucht uns?

Wen schenke ich? Was schenke ich?

Wie können die Antworten sein? Die Kinder können feststellen, dass die Fragen: *Was besucht uns?* und *Wen schenke ich?* „nicht gehen", weil mit *was* ein Gegenstand gemeint ist, der aber nicht besuchen kann, mit *wen* eine Person, die man nicht schenken kann. Ein Versuch mit anderen Fragen ergibt dann entsprechende Antwortmöglichkeiten, zum Beispiel:

Wer-oder-was-Frage	*Wer* steht auf dem Tisch? *Was* steht auf dem Tisch?	der kleine Max die neue Vase
Wen-oder-was-Frage	*Wen* zeigt das Foto? *Was* zeigt das Foto?	den kleinen Max die neue Vase

3. Das Verb

Sachklärung: Verben

Verben sind das eigentliche Zentrum des Satzes: Sie drücken Handlungen, Vorgänge und Zustände aus, sie geben Hinweise zur Zeit, sie bestimmen über die anderen Wörter im Satz: welche nötig sind, welche hinzutreten können, in welcher flektierten Form sie zu erscheinen haben (Wer schenkt wem was?), sie tragen die Handlungen im Satz. Deshalb gilt als schlechter Stil, wenn Sätze durchweg nominalisiert formuliert werden und die Verben nur in inhaltsblasser Auswahl erscheinen. Ein Beispiel: „Mit den Kindern sind Überlegungen anzustellen, welche Möglichkeiten des Umgangs mit solchen Situationen es gibt." Dagegen: „Mit den Kindern sollte überlegt werden, wie sie mit solchen Situationen umgehen können."

Die nominal gestelzten Sätze sind schlechter verständlich, es fehlt ihnen die verbale Lebendigkeit.

Semantisch können Verben unterschieden werden in:

- **Handlungsverben**: jemand tut etwas (vorlesen, turnen, springen ...),
- **Vorgangsverben**: etwas geschieht (einschlafen, sprudeln, leuchten ...),
- **Zustandsverben**: etwas ist (zum Beispiel das Verb *legen* im Sinne von „Das Buch liegt auf dem Tisch").

Dazu kommen Hilfsverben und Modalverben, die eine schwache inhaltliche Bedeutung haben:

- **Hilfsverben**: Sie bilden bei bestimmten Zeiten und im Passiv die finiten Verbformen *haben, sein, werden* (*Ich habe geschlafen. Ich wurde geweckt*).

- **Modalverben**: Sie verbinden sich mit Infinitiven und verleihen ihnen eine modale Bedeutung: *wollen, sollen, müssen, dürfen, können, mögen* (vergleiche: *ich wollte schlafen/ich sollte schlafen/ich konnte schlafen*).

Häufig werden zwei Verben kombiniert: eines trägt die Personalform, das andere den Infinitiv oder das Partizip (*muss kommen, werde lesen, kam gelaufen*). Der flektierte Teil ist die finite, der unflektierte die infinite Verbform.

Morphologisch sind Verben eine sehr geschmeidige Wortart mit vielfältigen Möglichkeiten, sie abzuleiten, umzubilden und zu flektieren:

Ableitungen können mit Präfixen und Suffixen die Verbinhalte verändern (*fahren – weg-fahren*, siehe S. 46 ff.); Umbildungen aus anderen Wortarten und Zusammensetzungen mit Wörtern anderer Wortarten führen zu neuen Verben (*weiß → weißen, fern + sehen → fernsehen, Kopf + rechnen → kopfrechnen*, siehe S. 60 ff.).

Flexionsmöglichkeiten beziehen sich auf folgende Kategorien:

Tempus (Zeitformen): Sechs Zeitformen können gebildet werden. Dabei sind zu unterscheiden: schwache Verben mit regelmäßigen Verbformen, starke mit wortspezifischen Formen und unregelmäßige, die teils regelmäßige, teils abweichende Formen aufweisen:

Zeitform	schwache Verben (regelmäßige Flexion)	starke Verben (wortspezfische Flexion)	unregelmäßige (gemischte Flexion)
Präsens	ich lache, sie lacht	ich lese, er liest	ich gehe, er geht
Präteritum	ich lachte, sie lachte	ich las, er las	ich ging, er ging
Futur I	ich werde lachen	ich werde lesen	ich werde gehen
Futur II	ich werde gelacht haben	ich werde gelesen haben	ich werde gegangen sein
Perfekt	ich habe gelacht	ich habe gelesen	ich bin gegangen
Plusquamperfekt	ich hatte gelacht	ich hatte gelesen	ich war gegangen

Allerdings sind die Zeitformen nicht gleichzusetzen mit der Zeitstufe, auf der die Handlung, das Geschehen, der Vorgang einzuordnen sind. Die drei Zeitstufen sind: Gegenwart, Vergangenheit und Zukunft. Im Sprachgebrauch wird die Zeitstufe nicht immer mit der entsprechenden Zeitform realisiert, insbesondere die Zeitstufe Zukunft wird oft durch andere sprachliche Mittel als durch die Verbform Futur angezeigt. Deshalb ist die Unterscheidung für den Unterricht von besonderer Bedeutung. Hier einige Beispiele für die Fälle, in denen Zeitstufe und Zeitform nicht übereinstimmen.

Zeitstufe	**Zeitform**
Gegenwart	Futur: *Du wirst hier sitzen bleiben!*
Vergangenheit	(episches) Präsens: *Dann kam ich zum Fluss. Bedrohlich still liegt da eine ganze Herde von Krokodilen. Ich gehe langsam am Ufer entlang ...* (historisches) Präsens: *Von 1775 bis zu seinem Tod lebt Goethe in Weimar.*
Zukunft	Präsens mit Zeitangabe: *Morgen gehe ich zum Fußballtraining.* Präsens mit Zeitangabe und dem Modalverb wollen: *Morgen will ich zum Fußballtraining gehen.* Perfekt: *Morgen habe ich das Buch zu Ende gelesen. Nächstes Jahr hat er die Pensionsgrenze erreicht.*

Genus (Aktiv, Passiv): Die sechs Zeitformen können bei vielen Verben im Genus Aktiv und im Genus Passiv stehen. Die traditionellen deutschen Begriffe Tätigkeitsform und Leideform sind übrigens irreführend. Tätigkeitsform trifft nur die Handlungsverben und im Passiv wird oft gar nicht gelitten (es wurde gesungen, getanzt, geküsst). Passivisch werden in der deutschen Gegenwartssprache die Verben außerdem nur in sieben Prozent aller Fälle gebraucht, dabei ist ein hoher Anteil zu finden in amtlichen Texten (... wird angeordnet, dass ...), in naturwissenschaftlicher Fachsprache (... wird charakterisiert durch ...), in Kochrezepten (... wird angerührt ...), in der Mediensprache (... wird berichtet ...).

Modus (Indikativ, Konjunktiv, Imperativ): Die Verben können auch ausdrücken, dass ein Geschehen wirklich ist, möglich, gewünscht, unsicher ist oder befohlen wird. Entsprechend wird die Zeitform in den Indikativ (er kommt) oder in den Konjunktiv (er komme) gesetzt, oder es wird der Imperativ gewählt (Komm!).

Allerdings werden im Sprachgebrauch statt des Konjunktivs zumeist andere lexikalische Mittel verwendet, die weniger „literarisch" klingen: Statt *Wir hofften, er komme* steht eine ganze Palette differenzierter Aussagen zur Verfügung: ... *er würde kommen*; ... *er kommt vielleicht*; ... *dass er kommt*; *er kommt hoffentlich*; *er wird schon kommen*; *er soll kommen* (siehe GÖTZE u. a. 1999, S. 23 ff., zum Tempus 88 ff., zum Genus 105 ff., zum Modus 114 ff.).

Didaktische Überlegungen

Begründung

Ein Gespür für die Wortart Verb entwickeln, Verben verändern, semantisch ähnliche Verben in Wortfeldern sammeln und inhaltlich zu klären – bei solchen Lernprozessen wird der Wortschatz der Kinder bereichert, der Blick für ausdrucksstarke und treffende Wortwahl geschärft. Strukturierende Arbeiten mit Verbformen fördern zudem das Rechtschreiblernen. Kinder, die umgangssprachlich sagen: „Kommse?“, erfahren durch die Verschriftung zu „kommst du“, dass die Aussage aus zwei Wörtern besteht. Durch den Abgleich mit anderen Verbformen der gleichen Personalform und durch morphematische Arbeiten unterscheiden sie das Flexionsmorphem *-st*, erkennen die Regelhaftigkeit und üben die Wortbildung.

du	komm geh lern schreib fähr	st

Dies sind Chancen, die der Grammatikunterricht für die Aufgabenbereiche mündliches und schriftliches Sprachhandeln sowie Rechtschreiben schafft. Daneben verfolgt er eigene Ziele:

Wegen seiner zentralen Stellung im Satz ist ein Gespür für die Wortart Verb und die begriffliche Kenntnis eine Bedingung für den weiteren experimentellen Umgang mit Sätzen – für Handlungen wie Erweitern und Kürzen, Umstellen und Ersetzen sowie für die Reflexionsebene bei diesen Handlungen. Diese Operationen kommen dann übrigens auch dem Textschreiben und Überarbeiten zugute, siehe S. 154 ff. Bei all diesen Handlungen und Reflexionen mit Verben können die Kinder erkennen, wie geschmeidig und gelenkig, produktiv und doch regelhaft die Wortart Verb ist.

Die Vielfalt der Verbformen darf allerdings nicht dazu verleiten, schon in der Grundschule eine vollständige Systematik der Flexionsmöglichkeiten im Sinne von Konjugationstabellen anzustreben. Dies ist angesichts der Komplexität nicht möglich. Es trifft auch das Verständnis der Kinder nicht, weil es in weiten Teilen nicht mit der erfahrbaren Sprachwirklichkeit zusammenzubringen ist und deshalb notwendigerweise abstrakt-formal und damit unverstanden bleiben müsste. Unterricht, der sich in den sprachlichen Erarbeitungen und Reflexionen an der Lebenswirklichkeit orientiert, muss zudem die Abweichungen des Sprachgebrauchs von der formalen Systemstruktur berücksichtigen – etwa, dass die Zeitstufe des Futur in der Regel eben nicht durch die Zeitform Futur angezeigt wird, sondern durch andere lexikalische Mittel. Dies ist dann auch Untersuchungsgegenstand.

Konjunktiv und Passiv sind keine Inhalte der Grundschularbeit. Die Konjunktivbildung und -nutzung stellt selbst Profischreiber oft vor Probleme. Deshalb sind zum einen oft falsche Bildungen zu beobachten (Der Bundeskanzler ließ mitteilen, er *käme* ... statt er *komme* ...) oder der Ausweg mit *würden* wird gewählt (... er *würde kommen* ...). Kinder wie Erwachsene wählen oft andere Mittel, um die Absicht korrekt zu vermitteln (Er *will kommen*). Mögliche Aussagen im Passiv werden von Kindern aktivisch formuliert (statt: ich *wurde* von ... *getreten*: der *hat* mich *getreten*). Insofern kann die Wahrnehmung von Konjunktiv- und Passivformen auf das Vorkommen in Texten begrenzt werden; dort erschließen sich die Bedeutungen zumeist aus dem Kontext. Alles Weitere ist Aufgabe der Sekundarschulen.

Begrifflichkeit

Wie beim Nomen, so sind auch beim Verb mehrere deutschsprachige Begriffe im Grundschulunterricht in Gebrauch, Begriffe, die missverständlich oder ganz unzureichend sind und deshalb die Begriffsbildung eher erschweren:

- Tuwort oder Tunwort erfasst nur die Handlungsverben und klammert damit einen großen Teil der Verben aus. Der Begriff gibt eine Inhaltlichkeit vor, oft noch unterstützt durch Anfangsdefinitionen wie: Tunwörter sagen, was jemand tut. Nach dieser Inhaltlichkeit und Definition sind Verben wie *faulenzen* oder *schlafen*, *regnen* oder *sich erstrecken*, zudem alle Modal- und die Hilfsverben nicht zuzuordnen. Andererseits werden die Kinder angestiftet, das Adjektiv *fleißig* als Tunwort einzuordnen, weil „man da ja etwas tut". Ähnlich verhält es sich mit dem Terminus Tätigkeitswort.
- Der Begriff Zeitwort soll die Fähigkeit der Verben kennzeichnen, die Zeit des Geschehens anzugeben. Dies wiederum ist nicht durchgehend der Fall. Im Satz: *Ich komme um fünf* gibt das Verb das Präsens an, während die Zeitangabe auf die Zukunft weist. Als Zeitwort könnte eher *um fünf* als das Verb ermittelt werden. Aber selbst wenn Zeitform und Zeitstufe identisch sind, liegt es inhaltlich näher, eine Zeitangabe als Zeitwort zu identifizieren als die komplexe Verbform: *Gestern haben wir gegrillt.* Wohl nicht nur Kindern drängt sich das Adjektiv *gestern* als Zeitwort geradezu auf.

Da die deutschsprachigen Begriffe eher irritieren, ist der lateinische Begriff das Wort der Wahl: **Verb**. Es ist inhaltlich neutral und kann sich in einer

Anbahnungsphase mit vielfältigen Sammel- und Strukturierungsaufgaben als Begriff entwickeln.

Termini, mit denen die Morpheme zur Wortbildung benannt werden, wurden schon vorgestellt: Wortstamm und Wortbausteine, siehe S. 48 ff. Im Satz *Wir haben alles ausgetrunken* können die beiden Verben wie folgt strukturiert werden:

Wortbaustein	Wortstamm	Wortbaustein
	hab	en
aus/ge	trunk	en

Eine besondere terminologische Problematik haben die Zeitformen der Verben (siehe S. 105 f.). Im Beispiel oben: *Ich komme um fünf* ist die Zeitstufe Zukunft, die Zeitform aber Präsens. Für die **Zeitstufen** eignen sich die traditionellen Begriffe **Gegenwart**, **Vergangenheit** und **Zukunft**. Sie können aber wegen der erwähnten Problematik nicht wortgleich auch für die Zeitformen des Verbs verwendet werden. Deutschsprachige Begriffe wie Vergangenheit oder Erzählvergangenheit für „Präteritum" und „vollendete Vergangenheit" für „Perfekt" treffen den Sachverhalt nicht, weil der Unterschied von Präteritum und Perfekt im Sprachgebrauch nicht inhaltlich, sondern stilistisch bestimmt ist: Im Mündlichen herrscht das Perfekt vor; im Schriftlichen wird oft zwischen beiden Formen gewechselt, weil das Präteritum bei vielen Verben eher literarisch als natürlich wirkt: *Du last (lasest) uns gerne Geschichten vor.* Ein solcher Satz wird auch von Lehrkräften in verbalen Zeugnissen eher vermieden zugunsten des Perfekts: *Du hast uns gerne Geschichten vorgelesen.* Die lateinischen Begriffe wie Präsens, Präteritum usw. stellen andererseits einen unnötigen terminologischen Ballast dar, zumal systematische Konjugationsübungen durch alle Zeiten ohnehin nicht Gegenstand der Grundschularbeit sind. Ich schlage deshalb vor, die Begrifflichkeit der Verbform aufzugreifen und die **Zeitformen** mit dem Grundwort -form zu benennen: **Gegenwartsform, Vergangenheitsformen, Zukunftsform.** Die Vergangenheitsformen können die Kinder zunächst nach äußeren Merkmalen unterscheiden: Es gibt eine kurze mit einem Wort (*fuhr*; *las*) und lange mit zwei Wörtern (*bin gefahren*, *war gefahren*; *habe gelesen*, *hatte gelesen*). Auf diese Weise können die Kinder in den Grundschuljahren allmählich einen Blick für die sprachlichen Mittel erarbeiten, wie die Zeitstufen gekennzeichnet und wie Zeitformen erkannt und gebildet werden können. Auf diesen

Grundlagen kann der Grammatikunterricht in den anschließenden Schulen speziellere fachsprachliche Begriffe einführen.

Bis zum Ende der Grundschulzeit kann die folgende **Definition** eine Orientierung geben:

Das Verb ist im Satz der Satzkern. Mit ihm werden die Satzteile erfragt.	 *Wer* wünscht *wem was?*
Verben kann man verändern.	wünschen, *ich* wünsch*e*, *du* wünsch*st*, *sie* wünsch*t*, *ge*wünsch*t* ...
Verben können in der Gegenwartsform stehen,	Ich wünsch*e* mir was.
in der kurzen Vergangenheitsform (ein Wort),	Ich *wünschte* mir was.
in einer langen Vergangenheitsform (zwei Wörter)	Ich *habe* mir was *gewünscht*. Ich *hatte* mir was *gewünscht*.
und in der Zukunftsform (zwei Wörter)	Ich *werde* mir was *wünschen*.

Die Verb-Probe: *Ist das ein Verb?*
Kann ich mit dem Wort so etwas machen wie:
ich spiel*e* – du spiel*st* – wir spiel*en*?

Lernprozess

Die Erarbeitung des Begriffs verläuft wieder in den drei Phasen: Begriffsbildung, Einführung des Fachworts, Verwendung und Vertiefung.

Begriffsbildung: Zuerst müssen Verben für Kinder auffällig werden. Sprachliche Situationen sind dazu nötig, die die Aufmerksamkeit der Kinder auf Verben lenken, die sie anregen, Verben zu sammeln und mit ihnen umzugehen. Dann werden Verben mit verbtypischen Wortbildungsmitteln verändert: Aus Nomen werden Verben gebildet, Wortbausteine werden vorangestellt, Verbformen werden in Texten erkannt, durch andere Verben ersetzt, die wiederum eingepasst werden usw.

Einführung: Irgendwann im Rahmen dieser Arbeit, in der Regel in den ersten Monaten der Klasse 2, wird der Terminus Verb für die Wortart eingeführt und als Arbeitsbegriff ins ständige Fachvokabular übernommen.

Verwendung und Vertiefung: Weitere Untersuchungen zum Verbgebrauch, zu den Zeitstufen und Zeitformen, Nachdenk- und Forscheraufgaben stärken und differenzieren den Verbbegriff. Besondere Bedeutung haben die Operationen mit Sätzen, wenn Sätze vom Verb als dem Satzkern aus gebildet und erweitert, wenn Satzteile ergänzt, ausgetauscht oder umgestellt werden. Hierbei erfahren die Kinder die besondere Bedeutung von Verben im Satz („Chef im Satz") und entdecken Eigenheiten wie die Position des Verbs und die Satzklammer (siehe S. 157 ff.).

Unterrichtsbeispiele

Den Verbbegriff entwickeln (Klassen 1 und 2)

▶ In Klasse 1 werden Verben, die Kinder bei ihren eigenen Texten oft brauchen, auf einem Plakat gesammelt. Die flektierten Formen im Schreibgebrauch der Kinder werden mit aufgenommen. Sie werden jeweils neben die Grundform geschrieben, zum Beispiel:

gehen	gehe, geht
kommen	komme, kommt
haben	habe, hat
sein	bin, ist
zusehen	sehe zu, sieht zu, zugesehen
sagen	sage, sagt, gesagt

Es geht hierbei nicht um Vollständigkeit, vielmehr werden fallweise die Verben und Verbformen aufgenommen, die von den Kindern geschrieben werden und bei denen sie zunehmend nach der normgerechten Schreibung fragen. Ohne die Fachbegriffe zu nennen, wird durch die Anordnung und Reihung die Begriffsbildung angebahnt.

Beim Thema „Freizeit" oder „Was die Menschen alles tun" sammeln die Kinder, was sie, ihre Eltern, andere Leute machen, zum Beispiel:

einkaufen
Hausaufgaben machen
fernsehen
Brote essen
Musik hören
faulenzen

Die Lehrkraft unterstreicht die Verben in der Signalfarbe Rot. Die Tätigkeiten werden auf Karten geschrieben, immer eine Partnergruppe zieht eine Karte, spielt pantomimisch die Tätigkeit vor, die anderen Kinder raten.

Die Kinder denken sich aus, was sie gerne einmal tun würden. Auch diese Fantasien werden aufgeschrieben und als Ratepantomimen vorgespielt.

▸ Wenn die Kinder ihr erstes Schuljahr hinter sich haben, können sie in einem weiten Wortfeld sammeln, was sie alles in der Schule machen. Die Kinder werden Verben vorschlagen wie *rechnen* oder *singen*, aber auch Kombinationen von Nomen mit Verben wie *ein Bild malen*, *mit Bällen turnen*, *im Gesprächskreis sitzen*. Die Verben werden rot unterstrichen. Das Verb *sitzen* wird abgetrennt. Wo sitzen Kinder in der Schule noch? Zusätze werden ergänzt:

im Gesprächskreis	
am Gruppentisch	sitzen
in der Leseecke	

Ähnlich wird mit anderen Wortgruppen, die die Kinder genannt haben, verfahren, im Beispiel: *ein Bild malen*, *mit Bällen turnen*: Die rot unterstrichenen Verben werden abgetrennt, andere passende Ergänzungen werden gefunden und dazugeschrieben.

Die Kinder können über das, was sie besonders gerne machen, abstimmen: Sie schreiben ihre fünf gewählten Tätigkeiten auf Wahlzettel, sie zählen aus und erstellen eine Hitliste. Sie können nach folgenden Satzmustern Sätze schreiben:

Ich ________ gern.
Ich ________ nicht so gern.
Ich ________ gern zusammen mit ________ .

Die Kinder stellen nebeneinander das rot unterstrichene Wort und was in den Sätzen daraus geworden ist, zum Beispiel:

schreiben	schreibe
vorlesen	lese vor

Beim Thema „Unsere Sinne“ wird gesammelt, was die Hände alles können:

klatschen
einen Ball fangen
den Stift festhalten

Die Verben werden wieder rot unterstrichen und abgetrennt: Was können die Hände noch fangen oder festhalten? Die eigene Hand wird auf einem Blatt umfahren, die Verben werden in den Handumriss geschrieben. Was kann eine Hand allein, was können nur zwei Hände? Sätze werden nach folgendem Muster geschrieben:

Meine rechte (oder linke) Hand hält den Stift fest.
Meine beiden Hände fangen einen Ball.

Wieder wird untersucht, was sich am rot unterstrichenen Wort geändert hat, die Formen werden nebeneinandergeschrieben:

festhalten hält fest, halten fest
...

Beim Thema „Verkehr“ beobachten die Kinder den Straßenverkehr und schreiben auf, was die Verkehrsteilnehmer und die Fahrzeuge machen – was kann man sehen, was kann man hören? Vielleicht werden auch einigen Kindern die Augen verbunden, um ihren Hörsinn zu stärken. Am Ende haben die Kinder Wortfelder gesammelt:

Was man sehen kann: bremsen, anhalten, anfahren ...
Was man hören kann: hupen, klingeln, brausen, rattern, klappern, quietschen ...

Die Kinder schreiben einige Beobachtungen in Sätzen auf. Was hat sich an den gesammelten Wörtern in den Sätzen verändert? Wieder werden die Formen nebeneinandergeschrieben.

Die Kinder vergleichen: Was ist bei den Wörtern immer gleich oder fast gleich? Dieser Wortteil wird eingekreist und **Wortstamm** genannt:

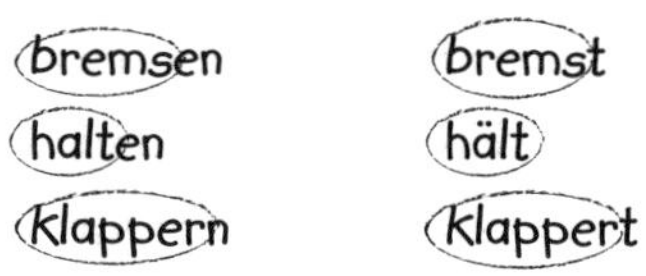

Die Kinder probieren dasselbe mit den Wörtern *anfahren*, *anhalten*. Was geschieht mit dem Baustein *an*? Siehe hierzu die Ausführungen zu verwandten Wörtern, S. 54 ff.

▸ In Texten kann die Verbform durch ein Quatschwort ersetzt werden, zum Beispiel *lappen*. Ein Beispiel ist der folgende Schulwitz zum Verkehrsthema:

Die Lehrerin lappt eine Aufgabe an die Tafel:
7 Autos + 8 Autos + 6 Autos = ?
„Wer lappt die Aufgabe aus? Tim, du lappst?" Tim lappt und lappt.
Dann lappt er: „Sieben Autos plus acht Autos plus sechs Autos – das ist ein Stau!" Da müssen alle lappen, auch Tim lappt mit.
Lösungstipp: lappen = sagen, schreiben, rechnen, lachen.

Die Kinder setzen die passenden Wörter ein und müssen sie dabei flektieren. Die Wortformen zum selben Verb werden nebeneinandergeschrieben.

Im Zusammenhang damit kann der **Terminus Verb** eingeführt werden:

Verben sind Wörter, die sich verändern können.
Man kann oft mit ihnen so etwas machen wie:

schreiben,	ich schreibe,	er schreibt
fahren,	ich fahre,	er fährt

Der Wortstamm bleibt beim Verändern immer gleich oder fast gleich.

Verben ableiten, umbilden, zusammensetzen, auseinandernehmen

Viele Beispiele zur Verbbildung finden sich im Kapitel: Wörter zerlegen, ableiten, bilden (S. 44 ff.). Darauf wird hier nur verwiesen:

- Verben mit Suffixen und Präfixen bilden,
- Verben im Wortstamm umlauten,
- Verben flektieren,
- mit Verben umbilden und zusammensetzen.

Verben flektieren

Die Veränderungen an Verben können durch die Personalformen im Präsens experimentierend erarbeitet werden. Hierbei dürfen aber nicht nur die einfachen Fälle im Mittelpunkt stehen, die sich leichter auf Arbeitsblättern darstellen lassen: Personalpronomen – Wortstamm ohne Änderung – Suffix/Flexionsänderung (*er turn/t*). Dieses Wortbildungsschema trifft nur die schwachen Verben, bezieht nicht die starken (*lesen*, *liest*) und die reflexiven Verben ein (*sich streiten*, *ich streite mich*), die Verben mit trennbarem Präfix (*einkaufen – ich kaufe ein*) sowie die Kombination von Verbform und Infinitiv im finiten und infiniten Teil des Verbs (*Ich will … fernsehen. Wir gingen*

... *einkaufen*). Da diese Formen und Strukturen aber im Sprachgebrauch häufig sind, müssen sie auch Gegenstand der Sprachreflexion und der Sprachübung sein. Dabei sind die Experimentierfragen:

- Was bleibt gleich? Ist das bei allen Verben so?
- Was ändert sich? Ist das bei allen Verben so?

▶ Für solche experimentierende Arbeit ist als Werkzeug die Wörtermaschine hilfreich, siehe S. 50.

Die Kinder erhalten Streifen mit Wortstämmen, Wortbausteinen und im folgenden Fall Pronomen. Sie probieren nun die Kombinationen aus, finden heraus, „was geht" und „was nicht geht", können Regelmäßigkeiten und Abweichungen feststellen.

Zunächst wird das mit den schon bekannten Personalformen an einfachen Fällen, bei denen der Wortstamm konstant bleibt, durchprobiert. Die drei Wortstreifen können sein:

ich er wir	tank geh steh brems blink sitz renn ruf lach	en e t

Die Kinder stellen die Regelhaftigkeit der Wortbildung fest. Ein nächster Versuch enthält Unregelmäßigkeiten:

ich er wir	fahr brems halt hup klingel lauf hör guck wart	en e t et

Die Kinder stellen zum Beispiel fest: Hier wird bei einigen Verben *a* zu *ä* im Wortstamm umgelautet. Bei *er hält* müssten eigentlich zwei *tt* stehen: *hält/t*, davon fällt aber eins weg – vielleicht, weil es sonst zu seltsam aussehen würde? Bei *klingeln* müsste es eigentlich heißen: *klingelen*, aber das letzte *e* fällt weg, vielleicht, weil beim schnellen Sprechen das *e* verschluckt wird? Eigentlich ist das schade, hört man es beim Wort *klingelen* doch erst richtig klingeln.

Die Versuche können in einem nächsten Schritt über alle Personalformen weitergeführt werden. In den Wortstammstreifen werden die Verben eingetragen, die jeweils in der thematischen Arbeit schreibwichtig sind:

ich du er sie es wir ihr sie		en e st t n

Die Wörtermaschine (siehe S. 30) für drei Streifen ist nicht nutzbar für Personalformen mit vorangestelltem Wortbaustein wie *anhalten*, *weiterfahren*. Dazu muss eine entsprechende Maschine für vier Streifen hergestellt werden. Beim Ausprobieren merken die Kinder, dass der Baustein abgeschnitten und auf den vierten Streifen geschrieben werden muss:

ich du er sie	fahr	e st t	an weiter los zurück

Die Wörtermaschine für vier Streifen kann auch bei der Kombination von finiten und infiniten Verbformen genutzt werden:

ich	geh	e	einkaufen

Ebenso bei den reflexiven Verben:

ich	streit	e	mich

Werden die Experimente zur Wortbildung beim Verb mit den jeweils thematisch schreibwichtigen Wörtern weitergeführt, dann finden die Kinder auch Verben mit vorangestelltem Wortbaustein, die nicht abgetrennt werden können, zum Beispiel mit *ver-* oder *ent-*. Die Experimente mit den abweichend gebildeten Personalformen des Verbs setzen ein Gefühl für Sprachrichtigkeit als Entscheidungsinstanz voraus. Das ist nicht bei allen Kindern gegeben. Allerdings kann das Sprachgefühl entwickelt und gestärkt werden:

- die jeweiligen Wortformen werden im Wörterbuch nachgeschlagen und dann aufgeschrieben, die Wortstämme werden eingekreist, die gebildeten Wortformen werden deutlich artikuliert;
- die Wortformen zu einem Pronomen werden untereinander aufgeschrieben, Wortstämme werden eingekreist, Endungen farbig überschrieben, die Wortformen werden wieder deutlich artikulierend vorgelesen;
- die Wortformen werden in Sätzen und Texten verwendet.

Mit Zeitformen umgehen

Die Kinder sollten in Texten die Zeitstufen erkennen lernen, auf denen ein Ereignis stattfindet oder stattfinden wird. Sie sollen dann ihre Feststellung begründen: also die sprachlichen Mittel nennen, an denen sie die jeweilige Zeitstufe erkennen. Dies kann die Verbform sein, oft sind es aber auch andere Wörter wie Zeitangaben oder inhaltliche Hinweise. Mit solchen Forschungsaufgaben entfällt, dass den Kindern bestimmte stilistische Normen vorab aufgetragen werden, die der Sprachwirklichkeit nicht standhalten. Erinnert sei an folgende Gegebenheiten:

- Für die Zeitstufe Zukunft ist das Futur nur eine mögliche Realisierung. Häufiger wird sie durch Zeitangaben, das Modalverb wollen oder andere sprachliche Mittel angezeigt.
- Das Perfekt ist in der gesprochenen Sprache die vorherrschende Zeitform für die Vergangenheit, auch in der Schriftlichkeit benutzen viele eher das Perfekt als das Präteritum, weil es natürlicher und weniger gestelzt klingt. Ausnahmen sind die Hilfs- und die Modalverben (*Er hatte ... Sie war ...* statt: *Er hat gehabt ... Sie ist gewesen ...*). Tatsächlich gibt es zwischen den beiden Zeitformen keinen inhaltlichen, sondern nur einen stilistischen Unterschied, wobei das Präteritum oft als zu literarisch vermieden wird. Deshalb sollte auch der Wechsel innerhalb einer Geschichte zwischen beiden Zeitformen nicht als Fehler beurteilt werden. Auch hier ist die Untersuchung, wie in Texten die Vergangenheit angezeigt wird, ergiebiger und sensibilisiert eher für den Sprachgebrauch als eine Normierung.

- Vorsicht ist geboten beim kindertümelnden „Zeitenhopser“-Verbot: Geschichten, die in der Vergangenheit spielen, dürfen auch ruhig Passagen in der Gegenwartsform haben, weil man damit mitten im Geschehen ist (Stilmittel: episches Präsens, oft intuitiv genutzt). Diesen Varianten können Kinder bei Sprachuntersuchungen an Texten auf die Spur kommen.

Die Kinder untersuchen in Texten, woran sie erkennen, von welcher Zeit – im Sinne von Zeitstufe – hier gesprochen wird: von der Gegenwart, der Vergangenheit oder der Zukunft, und sie begründen ihre Erkenntnis mit den verwendeten sprachlichen Mitteln. Dazu eignen sich alle Lesetexte der Kinder. Hinweiswörter auf die Zeitstufe werden auf drei Plakaten oder in drei Rubriken für die drei Zeitstufen gesammelt. Dies werden sein: Zeitangaben, inhaltliche Hinweise auf die Zeit und auch Zeitformen.

Zeitstufen Gegenwart – Vergangenheit: Exemplarisch kann die Unterscheidung zwischen zwei Zeitstufen an Texten geübt werden, bei denen die Historizität in der Thematik des Unterrichts eine wichtige Ebene darstellt, zum Beispiel beim Thema „Schule früher und heute“. Zwei Texte werden gegenübergestellt:

Die Kinder saßen in Bänken hintereinander. Wenn ein Kind etwas sagen wollte, dann meldete es sich. Die Lehrerin rief die Kinder auf. Wenn ein Kind drankam, stand es auf, trat aus der Bank heraus, und es sagte etwas. Wenn ein Kind Unfug machte, musste es in der Ecke stehen.	Die Kinder sitzen an Tischen. Wenn ein Kind etwas sagen will, dann meldet es sich. Die Lehrerin ruft die Kinder auf. Wenn ein Kind drankommt, bleibt es sitzen, und es sagt etwas. Wenn ein Kind Unfug macht, ...

Die Kinder ergänzen den Schultext von heute: Was wird in ihrer Klasse gemacht, wenn ein Kind Unfug macht? Auch damit ist die Gegenwärtigkeit des Textes deutlich markiert. Die Kinder finden in den Texten verschiedene Hinweise, an denen man merkt, dass in dem einen Text von der Schule heute und in dem anderen von der Schule früher berichtet wird. Die sprachlichen Indizien für Gegenwart und Vergangenheit werden unterstrichen, die Verbformen dabei wieder in der Signalfarbe Rot. Die Verbformen können tabellarisch gegenübergestellt werden:

	Gegenwartsform	**Vergangenheitsform**
Die Kinder	sitzen	saßen

Zeitstufen Präteritum – Perfekt, kurze und lange Vergangenheitsform: Die Unterscheidung von Präteritum und Perfekt kann exemplarisch an der Gegenüberstellung eines literarischen und eines mündlichen Textes vorgenommen werden. Im folgenden Beispiel ist dies im Rahmen des Themas „Märchen“ mit einem Märchentext in zwei Fassungen möglich:

In einem fernen Land lebte einmal ein armer Hirtenjunge. Tagein, tagaus hütete er seine Ziege und träumte von einem Abenteuer. Eines Tages hörte er von einer unglücklichen Prinzessin. Schnell ritt er auf seiner Ziege zum Schloss. Als er dort ankam und die Prinzessin ihn sah, da ...	In einem fernen Land hat einmal ein armer Hirtenjunge gelebt. Tagein, tagaus hat er seine Ziege gehütet und hat von einem Abenteuer geträumt. Eines Tages hat er von einer unglücklichen Prinzessin gehört. Schnell ist er auf seiner Ziege zum Schloss geritten. Als er dort angekommen ist und die Prinzessin ihn gesehen hat, da ...

Die Kinder erhalten zuerst den linken Märchentext, lesen sich ein und vermuten, wie es wohl weitergeht. Sie schreiben das Märchen zu Ende. Erst wenn dies geschehen ist, erhalten sie die Gegenüberstellung beider Texte. Sie erkennen vermutlich: Obwohl beide Texte in der Vergangenheit spielen, werden die Verben einmal in einem Wort, das andere Mal mit zwei Wörtern gebildet. Welche Form klingt märchenhafter? Die Kinder prüfen an anderen Märchentexten, welche Form dort häufiger verwendet wird – die kurze mit einem Wort oder die lange mit zwei Worten? Sie überprüfen ihre eigenen Fortsetzungen des Märchens, welche Form sie dabei gewählt haben, gegebenenfalls überarbeiten sie ihr Märchen und gleichen es dem ersten Teil an.

Die beiden Vergangenheitsformen können gegenübergestellt werden:

Grundform	**kurze Vergangenheitsform (ein Wort)**	**lange Vergangenheitsform (zwei Wörter)**
leben	er lebte	er hat gelebt

Zeitstufen Zukunft und Zukunftsform: Beim Unterrichtsthema „Gespenster“ lesen die Kinder den folgenden Anfang einer Geschichte vom kleinen Gespenst:

Heute sehe ich Mama und Papa zu, wie sie gespenstern. Sie fliegen, sie heulen, sie rasseln mit ihren Ketten. Aber morgen Nacht, da werde ich ...

Sie setzen die Geschichte fort. Die Textentwürfe der Kinder werden auch darauf hin untersucht, woran man merkt, dass das Gespenst sich etwas für morgen ausdenkt, also für die Zukunft.

Beim Thema „Schule“ entwickeln die Kinder Ideen, wie die Schule in hundert Jahren aussehen wird. Mit Ihrer Hilfe schreiben sie Fantasiegeschichten über den Schultag der Zukunft.

In anderen Zusammenhängen entwerfen die Kinder Ideen für die Zukunft: ihre Traumberufe, ihr Traumleben, eine Reise im Weltraum, Abenteuer, Leben mit Tieren ... Dies kann sie zu eigenen Geschichten in der Zukunft anregen:

> **Mein Traumberuf: Koch**
> Ich werde ein Restaurant eröffnen, weil ich gerne koche und backe. Die Pizzas mache ich alle selber und auch die Nudeln. Für Kinder werde ich alles kochen, was sie essen wollen.
>
> **Im Jahr 2050**
> Morgens wird mich meine Anziehmaschine ankleiden. Dann schlucke ich meine Frühstückspille. Ich besteige den Omnikopter und fahre mit doppelter Lichtgeschwindigkeit in einer Sekunde ins Büro.

An den fertigen Texten untersuchen die Kinder, an welchen Wörtern sie erkennen, dass von der Zukunft erzählt wird. Sie ermitteln die Zukunftsform mit dem Verb *werden* und setzen es auch bei den Sätzen ein, wo es fehlt. Klingt der Text so besser? Gegebenenfalls wird die Überarbeitung zurückgenommen.

Alle Zeitstufen: Beim Thema „Wetter“ bietet sich die Untersuchung von Wetterberichten, von Wetterbeschreibungen und -vorhersagen an. Dabei können die Kinder Wetternachrichten im Radio oder im Fernsehen mithilfe von Kassettenaufnahmen oder Videos untersuchen, ebenso eigene Texte, die sie bei Wetterbeobachtungen und Wetterprotokollen schreiben:

> Es regnete den ganzen Tag. Abends zogen Gewitter auf.
> Heute scheint die Sonne nur kurz.
> Die Wettervorhersage für morgen: Es bleibt regnerisch.
> Am Wochenende werden die Temperaturen wieder steigen ...

Woran erkennt man, dass hier vom Wetter gestern, vom Wetter jetzt oder vom Wetter später/morgen die Rede ist? Beispiele für die Verbformen können in einer Tabelle zusammengestellt werden.

Ergänzend hierzu können Aufgaben die Kinder auf die Spur bringen, die Verwendung bestimmter Zeitformen zu üben. Hierzu einige ▸Beispiele:

- Satzbautafeln:
  Beim Unterrichtsthema „Fernsehen“ erzählen Kinder von Fernsehsendungen. In diesem Zusammenhang bilden sie Sätze mit folgendem Muster und markieren, woran man die Zukunft oder die Vergangenheit erkennt:

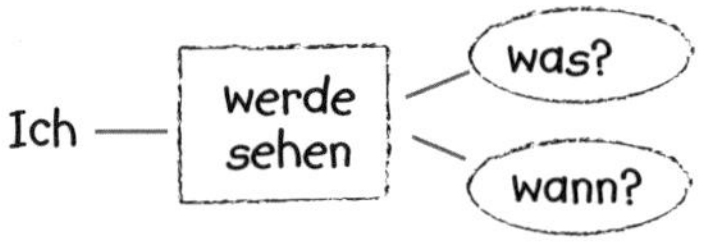

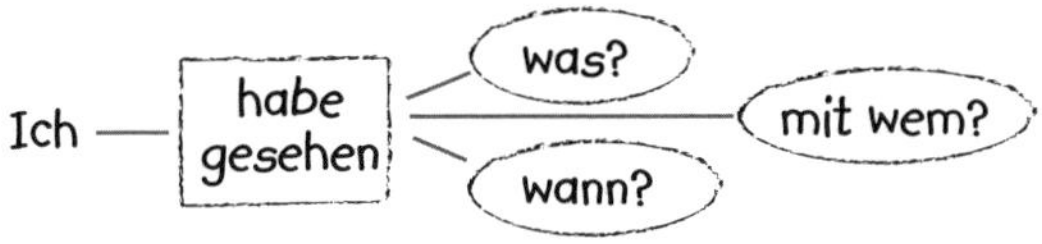

Die Kinder stellen auch fest, was in ihren Sätzen mit den Verben im Kasten geschieht (Verbklammer, der finite Teil bleibt an der zweiten Stelle, der infinite in Form von Infinitiv und Partizip wird an den Schluss des Satzes gestellt). Mit anderen Verben kann ausprobiert werden, ob das immer so ist, zum Beispiel *wünschen, werde wünschen/habe gewünscht*. Im Übrigen können sich bei anderen Verben die Ergänzungsfragen ändern, auch das stellen die Kinder bei ihren Experimenten mit Sätzen fest.

- Satzanfänge:
  Die Kinder bringen Sätze, die mit einer Zeitangabe beginnen, zu Ende:

  Als ich noch ein Baby war, ... / Als ich im Kindergarten war, ... /
  Im letzten Jahr im Karneval ... / Im letzten Sommer ... / Gestern ... /
  Wenn wieder heißes Wetter ist, ... / In den nächsten Ferien ... /
  Zu meinem nächsten Geburtstag ... / Morgen ...

4. Adjektiv

Sachklärung: Adjektive

Adjektive sind beigefügte Wörter, die zusätzliche qualitative Aussagen machen:
a) die lebhaften Kinder, lebhafte Kinder,
b) die Kinder spielen lebhaft,
c) die Kinder sind lebhaft,
d) die Kinder sind lebhafter als sonst,
e) die lebhafteren Kinder, lebhaftere Kinder.

An diesen Beispielen mit dem Adjektiv *lebhaft* sind wesentliche Charakteristika der Adjektive zu erkennen:
Funktionen des Adjektivs:

- Im Beispiel a) ergänzen und charakterisieren sie das Nomen *Kinder* und werden attributiv verwendet. Im Beispiel b) ergänzen und charakterisieren sie das Verb *spielen* und werden adverbial verwendet. In den Beispielen c) und d) ergänzen sie das Hilfsverb *ist* und werden adverbial gebraucht.
- Im Beispiel a) wird das Adjektiv im Zusammenhang mit dem Nomen dekliniert. Die Deklinationsweise folgt eigenen Regeln, die auch von den Begleitern her bestimmt werden. So heißt es mit Begleiter *die lebhaften Kinder*, aber ohne Begleiter *lebhafte Kinder*; mit bestimmtem Artikel *das lebhafte Kind*, aber mit unbestimmtem Artikel *ein lebhaftes Kind.*
- Im Beispiel d) wird das adverbial gebrauchte Adjektiv zum Komparativ flektiert (1. Steigerungs- oder Vergleichsstufe). Im Beispiel e) wird das attributiv gebrauchte Adjektiv ebenfalls zum Komparativ flektiert, zugleich wird es zum Nomen passend dekliniert.
- Das Adjektiv weist einen Wortstamm auf, nämlich *leb*, der bei verwandten Wörtern gleich ist wie bei *Leben* oder *erleben,* sowie das adjektivische Wortbildungssuffix *-haft*.

Adjektive sind mithin durch diese Funktionen gekennzeichnet: Sie charakterisieren und können flektiert werden, das heißt, sie sind „steigerbar" (Komparativ: lebhafter, Superlativ: am lebhaftesten), und sie werden beim Nomen nach eigenen Regeln mitdekliniert. Sie haben einen Wortstamm und können adjektivtypische Präfixe haben (*un-*, *ur-*, *miss-*) sowie Suffixe (*-lich*, *-bar*, *-haft*, *-ig*, *-sam*).

Wegen dieser gemeinsamen Funktionen werden sie hier, unabhängig davon, ob sie attributiv oder adverbial genutzt werden, als Adjektive bezeichnet (siehe die Diskussion der Wortarten-Lehren S. 87 ff.).

Allerdings gelten die Flexionsmöglichkeiten nicht für alle Adjektive. Es gibt Adjektive, die bezeichnen einen absoluten Zustand und sind deshalb nicht „steigerbar": *tödlich*, *lebendig*, *ehemalig*, *blind*, *rund*, *unverzichtbar*, *absolut* ..., sowie die Farbadjektive. „Steigerungen" oder Verstärkungen werden bei diesen und anderen Adjektiven auch durch andere sprachliche Mittel formuliert: *dunkelgrün*, *mausetot*, *kreisrund*, *besonders scharf*, *superleicht* ... Es gibt sogar Adjektive, die gar nicht flektierbar sind: *orange*, *lila*, *kaputt*, *klasse* ... Allerdings sind im Sprachgebrauch Angleichungen zu beobachten: *der orangene Stoff* (statt: *der orange Stoff* oder *der orangefarbene Stoff*).

Dass Flexionen nicht bei allen Adjektiven möglich sind, ist aber kein Grund, diese Adjektive von der Wortart auszuschließen. Wie es Nomen gibt, die nur im Singular stehen (der Rauch) oder nur im Plural (die Ferien), und dennoch der Grundsatz gilt, dass Nomen in Singular und Plural stehen können, so gilt Entsprechendes auch für Adjektive: Im Grundsatz und für die meisten Adjektive sind die oben beschriebenen Flexionen möglich (siehe GÖTZE u. a. 1999, S. 209 ff.).

Didaktische Überlegungen

Begründung

Adjektive sind wegen ihrer charakterisierenden Funktion für die Textarbeit von besonderer Bedeutung: Sie können beim genaueren Beobachten und Beschreiben helfen, Personen, Gegenstände, Sachverhalte sprachlich deutlicher charakterisieren. Austausch- und Ergänzungsproben schärfen dabei den Sinn für die Wirkung von Adjektiven im Allgemeinen und bestimmter Adjektive im Besonderen. Zudem ergeben die Wortbildungsmöglichkeiten reichhaltige Gelegenheit zum Spielen mit Sprache und zur Präzisierung von Aussagen: Adjektive können mit anderen Wörtern zusammengesetzt, und sie können „gesteigert" werden. Dabei wird die Leistung von Adjektiven anschaulich und gedanklich fassbar.

Die Deklination des Adjektivs, wenn es zum Nomen gestellt ist, folgt eigenen Regeln, die zwar Grundschulkinder als interne Regeln zur Steuerung ihrer sprachlichen Äußerungen nutzen, die sich aber im Rahmen des Grundschulunterrichts nicht kognitiv aufarbeiten lassen. Hier bleibt es bei der nicht weiter spezifizierten Feststellung der Flektierbarkeit.

Begrifflichkeit

Die deutschsprachigen Begriffe für Adjektive sind Wiewort oder Eigenschaftswort. Beide Termini sind mögliche Arbeitsbegriffe, die die Wortart treffend kennzeichnen. Ich schlage dennoch den lateinischen Begriff **Adjektiv** vor, um eine terminologische Reihe der drei Hauptwortarten Nomen, Verb, Adjektiv beizubehalten.

Den gebräuchlichen Begriff der Steigerung von Adjektiven habe ich oben in Anführungszeichen gesetzt. Er wird in der Regel so konkretisiert: Grundstufe – Höherstufe – Höchststufe. Diese Begrifflichkeit trifft aber den Sachverhalt nicht. *Kleiner* oder *jünger* sind im Wortverständnis der Kinder keine Steigerungen, *am kleinsten* ist keine Höchststufe, sondern das Gegenteil: Es sind Verringerungen, es sind Minder- und Mindeststufe. Das Entscheidende kann am Beispiel von Wettläufern deutlich werden. Da wird festgestellt: Die Läufer sind insgesamt schneller geworden. Oder: Einer ist schneller als der andere. Es gibt in diesen Beispielen eine ganze Fülle von Schnelligkeitsgraden, die alle mit der einen Höherstufe *schneller* bezeichnet werden. Vermutlich ist einer der Schnellste, aber es wird von ihm gesagt: Er ist schneller geworden. Er ist schneller als die anderen, die doch auch schneller geworden sind. Die Irritationen rühren daher, dass die Metapher „steigern" das nicht trifft, was die Komparation ausmacht. Es ist kein zweistufiges Steigern, vielmehr ein Vergleichen: *Schneller* wird in Vergleich zu dem gesetzt, was bisher als *schnell* galt, *am schnellsten* wird in Vergleich zu *schneller* gesetzt. Das kann sich auf den einen Läufer oder auf die Läufergruppe oder auf die weltweite Spitzengruppe beziehen. Deshalb spricht man besser von Vergleichsstufen. Jeder Vergleich braucht einen Bezug. Wer also *jünger* ist, der ist eben jünger im Vergleich zu jemandem, der *jung* ist. Bei einem anderen Vergleichspaar kann der oder die Jüngere älter sein als der Jüngste bei einem anderen Vergleichspaar.

Damit ergibt sich als Begriffstrio zunächst: Grundstufe, 1. Vergleichsstufe, 2. Vergleichsstufe. Einige Grammatikmodelle folgen dem Sprachgebrauch und formulieren noch eine 3. Vergleichsstufe: den Elativ als absoluten Superlativ. Hier sind dann Adjektivformen wie *allerstärkste*, *absolut stärkste*, *superstarke* ... zuzuordnen. Dies entspricht nicht der Tradition und der Schulgrammatik, ist aber angesichts der Sprachverwendung auch der Kinder eine sinnvolle Ergänzung.

Adjektive werden aber häufig auch ohne Vergleich verwendet: Das Adjektiv *lebhaft* soll bei *die lebhafte Klasse* charakterisieren und höchstens vergleichen mit einer stillen oder gar träge erscheinenden Klasse. Der Begriff Grundstufe als Ausgangsbegriff für Vergleiche ist hier demnach gar nicht angezeigt. Wohl aber gibt es eine Grundform, nämlich *lebhaft*, die dann flektiert werden kann. Deshalb schlage ich auch in Analogie zum Grundwort beim Verb (dort ist es der Infinitiv) und zum Grundwort beim Nomen (1. Person Singular Nominativ) den Terminus Grundform vor für die unflektierte Adjektivform.

Veranschaulicht werden können die Vergleichsstufen im folgenden Schema:

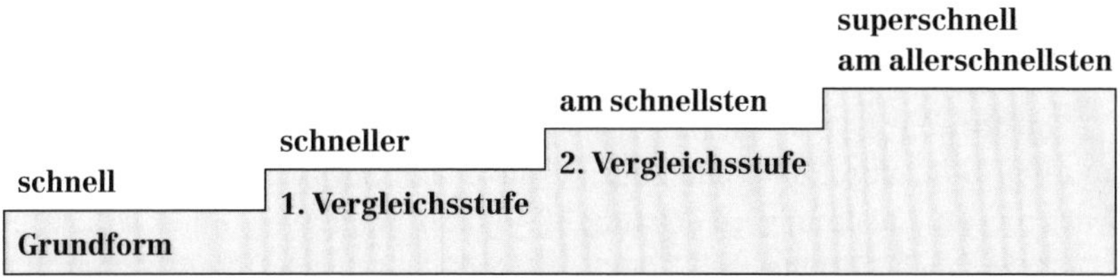

Im Übrigen wird bei den Adjektivformen mit den üblichen Begriffen Wortstamm und Wortbaustein gearbeitet:

Wortbaustein	Wortstamm	Wortbaustein
ver un vor	schnell fahr biss käuf stell	er, sten bar ig lich

Damit kann man sich im Laufe der Grundschulzeit an der folgenden **Definition** orientieren:

Adjektive sagen, wie etwas ist.	*schnell, rot, lebhaft, blitzblank, leer*
Man kann sie meistens verändern:	
Sie können sich beim Nomen verändern,	*schnell, ein schnelles Pferd, viele schnelle Pferde*
sie können sich beim Vergleichen verändern, wenn sie	
auf die 1. Vergleichsstufe oder	*schneller – ein schnelleres Pferd*
auf die 2. Vergleichsstufe gesetzt werden.	*am schnellsten – das schnellste Pferd*

Die Adjektiv-Probe: *Ist das ein Adjektiv?*
Kann ich mit dem Wort so etwas machen wie:
ein *schnelles* Dingsda, ein noch *schnelleres* Dingsda?

Lernprozess
Wieder gilt die Reihenfolge: Begriffsbildung, Einführung des Fachworts, Verwendung und Vertiefung:

Begriffsbildung: In Situationen, in denen Adjektive sinnvoll zu verwenden sind und die Wahl des passenden Adjektivs getroffen werden muss, erfahren Kinder die Funktion der Wortart. In solchen Verwendungssituationen werden die Adjektive auch verändert, und die Kinder werden auf typische Veränderungen aufmerksam.

Einführung: Haben die Kinder einen intuitiven Begriff von der Wortart mit den zentralen Funktionen der besonderen Charakterisierung und der Veränderungen, dann wird der Begriff Adjektiv eingeführt. Führen die Kinder sprachlich mithilfe der Adjektive Vergleiche durch, dann können die Vergleichsstufen mit ihrer regulären Bildung auch bewusstgemacht und terminologisch gefasst werden.

Verwendung und Vertiefung: In unterschiedlichen Situationen werden Adjektive bewusst als Gestaltungsmittel eingesetzt. Zudem experimentieren die Kinder mit einzelnen Adjektiven und erkennen dabei auch Besonderheiten, zum Beispiel Adjektive, die man logischerweise nicht auf Vergleichsstufen setzt, die aber dennoch nach den Regeln verändert werden können, sie erfinden neue Adjektive durch Ableitungen und Zusammensetzungen.

Unterrichtsbeispiele

Den Adjektivbegriff entwickeln

Beim Unterrichtsthema „Meine Sinne" geht es darum, sinnlich schärfer wahrzunehmen und die Wahrnehmungen zu versprachlichen. Adjektive spielen dabei eine wichtige Rolle. Sinnliche Erfahrungen können aber, auf Wortarten bezogen, unterschiedlich versprachlicht werden – mit Adjektiven, mit Verben, mit Nomen, mit Vergleichen: *Das klingt leise. Das stinkt. Das schmeckt wie Käse. Das fühlt sich an, als wenn man über Sandpapier streicht.* Gebraucht werden deshalb zunächst Situationen, in denen sich beim Vergleichen besonders die Verwendung von Adjektiven anbietet.

▶ Das Ratespiel mit einem Tastkorb ist eine solche Möglichkeit: *Ich fühle was, was du nicht fühlst* ... Die Lehrkraft hat in einen Korb unterschiedliche Gegenstände gelegt, der Korb ist mit einem Tuch zugedeckt. Die Gegenstände repräsentieren verschiedene Eigenschaften, zum Beispiel rund, eckig, lang, kurz, nass, trocken, gezackt, glatt usw. Die Kinder sitzen im Kreis, das erste fühlt in den Korb, ergreift unter dem Tuch einen Gegenstand und versucht, ihn zu beschreiben. Die anderen Kinder müssen raten: „Ich fühle was, was du nicht fühlst, und das ist schmal und lang und glatt ..." – „Ein Bleistift!" – „Nein, es ist flach und rechteckig ..." Wird der Gegenstand geraten, dann wird noch einmal wiederholt, wie er beschrieben wurde. War das alles richtig? Dann darf das nächste Kind in den Korb greifen. Am Ende versuchen sich die Kinder an alle Beschreibungswörter zu erinnern, sie werden aufgeschrieben. Bei einer nächsten Runde werden andere Gegenstände in den Korb gelegt.

▶ Eine Variante ist das bekannte Spiel: „Ich sehe was, was du nicht siehst." Gegenstände, die einige übereinstimmende Merkmale haben wie Ball und Apfel, werden im Sitzkreis auf ein Tuch gelegt. Ein Kind sucht sich gedanklich einen Gegenstand aus und beschreibt ihn: „Ich sehe was, was du nicht siehst, und das ist rund, es ist glatt ..." Am Ende werden wieder die Beschreibungswörter erinnert und aufgeschrieben.

Die Gegenstände werden noch einmal von allen angeschaut, auch befühlt, und den Beschreibungswörtern zugeordnet:

der Schwamm: weich, löcherig, nass
der Ball: rund, fest, glatt

Mit dem Wortmaterial kann nun auf verschiedene Weise weitergearbeitet werden:

- Die Adjektive werden **attributiv** verwendet: *der weiche, löcherige und nasse Schwamm.*
- Die Adjektive werden als **Gegensatzpaare** geordnet: *weich – hart*; *nass – trocken ...*

Was sind Gegensatzwörter zu *fest, glatt, löcherig*? Wahrscheinlich finden die Kinder einige Male kein passendes Wort, und es muss umschrieben werden: *löcherig – hat keine Löcher*. Sprachgewitzte Kinder erfinden vielleicht: *unlöcherig*. Solche formal richtig gebildeten, aber nicht existenten Wörter werden mit aufgenommen und in Klammern gesetzt.

▶ Im Zusammenhang mit dem Sachunterricht werden auch andere **Sinneswahrnehmungen** angesprochen. Vielleicht wird ein Riechmuseum, eine Geschmacks-Teststrecke oder ein Barfuß-Parcours entwickelt und ausprobiert. Die Adjektive können den Sinnesorganen zugeordnet werden. Fünf Wortfelder werden auf fünf Plakaten eröffnet: Wie etwas aussieht. Wie sich etwas anfühlt. Wie sich etwas anhört. Wie etwas schmeckt. Wie etwas riecht. Die schon vorhandenen Adjektive werden in die passenden Felder eingetragen, manche auch in mehrere, weitere Adjektive werden gesucht und nachgetragen.

▶ In einem sprachspielerischen Gedicht werden mit Adjektiven die **Reime** ergänzt:

Neu oder alt?
Neu ist nicht alt,
warm ist nicht ...,
kalt ist nicht heiß,
schwarz ist nicht ...,
rot ist nicht blau,
weiß ist nicht ...,
groß ist nicht klein,
grob ist nicht ...

In einem anderen Reimspiel wird das jeweilige Adjektiv ergänzt:

Ein graues Brot / ist nicht r...
Ein großer Hund / ist nicht r...
Eine rosa Sau / ist nicht bl...
Ein neuer Schrank / ist nicht kr...
Ein weißer Wecker / ist nicht l...
Ein grünes Kraut / ist nicht l...
Eine rote Mauer / ist nicht s...

Sprachgewandte Kinder können solche Reime selbst machen. Die Wörter, die sagen, wie etwas ist, werden unterstrichen.

Beim Thema „Geister und Gespenster" erfinden die Kinder Luftgeister, Flaschengeister, Wassergeister, Schlossgespenster. Sie überlegen, was diese verschiedenen Geister alles können, wann sie in Erscheinung treten und wie sie sind. Sie zeichnen solche Geister und schreiben Steckbriefe. Sprachstarke Kinder finden auch mithilfe von Kategorien selber geeignete Adjektive, in Klassen mit vielen sprachschwächeren Kindern können zu den Kategorien auch Adjektive vorgegeben werden, aus denen die Kinder für ihre Geister auswählen:

Welche Farbe der Geist hat:	*weiß, blau ...*
Wie er sich anfühlt:	*luftig, nass, glitschig, kalt ...*
Wie er aussieht:	*schön, gruselig, unheimlich, gespenstisch, unsichtbar, klein, riesig ...*
Wie er ist:	*böse, lieb, freundlich, unfreundlich, neugierig, lustig ...*

Die Geschichten, die danach erfunden und mit einfachen Geistermarionetten gespielt werden, verlebendigen auch die Adjektive.

In einem Text über einen Geist fehlen die Adjektive:

Ein Traum
Ich habe von einem Geist geträumt.
Er stand plötzlich vor mir, hatte einen Kopf, einen Bauch, Tatzen und ein Fell.
Er zeigte seine Zähne und sprach mit seiner Stimme:
„Na, soll ich dich auf eine Reise mitnehmen?"

Ist das ein lieber oder ist das ein böser Geist? An dem Text kann man das noch nicht erkennen. Die Kinder probieren aus, an welchen Stellen welche Adjektive eingesetzt werden müssen, damit der Geist im Text ein lieber oder ein böser wird. Die Textvarianten der Kinder werden miteinander verglichen.

▶ Beim Thema „Tiere" schreiben die Kinder auf, was die Tiere machen können, wie sie sich bewegen, also Verben, und wie die Tiere sind, also Adjektive. Die Kategorien können dieselben wie oben bei der Beschreibung der Geister sein. Die Kinder stellen sich Tierrätsel:

Mein Tier kann (es folgen Verben) ...
Es ist ein (Adjektive werden eingesetzt) *Tier*.

Jedes Rätsel wird auf die Vorderseite einer Karteikarte geschrieben, auf der Rückseite wird das Tier gemalt oder ein Foto aufgeklebt.

▶ Eine andere Gelegenheit zum Sammeln von Adjektiven ergibt sich beim Thema „Einkaufen". Wie sollen Tomaten, Salate, Fleisch, Brötchen ... sein? Wie sollen Kleidungsstücke sein? Die Kinder probieren aus:

knackig: ein knackiger Apfel, der knackige Apfel.
Ich möchte gerne einen knackigen Apfel.

Auf einem Adjektivposter werden alle gefundenen und gebrauchten Adjektive in der Grundform aufgeschrieben. Daneben werden in einer Tabelle Adjektivformen gesammelt:

Grundform	**weitere Adjektivformen**
knackig	knackiger, knackige, knackigen

Es kommt hier nicht auf die Vollständigkeit der Adjektivformen an; vielmehr soll sich der Blick der Kinder für Adjektive und für die Veränderungen gegenüber der Grundform schärfen.

Im Zuge solcher Arbeiten wird der Terminus Adjektiv eingeführt und als erste **Definition** festgehalten:

Adjektive sagen, wie etwas ist.
Man kann sie verändern:

lieb – ein liebes Gespenst, ein lieber Geist

Mit Adjektiven vergleichen

Beim Thema „Gespenster“ kann auch ohne brisante Konkurrenzen verglichen werden: Zwei Gespenster sind liebe Gespenster. Das eine ist schon ganz schön gruselig, das andere aber noch etwas mehr. Wie kann man das ausdrücken?

*	**
Das eine Gespenst ist gruselig.	Das andere Gespenst ist ...

Das Gleiche mit drei Gespenstern:

*	**	***
Das eine Gespenst ist gruselig.	Das zweite ist ...	Das dritte ist ...

Und auch mit vier Gespenstern:

*	**	***	****
lieb			

Und wenn es fünf Gespenster sind? Die Kinder werden verschiedene Varianten finden: *noch mehr gruselig*, *noch viel gruseliger*, *megagruselig*, *am allergruseligsten*, *ganz doll gruselig* ... All diese Varianten werden in die entsprechende Tabellenspalte geschrieben. Dabei sind manche Zuschreibungen nicht eindeutig im Vergleich voneinander abzuheben: *megagruselig*, *ganz doll gruselig*, *supergruselig*. Am einfachsten ist der Vergleich mit den klassischen Stufen: *gruselig – gruseliger – am gruseligsten*, möglicherweise ergänzt durch eine weitere Stufe, die manche Grammatiken den **Elativ** nennen. Die Adjektivformen auf den Vergleichsstufen werden bei den gesammelten Zuschreibungen unterstrichen. Sie werden in das Stufenschema eingetragen:

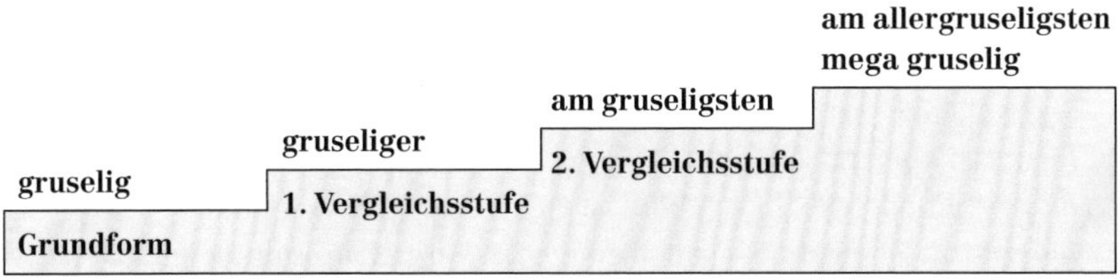

Die Ergänzung um den Elativ, die **3. Vergleichsstufe,** entspricht der Sprachwirklichkeit, aber nicht der traditionellen Schulgrammatik, deshalb habe ich die Kennzeichnung als 3. Vergleichsstufe weggelassen. Wem das fehlt, der kann sie hier ergänzen.
Übungen mit den Vergleichsstufen sind bei vielen Themen möglich:

- Thema „Tiere“: Es werden zum Beispiel verglichen eine Maus, eine Ratte, ein Eichhörnchen. Vergleichsadjektive sind *groß*, *klein*, *schnell*, *langsam*. Ist die Maus in diesem Vergleich das kleinste Tier, welches Tier ist noch kleiner als eine Maus? Wenn dieses Tier nun das kleinste ist, wie heißen dann die Vergleichsadjektive für die anderen Tiere? Weitere Vergleichstiere denken sich die Kinder selber aus und probieren damit die Vergleiche. Immer muss deutlich werden, dass es beim Vergleichen einen gemeinsamen Bezugspunkt geben muss, der mit der Grundform belegt wird. Von dort wird die Vergleichsfolge entwickelt.
- Ebenso kann gearbeitet werden beim Thema „Fahrzeuge“ (besonders: langsam und schnell, leise und laut); beim Thema „Geschichte“ (besonders: alt und jung); „Kleidung“ (auch mit Werturteilen wie schick bzw. aktuellen Adjektiven der Jugendsprache).

Schließlich kann die **Definition des Adjektivs** so erweitert werden:

> Mit Adjektiven kann man vergleichen.
> Man kann mit ihnen so etwas machen wie:
> lieb, lieber, am liebsten, am allerliebsten.

Anspruchsvoll ist das Nachdenken über Adjektive, die man nicht auf Vergleichsstufen bringen kann – wie *lebendig*, weil jemand nicht lebendiger als lebendig sein kann. Vielleicht stoßen die Kinder selber auf solche Adjektive. Sonst gibt die Lehrkraft einige Wörter vor, zum Beispiel mit der Aufgabe:

> Einige der folgenden Adjektive kann man nicht auf Vergleichsstufen setzen. Welche sind das? Und warum kann man mit ihnen nicht vergleichen?
> *böse, scharf, mündlich, freundlich, falsch, artig, eifrig, blau, federleicht.*

Die Kinder können herausfinden:

- *mündlich* heißt: Es wird nur gesprochen, da gibt es nichts, was noch „mündlicher" sein kann;
- *falsch* ist eben falsch, das Gegenteil von richtig;
- *blau* ist eine Farbe, helles Blau ist so blau wie dunkles Blau;
- *federleicht* ist eigentlich schon eine hohe Vergleichsstufe zu leicht, was ist leichter als eine Feder? Vielleicht ein Spinnenfaden. Noch leichter als federleicht kann also sein: spinnenfadenleicht.

Die Kinder können andere Adjektive suchen, bei denen das ähnlich ist (*nass, kaputt, blind, tot, lebendig, rund* ...). Die **Definition des Adjektivs** wird um zwei Wörter ergänzt:

Mit *den meisten* Adjektiven kann man vergleichen ...

Adjektive ableiten, umbilden, zusammensetzen, auseinandernehmen

▶ Bei vielen Themen können Adjektive aus Nomen gebildet werden:

- Thema „Wetter": Wetternomen wie *Sonne, Wind, Regen, Gewitter, Nebel* werden umgebildet:
  Wenn die Sonne scheint, ist es sonnig. Es herrscht sonniges Wetter.
  Wenn der Wind weht, ist es ... Es herrscht ...
- Thema „Zeit": Die Zeitnomen *Stunde, Tag, Woche, Monat, Jahr* werden umgebildet:
  Wenn etwas jede Stunde passiert, dann geschieht es stündlich.
  Wenn etwas jeden Tag passiert, dann ...
  Was ist, wenn es jede Sekunde, jede Minute, alle drei Monate ... passiert?
- Entsprechend können Kinder auch mit anderen Wortbildungen experimentieren und zu Wörtererfindern werden: Wie können ungewöhnliche Adjektive heißen, die aus Nomen gebildet werden wie *Wasser, Suppe, Gemüse, Zauberer, Rakete, Blume* ...? Oder Adjektive, die aus Verben gebildet werden wie *essen, lutschen, wandern, segeln, fliegen*?

Die neuen Wörter werden in kleine Geschichten eingebunden und dadurch definiert.

▶ Mit Nomen können auch in Verbindung mit Adjektiven neue Adjektive gebildet werden. Hierbei werden Kinder wieder zu Wörtererfindern: Die Kinder nehmen Adjektive auseinander wie: *blitzblank → der Blitz + blank*; *pfeilschnell → der Pfeil + schnell*; *durstlöschend → der Durst + löschen*. Die aktuelle Werbung bietet vermutlich weitere Beispiele an. Eine Liste mit einfachen Adjektiven ist das Ausgangsmaterial. Mit diesen Adjektiven werden etwa folgende Überlegungen angestellt:

weich – was ist besonders weich?
ein Fell, ein Kuscheltier, Wolle, Federn, Watte ...
Neue Adjektive: fellweich, kuscheltierweich, wollweich ...
stark – was ist besonders stark?
usw.

Im Rahmen des Themas „Werbung“ können die Kinder mit solchen neuen Adjektiven Werbesprüche formulieren.

▶ Mit der Wörtermaschine (siehe S. 50) können Adjektive hergestellt werden, dabei schärfen sich bei den Kindern Gefühl und Wissen um die spezielle Wortbildung bei Adjektiven. Die Kinder probieren aus, welche Kombinationen möglich sind, gegebenenfalls überprüfen sie dies im Wörterbuch. Eine Wortkombination, ein Satz oder eine kleine Geschichte zeigen die Verwendbarkeit des jeweils kombinierten Adjektivs.

Adjektive werden aus Wortstämmen und Suffixen gebildet:

wunder trink fehler ess leb les heil dauer fahr lern nahr genieß streit wahr	bar haft

Zu den gefundenen Adjektiven werden passende Nomen gesucht, um die Verwendbarkeit zu zeigen:

eine *wunderbare* Geschichte, oder: Die Geschichte war *wunderbar*
trinkbares Brunnenwasser, oder: Das Brunnenwasser war *trinkbar*.
eine *fehlerhafte* Rechnung ...
...

Adjektive werden mit Präfixen und Suffixen gebildet:

un	freund herz mensch däm ängst mög ärger gelb geheuer reich ehr glaub lieb red	lich

Hier passt hinter alle Wortstämme der Wortbaustein *-lich*, aber nur vor einige der so gebildeten Adjektive der vorangestellte Wortbaustein *un-*. Das probieren die Kinder aus und belegen, dass ein Adjektiv „geht", wieder mit einer Wortkombination oder einem Satz:

der *freundliche* Polizist, der *unfreundliche* Polizist
die *herzlichen* Grüße, ich grüße euch *herzlich*
...

Es kann eine Diskussion um einige Wortbildungen geben: *unherzlich* – gibt es das? Vermutlich haben die Kinder das Wort noch nie gehört, es steht auch nicht im Wörterbuch. Was würde es denn bedeuten? Das neue Adjektiv wird in eine kleine Geschichte integriert. Gerade solches Nachdenken über Wortbildungen und Wortbedeutungen an Zweifelsfällen stärkt das Verständnis für die Funktion von Wortbausteinen und die kreative Kraft der Sprache. Im Übrigen kann ein vierter Streifen ergänzt werden mit dem nominalen Wortbaustein: *-keit*; damit können aus den Adjektiven wiederum Nomen gebildet werden. Wieder lauten die Untersuchungsfragen: Geht das immer? Und was bedeuten die neuen Nomen?

Unterscheidung der Suffixe *-lich* und *-ig*:

freund unfreund geiz ärger sonn wind unmöglich freud tücht herz unehr merkwürd abenteuer blut	lich ig	e Menschen e Sachen es Wetter

Hier müssen die Kinder insbesondere herausfinden, ob der Wortbaustein *-lich* oder *-ig* passt. Da in den meisten Regionen Deutschlands die Wortendung -ig wie /ich/ gesprochen wird, ist die Mehrzahlprobe nötig, um die richtige Schreibweise zu ermitteln. Dazu dient der dritte Streifen.

Bildung von Vergleichsformen und Umlautungen:

am	klein groß lang kurz lustig lieb süß müde toll stark schwach ängstlich abenteuerlich	sten er

Die Kinder bilden die Folge: *klein – kleiner – am kleinsten*. Bei einigen Wortstämmen muss dabei der Selbstlaut umgelautet werden und ein Fugen-Mitlaut eingesetzt werden: *kürz/e/sten*, *süß/e/sten*. Die Kinder denken über den Grund dafür nach (Sprechbarkeit).

Weitere Beispiele zur Adjektivbildung finden sich im Kapitel: Wörter zerlegen, ableiten, bilden (S. 44 ff.):

- Adjektive mit Suffixen und Präfixen bilden
- Adjektive flektieren

sowie im Kapitel: umbilden und zusammensetzen S. 60 ff.

5. Pronomen (Stellvertreter)

Sachklärung: Pronomen (Stellvertreter)

Was im Einzelnen zu den Pronomen zu rechnen ist, variiert je nach Grammatikmodell. In der Sechs-Wortarten-Theorie nach Glinz werden zu den Pronomen alle traditionellen Pronomen, die Artikel und die Numeralia, also die Zahlwörter, gerechnet (siehe S. 87 f.). Dies hat seinen Sinn darin, dass alle diese Wörter für Nomen stehen oder sich in der Begleitung von Nomen direkt auf sie beziehen. Zudem sind sie auch flektierbar. Glinz hatte die Pronomina nach Funktion und Stellung noch einmal eingeteilt in Begleiter und Stellvertreter. Dieser Einteilung folge ich.

- Die Begleiter können die Nomen begleiten: *das* Kind, *ein* Kind, *mein* Kind, *viele* Kinder ...
- Die Stellvertreter stehen allein und verweisen auf das oder die Nomen: *er, sie, es, diese, jene, derselbe, du, Sie, zwei, alle* ...

Um die Stellvertreter-Wörter geht es in diesem Kapitel. Dazu zählen sowohl eine ganze Reihe verschiedener Pronomen wie Personalpronomen (*ich, du* ...), Reflexivpronomen (*mich, sich*), Demonstrativpronomen (*dieser, jene* ...), Interrogativpronomen (*welcher, wem* ...) usw. als auch verschiedene Sorten von Zahlwörtern. Diese Vielfalt mit ihren Deklinationsmöglichkeiten ist weder analytisch noch terminologisch Gegenstand der Grundschularbeit. Hier geht es um solche Stellvertreter-Wörter, die Kindern besonders auffallen und die für ihr Leseverständnis und für ihr Textschreiben von besonderer Bedeutung sind: vor allem um die Personalpronomen; es gibt sie in drei Personen-Kategorien:

	Singular	**Plural**
1. Person	ich	wir
2. Person	du, Sie	ihr, Sie
3. Person	er, sie, es	sie

Jedes dieser Pronomen kann durch die vier Fälle dekliniert werden (*ich, meiner, mir, mich*; *du, deiner, dir, dich* usw.).

Didaktische Überlegungen

Begründung

Für die Grundschularbeit sind die Personalpronomen aus mehreren Gründen von besonderer Bedeutung:

- Wenn Kinder kontextbezogen sprechen, übersehen sie leicht, dass die Zuhörer gar nicht wissen, um welche Personen es eigentlich geht: „Dann ist die gekommen und hat dann gesagt ..." Für die Mündlichkeit ist wichtig, dass der bloße Stellvertreter-Charakter der Pronomen deutlich wird, um die notwendige Verwendung des Nomens bewusstzumachen. *Die* – wer ist das?
- Andersherum verhält es sich in der Schriftlichkeit: Wenn Kinder Texte schreiben, denken sie oft von Satz zu Satz weiter. Dies führt zu parataktischen Textkonstruktionen (Reihung von Hauptsätzen), zum stereotypischen Satzbeginn mit *Und dann* (als Signal, dass es nun weitergeht) und zur häufigen Wiederholung der Nomen („Meine Mama hat ..." – „Und dann hat meine Mama ..."). Für die Schriftlichkeit ist also der Stellvertreter-Charakter der Pronomen als Ersatzwort in das Bewusstsein zu rücken und seine Verwendung zu üben.
- Personalpronomen sind damit ein Exempel für die vielfältigen Pro-Formen, also für die Hinweiswörter, die auf vorher Gesagtes oder Geschriebenes verweisen. Diese Beziehung von Hinweiser und Hingewiesenem müssen Kinder immer wieder herstellen können, um Texte zu verstehen. Sprachärmere Kinder und Kinder mit geringen Deutschfähigkeiten haben mit diesen Bezügen größere Schwierigkeiten. Das betrifft Partikel wie *dort, danach, deshalb* und alle Stellvertreter-Pronomen. Mit Personalpronomen können Kinder exemplarisch solche Zusammenhänge herstellen lernen.
- Ein weiterer Grund liegt in den Korrespondenzen, zu denen der Grundschulunterricht Kinder anregt – sei es als Aushänge, Einladungen, als Briefe oder E-Mails. Die Kinder müssen unterscheiden lernen zwischen Personen, die sie duzen, und Personen, die sie siezen. Für Letztere gilt auch in Briefen die Höflichkeitsform und die Großschreibung des Anfangsbuchstabens.

Begrifflichkeit

In der hier favorisierten begrifflichen Reihe müsste in Korrespondenz zum Begleiter das alleinstehende Pronomen als Stellvertreter bezeichnet werden. Da allerdings in den Schulen der Pronomenbegriff ausschließlich verwendet wird, übernehme ich ihn hier. Alternativ können der Terminus Stellvertreter oder der alte deutsche Begriff des Fürworts, die für Kinder unmittelbar verständlich sind, genutzt werden. Beim Terminus Pronomen muss erklärt werden, dass der Wortbaustein *Pro* aus der Sprache der Römer kommt und dort *für* heißt. Es sind also Wörter, die für ein Nomen stehen: Für-Nomen. Mithin kann die folgende **Definition** leitend sein:

Pronomen stehen für Nomen (pro = für).	*ich, du, er, sie, es, wir, ihr, sie*
Pronomen können verändert werden.	andere Formen: *ihm, ihn, ihnen, ihr, uns, euer, euch*
In Briefen werden die Anredepronomen	
▪ klein- odergroß geschrieben, wenn man sich duzt,	*du, dir, dich, dein, euer, euch* *Du, Dir, Dich, Dein, Euer, Euch*
▪ nur großgeschrieben, wenn man sich siezt.	*Sie, Ihnen*

Die Pronomen-Probe: *Ist das ein Pronomen?*
Steht das Wort für ein Nomen?
Der Mann wollte nach Hamburg; *er* nahm den Zug.
Die Kinder erzählten, was passiert war. Die Lehrerin glaubte *ihnen*.

Lernprozess

Begriffsbildung: Die Kinder entdecken die Stellvertreter-Funktion der kleinen Pronomenwörter: Sie stehen für Nomen, die man bereits kennt.

Einführung des Fachworts: Bei der Einführung wird auf die Bedeutung des Wortbausteins *Pro* verwiesen.

Verwendung und Vertiefung: In Texten werden Pronomen gesucht sowie die Nomen, für die sie stehen. Dabei finden die Kinder zunächst die Personalpronomen, dann aber auch andere Pronomenarten. Der Beweis, dass es Pronomen sind, muss geführt werden, nämlich der Bezug zu Nomen. Bei der eigenen Textberatung und -überarbeitung wird der Hinweis *Pronomen verwenden* zu einem der Standards.

Unterrichtsbeispiele

Den Pronomenbegriff entwickeln

Texte, in denen das wiederholte Nomen ausgelassen ist, müssen vervollständigt werden. Dabei stellt sich die Frage: Wird immer das Nomen eingesetzt? Klingt das gut? Welche anderen Möglichkeiten gibt es? Wann ist das Nomen besser, wann ein Stellvertreter-Wort? Ein solcher Einstieg führt mithin direkt in die Stellvertreter-Thematik.

▶ Beispiel aus dem Unterrichtsthema „Märchen“:

Die alte Frau und der Zwerg

Es war einmal eine alte Frau.
_____ ging in den Wald, um Holz für ihren Ofen zu sammeln.
Im Wald traf _____ einen Zwerg.
_____ sagte: „Ich helf dir beim Sammeln.
Dann musst du mich aber ins Dorf bringen.“
„Gut“, sagte _____.
Dabei dachte _____: „Kein Problem, den Weg ins Dorf kenn ich ja.“
_____ sammelte blitzschnell das Holz und lud es auf den Rücken.
„Genug!“, rief _____. „So viel kann ich nicht tragen!“
„Nun bring mich ins Dorf“, sagte _____
Dann setzte sich _____ mit einem Hops oben auf das Holz.

▶ Beispiel aus dem Unterrichtsthema „Spiele“: Zehnerball

Klatschen

Ein Spieler beginnt.
_____ wirft den Ball an die Wand.
Bevor _____ den Ball wieder auffängt, klatscht _____ einmal in die Hände.
_____ wirft noch einmal.
Nun klatscht _____ zweimal.
So geht es weiter, bis _____ es nicht mehr schafft, den Ball zu fangen
oder oft genug zu klatschen.
Wenn _____ es schafft, zehnmal zu klatschen, bevor der Ball herunterfällt,
bekommt _____ einen Punkt.

Variante zum zweiten Text: Wenn ein Mädchen spielt, dann ist es eine Spielerin. Der erste Satz heißt: *Eine Spielerin beginnt*. Wie geht der Text weiter? Und wenn der erste Satz heißt: *Ein Kind beginnt*. Wie geht es dann weiter?

In einem weiteren Text muss ein flektiertes Pronomen eingesetzt werden.

Das Beispiel stammt wieder aus dem Thema „Spiele“:

Herumwirbeln
Ein Kind wirft den Ball an die Wand.
Nun muss es sich ganz schnell einmal um sich selbst drehen.
Dann muss es _____ wieder auffangen.
Fängt es _____, bekommt es einen Punkt.
Dann wirft es _____ wieder an die Wand.
Nun muss sich das Kind zweimal drehen
und _____ wieder auffangen.
Fängt es _____ wieder, bekommt es einen zweiten Punkt.
Fängt es _____ nicht, ist das nächste Kind an der Reihe.

Bei diesem Text probieren die Kinder, ob immer das Nomen *Ball* durch ein Pronomen ersetzt werden muss. Haben die Kinder die Lücken gefüllt, können sie untersuchen, welches Vertreterwort für *Kind* im Text steht.

Während solcher Untersuchungen sammeln die Kinder die gefundenen Vertreterwörter:

Nomen	
der Zwerg, der Spieler, der Ball die alte Frau, die Spielerin das Kind	er, ihn sie es

Die Kinder suchen in anderen Texten (Lesebuch, Kinderbücher) nach diesen Vertreterwörtern und identifizieren immer auch die entsprechenden Nomen. Die Kinder werden dabei die Personalpronomen der ersten und zweiten Person *ich*, *du*, *wir*, *ihr* wohl nicht entdecken, weil hierbei keine Person ausdrücklich genannt ist. Dies ist in solchen Texten ja auch nicht nötig, weil Leser oder Hörer wissen, wer mit *ich* oder *wir*, mit *du* oder *ihr* gemeint ist. Über einen Text wie den folgenden können sich die Kinder aber auch diese Pronomen in ihrer Stellvertreter-Funktion erschließen:

Ein Telefongespräch
Hallo Anna.
Hallo Sven.
Ich möchte dich gern zu meinem Geburtstag einladen. Kommst du?
Gern, aber wann feiert ihr?
Wir wollen am Samstag feiern und treffen uns um drei.
Klar komm ich.

Die Kinder überlegen:
Welches sind die kurzen Vertreterwörter, und für welche Nomen stehen sie?
Die Tabelle kann ergänzt werden. Im Zuge solcher Arbeiten kann der Terminus Pronomen eingeführt und in der Kopfleiste der Tabelle ergänzt werden. Die Kinder lernen: *pro* ist lateinisch und heißt *für*, also sind es *Für*-Nomen-Wörter.

Systematisch werden die Personalpronomen bei den Flexionsübungen mit Verben geübt. Hier werden die Personalpronomen in der Grundform verwendet, also im Nominativ (ich, du, er, sie, es, wir, ihr, sie). Beispiele dazu finden sich im Kapitel Verb bei den Vorschlägen zur Arbeit mit der Wörtermaschine (S. 115 f.).

Weitere Pronomen entdecken
Wenn die Kinder ein erstes Verständnis und Gespür für Stellvertreter-Wörter entwickelt haben, können sie in Texten eine Fülle von Varianten entdecken, die auch über Personalpronomen hinausgehen. Das folgende Beispiel mit einer Kalendergeschichte von Johann Peter Hebel soll das verdeutlichen.

> **Die beiden Fuhrleute**
> Zwei Fuhrleute begegneten sich mit ihren Wagen in einem Holzwege und konnten einander nicht gut ausweichen. „Fahre mir aus dem Wege!“, rief der eine. „Ei, so fahre du mir aus dem Wege!“, rief der andere. „Ich will nicht!“, sagte der eine. Weil keiner nachgab, kam es zu heftigem Zank und zu Scheltworten.

Schon bei diesem ersten Absatz werden die Kinder fündig. Dabei kommt es nicht darauf an, alle Stellvertreter-Wörter zu finden, sondern die bekannten Pronomen wie *du* oder *ich*, vielleicht auch *ihnen* oder *mir*, sowie einige neue zu entdecken wie *der eine*, *der andere*. Immer muss begründet werden, wofür das Stellvertreter-Wort steht. Nur dieser Zusammenhang ist beweiskräftig. Das Reflexivpronomen *sich* oder das unbestimmte Zahlwort *keiner* muss dabei nicht angesprochen werden. Die gefundenen Wörter werden in einer Liste mit Pronomen gesammelt.
Der zweite Absatz bringt wieder sowohl Bekanntes wie Neues:

> „Höre du“, sagte endlich der eine, „jetzt frage ich dich zum letzten Mal: Willst du mir aus dem Wege fahren oder nicht? Tust du es nicht, so mache ich es mit dir, wie ich es heute schon mit einem gemacht habe.“ Das schien dem anderen doch eine bedenkliche Drohung. „Nun“, sagte er, „so hilf mir

> wenigstens deinen Wagen ein wenig beiseiteschieben. Ich habe ja sonst nicht Platz, um mit dem meinigen auszuweichen." Das ließ sich der eine gefallen, und in wenigen Minuten war die Ursache des Streites beseitigt.

Kinder können hier zum Beispiel neu finden: *mit einem*. Wiederum: Didaktisch ist unerheblich, wie viele Stellvertreter-Wörter die Kinder finden, entscheidend ist, dass sie neben bekannten auch neue entdecken und damit ihr Gespür für die Wortart Pronomen schärfen und ihre Argumentation erneuern: Wofür steht das Pronomen?

Der letzte Absatz der Kalendergeschichte bringt kaum neue Entdeckungen, aber wieder viele schon bekannte Pronomen:

> Ehe sie schieden, fasste sich der, der aus dem Wege gefahren war, noch einmal ein Herz und sagte zu dem andern: „Höre, du drohtest doch, du wolltest es mit mir machen, wie du es heute schon mit einem gemacht hättest. Sage mir doch, wie hast du es mit dem gemacht?" – „Ja, denke dir", sagte der andere, „der Grobian wollte mir nicht aus dem Wege fahren, da – fuhr ich ihm aus dem Wege."

Entsprechend kann auch in anderen Texten nach Pronomen als Stellvertreter-Wörtern geforscht werden.

In eigenen Texten Pronomen verwenden

Wenn über Kindertexte in der Klasse oder in Schreibkonferenzen beraten wird, kann auch der Ersatz von Wortwiederholungen bei Nomen durch Pronomen besprochen und geübt werden. Ist dies mit Kindertexten zunächst zu heikel, dann können auch andere Texte als Übungsmaterial herangezogen werden. Hier folgen als Beispiele zwei Igel-Witze:

> Susi ist auf einem Ausflug mit ihrer Klasse. Da entdeckt Susi einen Igel. Susi betrachtet ihn von allen Seiten. Der Igel sitzt zwischen stachligen Hüllen von Kastanien. Da ruft Susi: „Das sind doch bestimmt die Igeleier!"

> Ein kleiner Igel hat sich in einer Gärtnerei verlaufen. Nun will der kleine Igel nach Hause. Der kleine Igel läuft hin und her. Immer, wenn der kleine Igel an einen Kaktus stößt, fragt der kleine Igel: „Bist du es, Mama?"

Für die Standards bei der Textberatung und -überarbeitung wird von nun an auch der Hinweis übernommen: Pronomen einsetzen.

Wenn Kinder Briefe oder E-Mails schreiben, auf Plakaten oder Einladungen andere Menschen direkt ansprechen, wird die Schreibweise von Anredepronomen wichtig. Nach den Neuregelungen der Rechtschreibung gilt die folgende Regel:

- Anredepronomen in Du-Form werden klein- oder großgeschrieben. Wenn man sehr vertraut miteinander ist, schreibt man klein, sonst groß.
- Anredepronomen in Sie-Form (Höflichkeitsform) werden immer mit großem Anfangsbuchstaben geschrieben.

Die Regel wird mit den Kindern besprochen, wenn ein Schreibfall vorhanden ist. Zur Übung kann ein Text wie der folgende verwendet werden:

> Liebe Frau Schmitz, du hast heute Geburtstag. Dazu gratuliere ich dir herzlich. Ich hoffe, es geht dir gut. Ich wünsche dir einen schönen Tag und alles Gute für dein kommendes Lebensjahr. Viele Grüße von deinem Bastian.

Die Kinder erkennen vielleicht sofort, dass zur Anrede „Liebe Frau Schmitz" die Du-Form nicht passt. Wie muss der Brief geändert werden?

6. Einige Anmerkungen zur Restkategorie: Andere Wörter

Mit der Einführung und Verwendung der Wortarten-Begriffe Nomen, Verb, Adjektiv, Pronomen sind viele kleine Wörter nicht erfasst, zum Beispiel die Konjunktionen, Präpositionen, Interjektionen. Auch werden die Kinder im Grundschulbereich schwierige Zuordnungen in der Regel nicht leisten, zum Beispiel das Erkennen vieler Verbformen des Hilfsverbs *sein*, die Unterscheidung von Verben und ihrer nominalisierten Form (singen – das Singen), in vielen Fällen das Identifizieren von Pronomen. Kinder mit gering ausgeprägtem Sprachgefühl für die deutsche Standardsprache werden weniger Wörter identifizieren können als andere. Hier gilt das Entwicklungsprinzip: Kinder gewinnen zunehmend ein Gespür, verbunden mit einem wachsenden fachlichen Wissen in Bezug auf wichtige Wortarten und ihre Besonderheiten. Was sie nicht identifizieren können, weder vom Sprachgefühl her noch kognitiv, das bleibt offen.

Bezogen auf die Wortarten habe ich für alle Wörter, die Kinder nicht identifizieren, die Restkategorie „Andere Wörter" vorgeschlagen. Sie umfasst alles, was in der Sechs-Wortarten-Systematik von Glinz mit den Partikeln und den Interjektionen benannt ist (siehe S. 88); sie umfasst darüber hinaus aber auch alle Wörter und Wortformen, die Kinder nach ihrem individuellen Vermögen derzeit nicht einer der ihnen bekannten Wortarten zuordnen können. Wenn sie das nicht können, ist das kein Fehler; es gibt für solche Wörter ja eine Kategorie: Andere Wörter.

7. „Wörtersteckbrief"

Es stärkt Kinder auf ihrem Lernweg, wenn sie sich das Gelernte bewusst machen und in einer Art Lerntagebuch ihre Fortschritte dokumentieren. Der Wörtersteckbrief ist für den Bereich Wortgrammatik ein geeignetes Instrument:

Die Kinder halten mit der Lehrkraft fest, was sie schon alles mit einem Wort machen können. Das sind zunächst in Klasse 2 vielleicht die Möglichkeiten: das Wort in Druckschrift und in verbundener Schrift schreiben, es in einem Satz verwenden, es in Sprechsilben trennen, Reimwörter schreiben, Wörter zum Wortfeld finden; dann kommen hinzu: die Wortartenproben („Kann ich mit dem Wort so etwas machen wie ..."), verwandte Wörter finden, mit den Reimwörtern ein Gedicht machen; später noch eine lexikalische Worterklärung: die Wortbedeutung, eine Minigeschichte mit dem Wort und wenn das Wort zum Beispiel in einem Text, einem Kinderbuch gefunden wurde: die Fundstelle. Auf einem Plakat werden die Möglichkeiten festgehalten.

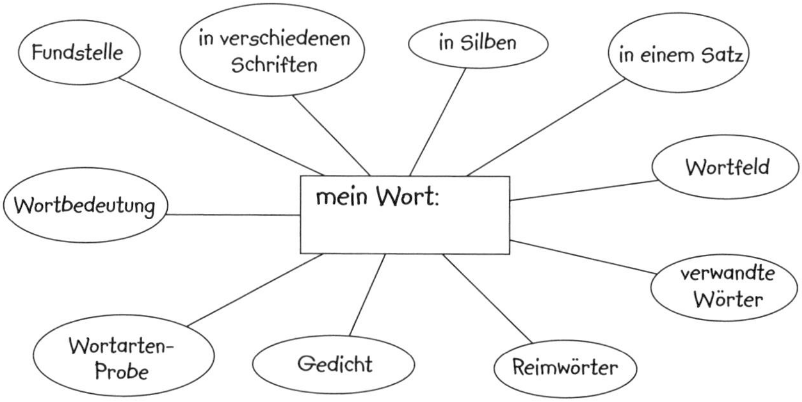

Mit den jeweiligen Möglichkeiten wird ein einfaches Formular gestaltet.

	Wörtersteckbrief: ***Schleckermaul***	A
Fundstelle	*Dafür entdeckte ihn Jens, der sich in der Bäckerei Brauseherzen und Gummibärchen kaufen wollte. Er war das größte Schleckermaul der Klasse.* Aus: Peter Härtung: Ben liebt Anna, Seite 31	B C D E
Silben **Wortfeld**	*Schle-cker-maul* *Schleckermaul, Feinschmecker, schlecken, genießen, naschen, Naschkatze*	F G H
Wort-bedeutung	*Ein Schleckermaul ist jemand, der bestimmte Sachen, besonders Süßigkeiten, in großen Mengen und immerzu essen will.*	I J K
Wortarten-Probe	*ein Schleckermaul, viele Schleckermäuler* → *Nomen*	L M
verwandte Wörter	*schlecken, Schleckerei, Schleckeis, Leckerschmecker*	N O
Reimwörter	*Schleckermaul, faul, Paul, Ackergaul*	P
Gedicht	*Paul* *ist beim Schleckern gar nicht faul.* *Er ist ein Schleckermaul.*	Q R S
Mini-Geschichte	*Auf dem Tisch stand die Erdbeertorte mit ganz viel Sahne. Als Frau Müller in die Küche kam, saß ihre Katze mitten in der Torte, das Schnäuzchen ganz weiß von der Sahne. „Du bist ja vielleicht ein Schleckermaul“, rief Frau Müller.* *„Miau!“, machte die Katze.* *Das hieß wohl: „Ja, das bin ich auch.“*	T U V W X Y Z

Die Wörter können thematisch wichtige Wörter sein, Lieblingswörter der Kinder, kuriose Wörter, die Kinder z. B. in Texten gefunden haben. Es können Wörter der Woche sein, die von den Kinder gewählt werden; es können individuell bestimmte Wörter sein: „mein Wort“.

Die Wörtersteckbriefe werden in einem Wörterlexikon der Klasse, alphabetisch geordnet, gesammelt. Das Beispiel stammt aus Klasse 4.

Satz und Satzglieder

1. Was ist ein Satz?

Sachklärung: Der Satz

Was ist nötig, damit ein Satz ein Satz ist? Welche Teile muss er haben, und was hält ihn zusammen? Diese Fragen werden in den verschiedenen Grammatiktheorien strittig diskutiert. Grund ist wieder, dass sich der lebendige Sprachgebrauch nicht ohne Reste in eine Systematik bringen lässt.

In traditioneller Denkweise bilden Subjekt und Prädikat den einfachen Satz *Peter malt*. Dieser Satz ist ein eindeutiges Beispiel. Natürlich könnte er erweitert werden, aber seine beiden Teile, Subjekt und Prädikat, sind eine komplette Aussage. Ein anderes Beispiel: *Peter bringt.* Wieder enthält der Satz Subjekt und Prädikat, ist aber dennoch unvollständig, weil das Verb *bringt* unweigerlich die Fragen nach sich zieht: Was bringt Peter wem? *Peter bringt seiner Marion rote Rosen.* Damit sind vier Teile notwendige Bestandteile des Satzes: Subjekt, Prädikat und zwei Objekte, das Dativ- und das Akkusativobjekt. Ein drittes Beispiel: *Peter kommt.* Auch dieser Satz ist ohne den Kontext der Situation unvollständig, weil er nach Ergänzungen verlangt, aber nicht nach Objekten, sondern nach den Auskünften wann und wohin Peter kommt. Damit sind neben Subjekt und Prädikat adverbiale Ergänzungen der Zeit und des Ortes die notwendigen Bestandteile des Satzes. Zum Beispiel könnte der Satz heißen: *Peter kommt spätabends nach Hause.* Formal gesehen ist dies ein vollständiger Satz. Allerdings sind weitere Angaben denkbar, die in der konkreten Situation so wichtig sind wie die beiden Ergänzungen *spätabends* und *nach Hause*: Peter kommt spätabends *sturzbetrunken mit Marion* nach Hause. Formal war der Satz vorher schon vollständig. In der konkreten Situation machen aber womöglich diese beiden Ergänzungen den Satz erst vollständig: die adverbiale Artbestimmung und ein Dativobjekt mit Präposition (oder präpositionales Objekt mit Dativ).

Festzuhalten bleibt: Die einfache S-P- oder S-P-O-Regel (Subjekt – Prädikat – Objekt) für den vollständigen Satz gilt nicht. Notwendig für einen Satz können unterschiedliche und unterschiedlich viele Ergänzungen sein; offenbar spielt das Verb dabei eine wichtige Rolle, weil es zu Ergänzungen herausfordert.

Eine andere schlichte Antwort auf die Ausgangsfrage besagt: Ein Satz ist eine Aussageeinheit (Redeeinheit) und besteht aus Wörtern. Dann also könnte dies ein Satz sein: *Kommen Peter Geburtstagsfeier morgen ich Abend.* In dieser Wörterreihe sind alle Wörter einer Aussageeinheit enthalten, dennoch ist sie kein Satz. Der Satz folgt bestimmten Regeln. Zwei Regeln sind syntaktischer Art: Die Wörter dürfen nicht beliebig hintereinandergereiht werden, vielmehr müssen bestimmte Wörter als Wortgruppe zusammenbleiben wie *Peter* und *Geburtstag*, *morgen* und *Abend*. Und: Das Verb steht im Aussagesatz an der zweiten Stelle. Mithin könnte die entsprechend geordnete Reihe lauten: *Ich kommen morgen Abend zu Peter Geburtstagsfeier.* Das ist zwar verständlich, aber von den Normen der Standardsprache her noch unbefriedigend. Die flexionsfähigen Wörter spiegeln in ihren Wortformen die Bezüge der Wörter zueinander: Das Subjekt *ich* korrespondiert mit der Personalform der 1. Person Singular des Verbs *kommen* und *Peter* ist Genitivattribut von *Geburtstagsfeier* und muss deshalb im Genitiv stehen. Der korrekte Satz lautet also: *Ich komme morgen Abend zu Peters Geburtstagsfeier.* (Regionalsprachlich könnte dies auch zum Beispiel heißen: ... *zur Geburtstagsfeier von Peter* oder .... *zu Peter seiner Geburtstagsfeier.*)

Festzuhalten bleibt hier: Die Satzteile folgen in der Reihenfolge und in ihren Wortformen bestimmten Regeln. Satzteile, die auf eine Ergänzungsfrage antworten, bleiben zusammen, das Verb nimmt die zweite Stelle im Satz ein, und flexionsfähige Wörter werden gegebenenfalls entsprechend ihren Bezügen zueinander flektiert.

Noch einmal zurück zum Beispiel der Heimkehr des betrunkenen Peter. Jemand sagt:

Aber Peter!
Au weia.

Auch dies sind vollständige Aussagen. Aber sind es Sätze? In Grammatiken werden sie Satz-Ellipsen genannt; das bedeutet, in Alltagssprache übersetzt, so viel wie „jein“. Die lebendige Sprache ist eben nicht ohne Rest in eine Systematik zu bringen.

Didaktische Überlegungen

Begründung

Die Anforderung, strikt in Sätzen zu formulieren, stellt sich als Norm insbesondere in der Schriftlichkeit. Im Mündlichen sind Satz-Ellipsen, unvollständige Sätze, Satzbrechungen üblich; in der Regel wird kontextbezogen gesprochen, das heißt, bestimmte Informationen werden bei den Zuhörenden als bekannt vorausgesetzt und nicht mitformuliert. Die Schriftlichkeit dagegen verlangt kontextunabhängiges Schreiben und satztypische Ausformungen. Wie weit die Kinder den schriftsprachlichen Normen von Anfang an entsprechen können, ist wesentlich von ihrem sprachlichen Milieu sowie der vorschulischen Förderung abhängig. In dieser Hinsicht wenig geförderte Kinder müssen ein Gefühl für Satzbildungen entwickeln und Hilfen erhalten, in Sätzen zu schreiben. Alle Kinder sollten aber ein Verständnis für Sätze als Aussageeinheiten gewinnen. Das ist für das Rechtschreiben unverzichtbar, befördert aber auch die Einsicht in die Geregeltheit satzbezogener Strukturen.

Begrifflichkeit

Der Terminus **Satz** wird wie die Begriffe Text, Wort, Buchstabe von Anfang an von der Lehrkraft und den Kindern verwendet, ohne dass er ausdrücklich definiert werden müsste. Er definiert sich durch die Verwendung, der Satzbegriff entwickelt sich dabei intuitiv. Pragmatisch definieren die Kinder: Ein Satz hat am Ende einen Punkt.

Weitere Begriffe zu den Satzgliedern, zu den Satzarten und Satzverbindungen folgen in den späteren Kapiteln; dabei wird sich der Satzbegriff weiter schärfen.

Lernprozess

Die Lesetexte bieten in der Regel von Beginn an Beispiele für Sätze. Die Gliederungsmerkmale im Text: Großbuchstabe am Anfang und Punkt am Ende weisen die Sätze als Aussageeinheit aus. Beim Lesen und insbesondere beim Vorlesen wird dem durch Phrasierung und Pause Rechnung getragen; hier ist das Modell der Lehrkraft entscheidend. Mithilfe verschiedener handlungsbezogener Möglichkeiten werden die Sinnhaftigkeit und die Konstruktion von Sätzen den Kindern deutlich: verwürfelte Sätze, wachsende Sätze, ungegliederte Sätze, Entwicklung von Sätzen von einem vorgegebenen Verb aus sind solche Möglichkeiten, den intuitiven Satzbegriff weiter zu differenzieren. Auf diesen ersten Erfahrungen mit Sätzen bauen dann die handlungsbezogenen Umgangsweisen mit Satzgliedern und die begrifflichen Erarbeitungen auf, die in den folgenden Kapiteln dargestellt werden.

Unterrichtsbeispiele

Sätze erkennen und markieren

Schon bei den ersten Vorlesetexten beachtet die Lehrkraft die Satzgliederung: Ihre Stimme senkt sich am Satzende, in der Regel folgt eine kleine Sprechpause, oft ein Blick zu den Kindern, manchmal die gemeinsame Überlegung, wie es nun weitergehen mag. Diese Erfahrungen sind für viele Kinder nicht neu, für sprachlich weniger geförderte aber denn doch. Zudem sind sie neben den literaturdidaktischen Aspekten auch eine unverzichtbare Grundlage zum Aufbau eines Satzverständnisses.

Texte für Leseanfänger und für schwächere Leser auch weit über den Leseanfang hinaus sollten leseerleichternd gegliedert sein: Der Umbruch einer Textzeile entspricht bei längeren Sätzen den Sinnabschnitten, die sozusagen Untereinheiten von Sätzen sind. Nach dem Satzende folgt immer ein Zeilenbruch. Zum Vergleich seien zwei Fassungen gegenübergestellt, an denen deutlich wird, wie leseerleichternd die strukturierende, den Satz beachtende Gliederung ist:

Was ist das?
Es ist finster. Lotta liegt im Bett. Da klappert was, da wimmert was. Da ist was, da am Fenster. Ist das ein wilder Räuber oder ein Gespenst? Wer ist das? „Mami, da ist was!“, ruft Lotta. Mama kommt. „Wo, Lotta, wo soll was sein? Nein, Lotta, das ist kein Räuber und kein Gespenst. Das da am Fenster, das ist ein Ast im Wind.“

Was ist das?
Es ist finster.
Lotta liegt im Bett.
Da klappert was, da wimmert was.
Da ist was am Fenster.
Ist das ein wilder Räuber oder ein Gespenst?
Wer ist das?
„Mami, da ist was!“, ruft Lotta.
Mama kommt.
„Wo, Lotta, wo soll was sein?
Nein, Lotta, das ist kein Räuber und kein Gespenst.

Das da am Fenster,
das ist ein Ast im Wind."

Die Erstlesewerke und Lesebücher für Klasse 2 tragen solchen Überlegungen Rechnung, die für Erstleser ausgewiesenen Buchreihen der Kinderbuchverlage weniger. Zwar sind die Zeilen auch im sogenannten Flattersatz gedruckt (das Zeilenende schließt nicht gleichmäßig am rechten Rand, sondern jede Zeile ist unterschiedlich lang), aber die Zeilen sind häufig willkürlich umbrochen.

Die Wahrnehmung der Satzperioden kann dadurch unterstützt werden, dass die Kinder das partnerschaftliche Vorlesen üben: Sie unterstreichen die Sätze abwechselnd in zwei Farben; jedes Kind übernimmt eine Satzfarbe, und beide lesen von Satz zu Satz im Wechsel. In den eigenen Texten markieren die Kinder auffällig das jeweilige Satzende, zum Beispiel durch einen farbigen Punkt.

Sätze wachsen lassen

Bei den folgenden Sätzen können die Kinder von Zeile zu Zeile vermuten, wie der Satz wohl weitergeht. Erst mit der letzten Zeile klärt sich die kleine Geschichte: Die Aussageeinheit Satz ist abgeschlossen.

Ein Zahn
Ein Zahnarzt
Ein Zahnarzt zieht
Ein Zahnarzt zieht zwei
Ein Zahnarzt zieht zwei Lose
Ein Zahnarzt zieht zwei Lose und hat wieder nichts gewonnen.

Ein Zauberer
Ein Zauberer zaubert
Ein Zauberer zaubert drei
Ein Zauberer zaubert drei halbe
Ein Zauberer zaubert drei halbe Hähnchen und isst sie allein auf.

▹ Verbformen werden auf Tennisbälle geschrieben, die in einem Korb gesammelt werden:

schenkt – rennt – fährt – schreibt – isst – träumt – singt – küsst – zaubert – liest – wünscht sich ...

Ein Kind zieht einen Tennisball, liest das Verb vor und reicht den Ball weiter. Das nächste Kind setzt ein Wort oder eine Wortgruppe zum Verb und reicht den Ball weiter. Das nächste Kind wiederholt und setzt wieder ein Wort oder eine Wortgruppe dazu. Meint ein Kind, der Satz ist vollständig, und will es nichts mehr ergänzen, dann sagt es: Punkt.

Sätze rekonstruieren

▶ **Verwürfelte Sätze**: Wörter oder Wortgruppen sind in Sätzen verwürfelt, und die Kinder müssen sie zum richtigen Satz ordnen. Die Wörter oder Wortgruppen stehen auf Textstreifen und die Kinder finden den Satz, indem sie die Streifen verschieben. Zunächst kann das mit allen Kindern erprobt werden: Die Textstreifen werden groß genug beschrieben und an Kinder verteilt, die sie vor sich halten. Die anderen Kinder dirigieren die Stellung der Kinder mit den Textstreifen, bis ein sinnvoller Satz gebildet ist.

Die Sätze sind jeweils in das Unterrichtsthema eingebettet, oft können Sätze aus Texten der Kinder genommen werden, so wie im folgenden Beispiel *Neue Wünsche*.

Gliederung in Wörter:

Tieren	den	gerne	ich	möchte	können	sprechen	mit

ich	das	gerne	Delfin	einem	auf	Wasser	möchte	reiten	durch

einem	mal	gerne	wohnen	in	möchte	Baumhaus	ich

Die Kinder sprechen über ihre Strategie, wie sie den jeweiligen Satz gefunden haben. Wie geht es am leichtesten? Gibt es nur eine richtige Lösung? Da die Sätze parallel gebaut sind, kann sich die Strategie beim zweiten und dritten Satz ändern. Bei diesen Strategieüberlegungen wird gerade auch über Strukturmerkmale von Sätzen gesprochen.

Gliederung in Wortgruppen:

Die faule Woche (verschiedene Lösungen sind möglich)

Am Montag	mache	ich lange ruhn
Am Dienstag	bleibe	ich mal Pause
Am Mittwoch	will	ich gar nichts tun
Am Donnerstag	werd	ich zu Hause
Am Freitag	sing	noch nichts getan
Am Samstag	fängt	die Woche an
Am Sonntag	wird	ich froh und laut: Ich liege auf der Bärenhaut!

Die Strategie wird sich hier auch auf die Reimwörter beziehen. Aber insbesondere müssen die Kinder den verbalen Teil (das Prädikat) und den Rest des Satzes semantisch aufeinander beziehen.

Satzgrenzen finden

Ein Text ist „ohne Punkt und Komma" geschrieben. Die Kinder finden heraus, dass ein solcher Text schwierig zu lesen ist und Punkte oder auch Kommas das Lesen erheblich leichter machen. Dazu müssen sie aber erst die Satzgrenzen finden. Das ist umso kniffliger, wenn der Zeilenumbruch willkürlich und irritierend vorgenommen wird. Texterfahrene Kinder können im Übrigen bei solchen Texten entscheiden, ob sie jeweils ein Komma oder einen Punkt setzen wollen.

> **Beruf raten**
> Ich mache aus Teig einen dünnen Boden darauf
> lege ich Tomaten mit Salami Eier oder Spinat
> lege ich je nach Geschmack dazu Käse
> kommt darüber das Ganze schiebe ich
> in den Ofen fünf Minuten
> backt es dann hole ich es
> heraus frisch schmeckt es am besten.

2. Satzteile: Satzkern und Satzglieder

Sachklärung: Prädikat oder Satzkern

Gibt es im Satz Teile oder Glieder, die von besonderer Bedeutung sind?
Die traditionelle Fünf-Satzglieder-Grammatik unterschied Subjekt, Prädikat, Objekte, Adverbiale und Attribute. Dabei waren die beiden Satzglieder Subjekt und Prädikat die Hauptglieder, Objekte und Adverbiale waren dagegen Satzglieder zweiter Ordnung, Attribute Satzglieder dritter Ordnung, weil sie nicht für sich allein stehen können. Die Bewertung, dass Subjekt und Prädikat die beiden Hauptglieder seien, war die Übernahme einer Denkfigur aus der Logik in der Philosophie des griechischen Altertums: Dort wurde unterschieden zwischen dem, worüber eine Aussage gemacht wird, und dem, was darüber ausgesagt wird. Diese Zweiteilung wurde in die Grammatik übernommen: **Der Mann arbeitet**. Der Definition der beiden Teile entspricht die traditionelle Eindeutschung in die beiden Termini Satzgegenstand und Satzaussage.

Diese jahrhundertelang geltende Fünf-Satzglieder-Grammatik war in sich unbefriedigend, weil zum Beispiel die Attribute immer nur als Teil eines Satzgliedes auftreten (die *rote* Mütze, die Mütze *aus Frankreich*, die Mütze *mit dem roten Bömmel*) und sie deshalb kein selbstständiges Satzglied sein können. Auch stimmt die Hierarchie nicht: Subjekt und Prädikat sind einander nicht nebengeordnet, während Objekte und adverbiale Glieder nachgeordnet sind. Vielmehr bestimmt das Prädikat über die erforderlichen Ergänzungen, es bestimmt die Satzsyntax. Das Prädikat *kommt* verlangt nach der Aussage, wer kommt, und nach Aussagen, wohin und wann der-, die- oder dasjenige kommt.

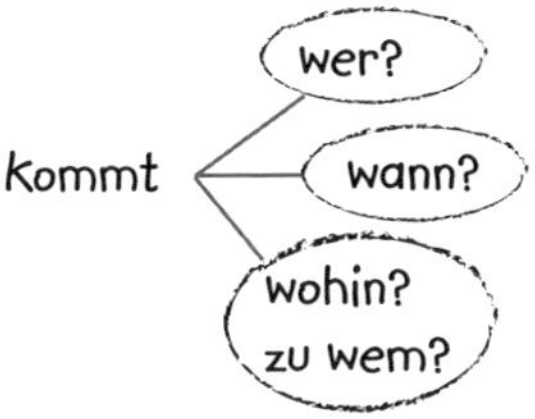

Zudem steht es im Aussagesatz immer an zweiter Stelle, während alle anderen Satzglieder ihre Position verändern können: *Ich komme morgen Abend ... Morgen Abend komme ich ... Zu Peters Geburtstagsfeier komme ich ...*

Damit aber ist das, was bis dahin Prädikat genannt wurde, nicht ein Satzglied unter anderen, sondern der Dreh- und Angelpunkt des Satzes, von dem Wort- und Satzbildung mit bestimmt werden. In den Grammatiktheorien wird dies mit der Verbvalenztheorie gestützt, die dem Verb Wertigkeiten zuschreibt. Das Verb *malen* verlangt unbedingt ein Subjekt (Wertigkeit: S). Das Verb *bringen* stellt zudem die Frage: Wen oder was bringt jemand? Es verlangt also zum Subjekt mindestens noch ein Akkusativobjekt (Wertigkeit: S+A). Das Verb *schenken* fragt danach: Wer schenkt was? Wem schenkt der- oder diejenige etwas? Das Verb *schenken* verlangt also außer dem Subjekt und dem Akkusativobjekt ein Dativobjekt (Wertigkeit: S+D+A). Die Abhängigkeiten der Satzglieder vom Verb wird in der Dependenzgrammatik (Abhängigkeitsgrammatik) weiter erforscht.

Festzuhalten bleibt: Das Verb ist das Zentrum des Satzes, von ihm aus werden die Satzglieder erfragt und bestimmt. Das Verb ist damit kein Satzglied, sondern der strukturelle Ausgangspunkt zur Ergänzung und zur Ermittlung der Satzglieder. Damit aber ist es nicht mehr zweckmäßig, vom Prädikat als Satzglied zu sprechen.

Hans Glinz hat das Prädikat in diesem Sinne als die „verbalen Teile" des Satzes bezeichnet, und tatsächlich besteht es häufig aus mehreren Teilen, die wiederum für die Satzstellung prägend sind:

- *Ich komme.* Hier besteht der verbale Teil aus dem flektierten Verb.
- *Ich will kommen.* Hier besteht der verbale Teil aus zwei Wörtern: dem flektierten Verbteil (dem finiten Verb) und dem Infinitiv (dem infiniten Verb). Im erweiterten Satz bleibt das finite Verb an der zweiten Stelle, der infinite Verbteil rückt aber an die letzte Stelle: Ich *will* zu Peters Geburtstag *kommen.* Ebenso verhält es sich beim Partizip II: Ich *bin* zu Peters Geburtstag *gekommen.* Diese Verbstellung nennt man die Verbklammer.

Ich bin zu Peters Geburtstag gekommen.

- Ähnliches geschieht bei abtrennbaren Verbzusätzen: Beim Verb *mitkommen* wird im Satz der Verbzusatz, das Präfix, abgetrennt und an die letzte Stelle gesetzt: Ich *komme mit.* Ich *komme* zu Peters Geburtstagsfeier *mit.*

Für die verbalen Teile wurde angesichts ihrer besonderen Funktion der Begriff **Satzkern** eingeführt. Damit ist der Satzkern das zentrale Element im Satz, ihn ergänzen die Satzglieder.

Wie findet man sie heraus? Hier sind es mit Glinz insbesondere zwei linguistische Proben: die Verschiebeprobe und die Ersatzprobe.

Verschiebeprobe: Der deutsche Satz hat, ausgenommen die Stellung der verbalen Teile (Satzkern), keine feste Satzstellung, wie das andere Sprachen kennen. Die Satzglieder können umgestellt werden: *Ich komme heute Abend zu Peters Geburtstagsfeier. Heute Abend komme ich ... Zu Peters Geburtstagsfeier komme ich ...* Ein Satzglied ist also das Wort oder die Wortgruppe, das oder die im Satz verschoben oder umgestellt werden kann. Die sprachliche Operation ist die Verschiebeprobe.

Ersatzprobe: Während der Satzkern konstant bleibt, können die Satzglieder ausgetauscht werden: *heute Abend* könnte theoretisch auch sein: *morgen früh* oder *im September. Zu Peters Geburtstagsfeier* könnte theoretisch auch sein: *zu deinem Jubiläum, zum Weihnachtsbaumschmücken.* Satzglieder können also ersetzt oder ausgetauscht werden. Diese Operation ist die Ersatzprobe.

Insgesamt sind in der Sprachwissenschaft zur Ermittlung von Satzgliedern vier Operationen gebräuchlich (linguistische Proben):

- **verschieben** (Permutation): Beispiele siehe oben.
- **ersetzen** (Substitution, mit Bedeutungsänderungen): Ich komme heute Abend ... / Marion kommt heute Abend ... / Marion kommt übermorgen ...
- **weglassen** (Eliminierung, wobei nur die fakultativen Satzglieder weggelassen werden können, die obligatorischen müssen erhaltenbleiben): Ich komme heute Abend mit einer tollen CD zu Peters Geburtstagsfeier. / Ich komme zu Peters Geburtstagsfeier.
- **erweitern** (als Gegenstück zu weglassen)
- **umformen** (Transformation): Ich komme heute Abend .../Ich will heute Abend kommen ...

Wenn ein Satzglied aus mehreren Wörtern besteht, aus einer Wortgruppe, dann wird die Wortgruppe bei allen Operationen immer als Ganzes belassen.

Didaktische Überlegungen

Begründung

Der oben skizzierte Grammatikansatz ist für die Grundschularbeit im Bereich Satz zentral. Er vereinigt drei didaktisch bedeutsame Möglichkeiten:

1. Er gibt den Kindern mit dem Ausgang vom Satzkern ein „Pack-an", von dem aus sie sich Satzbildungen operativ erschließen können. Dabei kann der Unterricht auf künstliche Kurzsätze wie *Peter malt* und auf eine allmählich aufbauende Einführung der Satzglieder verzichten; von Beginn an geht es um Sätze, wie sie Kindern aus dem Sprachgebrauch bekannt sind.
2. Er gibt den Kindern die Instrumente, Sätze selber bewusst zu bilden, sie aus- und umzuformen, damit zu experimentieren. Damit können die Kinder die sprachliche Genese von Sätzen und ihre Geregeltheit entdecken. Die Belehrung über eine Systematik kann zurücktreten zugunsten der eigenaktiven Entdeckungsarbeit der Kinder.
3. Die Kinder handhaben grundlegende sprachliche Operationen, die ihnen bei der eigenen Textarbeit und auch beim Lesen zugute kommen: Sätze entwickeln, sie erweitern oder kürzen, Wörter und Wortgruppen umstellen oder ersetzen und über die Effekte beim Leser oder Hörer nachdenken.

Begrifflichkeit

Satzkern ist der zentrale Begriff. Er trifft inhaltlich die besondere Funktion der verbalen Teile im Satz und ist ein auch für Kinder plastisches Sprachbild: Der Satzkern ist „der Chef im Satz".

- Der gebräuchliche deutsche Terminus Satzaussage ist für Kinder irritierend und in der Vorstellung fehlleitend, weil der Begriff eine Inhaltlichkeit behauptet, die für Kinder oft nicht erschließbar ist. Im Satz: *Ich mag am liebsten ein halbes Hähnchen mit Pommes* ist für Kinder nicht das Verb *mag* die Satzaussage, sondern eher das halbe Hähnchen. Im Satz: *Im Sommer fahren wir an die Ostsee zum Schwimmen* ist der Satzkern *fahren* für Kinder noch am allerwenigsten die Aussage des Satzes.
- Auf den Terminus Prädikat kann verzichtet werden. Soweit er amtlich vorgeschrieben ist, wird er gegen Ende der Klasse 4 als alternativer Fachbegriff hinzugesetzt.

Vom Satzkern aus ergeben sich mit dem Handlungsverb *ergänzen* weitere wichtige Begriffe:

- Mit dem Satzkern können **Ergänzungsfragen** gestellt werden (Wer? Wem? Wen? Wo? Wann? ...).
- Die Antwort auf die Wem-Frage wird **Wem-Ergänzung** genannt. (Analog bei den anderen Fragen.)

Mit der Tätigkeit *ergänzen* ist eine wichtige Operation genannt. Aus den linguistischen Proben sind zudem für die Grundschularbeit von Bedeutung:

- weglassen (als Gegensatz zu ergänzen),
- umstellen (oder verschieben),
- ersetzen (oder austauschen).

Die heute in der Sprachwissenschaft übliche Bezeichnung für die Teile des Satzes, die beim Verschieben immer zusammenbleiben, ist **Satzglied**. Die Satzglieder ergänzen die verbalen Teile des Satzes, deshalb ist der Satzkern selbst kein Satzglied. Diese richtige, aber auch formal-feinsinnige Unterscheidung ist in der Grundschule unpraktisch, da ja bei den Experimenten mit verschiedenen Satzstellungen auch der Satzkern umgestellt werden kann. Ein gemeinsamer Begriff für alle Teile, mit denen Kinder operieren, ist als Arbeitsbegriff nötig. Hierfür schlage ich den älteren Begriff **Satzteile** vor: Satzteile sind demnach Satzkerne und Ergänzungen.

Damit ist zur Orientierung an dieser Stelle die folgende **Definition** möglich:

Das Verb im Satz ist der Satzkern.
Er ist der Chef im Satz.
Mit ihm fragt man nach Ergänzungen.

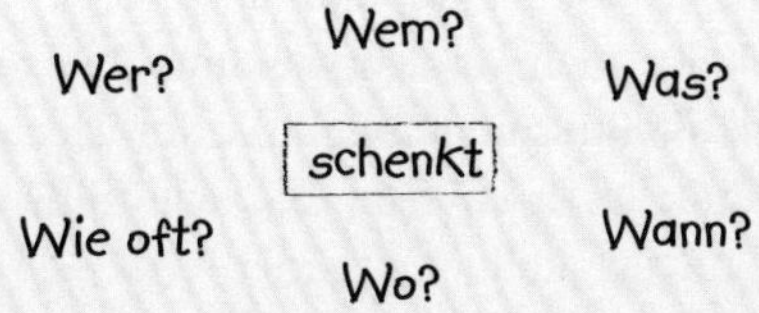

Wem schenkt Greta was?
Greta schenkt *ihrer Mama* eine CD mit Musik.

Satzteile, die den Satzkern ergänzen, kann man auch

umstellen	*Ihrer Mama* schenkt Greta eine CD mit Musik.
ersetzen	*Ihrem Papa* schenkt Greta eine CD mit Musik.
weglassen	Greta schenkt eine CD mit Musik.

Satzteil-Probe: *Was ist ein Satzteil?*
Ein Satzteil ist die Ergänzung auf eine Ergänzungsfrage:
Was *schenkt Greta?* – eine CD mit Musik
Ein Satzteil ist das, was beim Umstellen zusammenbleibt:
Ihrer Mama schenkt Greta eine CD mit Musik. Eine CD mit Musik *schenkt* …

Eine durchgehende **Form- und Farbsymbolik** erleichtert das Verständnis und das Wiedererkennen. Hierzu schlage ich vor: Der Satzkern hat die Farbe Rot, er wird zudem in ein Rechteck gesetzt. Rot kann der Satzkern geschrieben oder unterstrichen sein, oder der Umriss des Rechtecks wird rot gezeichnet. Im Kasten oben sind die Ergänzungsfragen noch ohne Symbolik um den Satzkern herumgruppiert. Im weiteren Verlauf wird das Subjekt in ein Dreieck gesetzt, seine Farbe ist blau, alle anderen Ergänzungen stehen in Ovalen, ihre Farbe ist grün. Die Grafik im Kasten oben sieht mit der Formsymbolik wie folgt aus (die Farbe fehlt hier aus drucktechnischen Gründen):

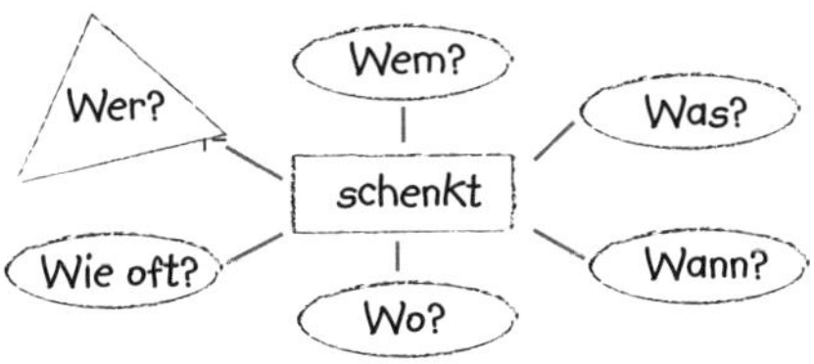

Ich führe diese Symbolik im Folgenden sukzessive ein.

Lernprozess
Die ersten Erfahrungen mit dem Satz betreffen in der Regel die Klassen 1 und 2. In Klasse 2 kann dann begonnen werden, vom Satzkern aus Sätze zu entwickeln, auch umzustellen und Teile auszutauschen.

Begriffsbildung: In thematischen Zusammenhängen werden von inhaltsrelevanten Satzkernen aus Sätze mithilfe von Satzteilen gebaut, Sätze durch Ergänzungen gebildet, ergänzte Satzteile umgestellt und ersetzt. Die Termini ergänzen, umstellen, ersetzen, weglassen sind alltagssprachlich zumeist geläufig und werden ohne besondere Einführung verwendet. Sie erklären sich spätestens durch die Handlungen, die durchgeführt werden.

Einführung der Fachwörter Satzkern und Satzteile: Wenn die Kinder durch solche Umgangsweisen Erfahrungen mit der zentralen Funktion des Verbs in den Sätzen gemacht haben, wird der Terminus Satzkern als „Chef im Satz" eingeführt. Für die Teile (Wörter oder Wortgruppen), die bei den Operationen immer zusammenbleiben, wird der Begriff Satzteile verwendet.

Verwendung und Vertiefung: Mit weiteren Satzbautafeln werden die Operationen in thematischen Zusammenhängen geübt. Dabei werden die Satzkerne formal variiert, sodass die Kinder auch Erfahrungen mit der Verbklammer machen. Ergänzen, Umstellen, Ersetzen, Weglassen sind im Weiteren wichtige Arbeitsweisen bei der Überarbeitung von Texten. Im Laufe der Klassen 3 und 4 werden die Ergänzungen näher untersucht, erste Systematisierungen werden vorgenommen.

Unterrichtsbeispiele

Satzkerne erweitern

In thematischen Zusammenhängen sind oft bestimmte Verben inhaltlich bedeutungsvoll, von diesen aus können dann Aussagen gebildet werden.

- Beim Thema „Erkundungen im Stadtteil" werden auch die Einkaufsmöglichkeiten untersucht. Die Kinder erkunden, welche Geschäfte es gibt, was dort verkauft wird, wie die Berufe als Fachbegriffe in den Geschäften heißen. Sie stellen einen Teil ihrer Ergebnisse mithilfe der folgenden Satzbautafel zusammen:

Wer? | verkauft | was?
wo?

Die Floristin verkauft im Blumengeschäft Blumen, Topfpflanzen und Kränze.

Mit den Ergebnissen dieser Arbeit kann hier wie auch bei den folgenden Aufgaben ein Quiz gestaltet werden: Wer verkauft im Blumengeschäft Blumen, Topfpflanzen und Kränze?

▶ Beim Thema „Verkehr" geht es auch um Verkehrsteilnehmer. Die Kinder erarbeiten sinnvolle Aussagen mithilfe der folgenden Satzbautafel:

Wer?	gehen geht fahren fährt	wo?

Zum Thema „Krankheit und Gesundheit" wird der Satzkern *untersucht* an die Tafel geschrieben. Die Kinder entwickeln selber die Fragen, die gestellt werden können, probieren sie an möglichen Antworten aus und zeichnen eine Satzbautafel. Daneben können sie die Ergänzungen parallel aufschreiben. Ebenso kann mit dem Satzkern *besucht* gearbeitet werden.

▶ In einer **Erzähleinheit** dienen die Ergänzungen dazu, Erzählideen zu finden und in einem Satz zu versprachlichen, der dann wiederum „Plot" für eine eigene Geschichte werden kann:

Wer?	verzaubert	wen? womit? wo? was?

▶ In einer **Märcheneinheit** werden Märchenverben zu Satzkernen, die Ergänzungsfragen zu Anregungen. Die Kinder probieren aus, welche der Ergänzungsfragen zu den Satzkernen jeweils passen:

Wer?	küsste verhexte lief weinte verzauberte vergiftete erlöste	wen? wann? wo? wohin? wie in was? ?

▶ Möglicherweise finden die Kinder weitere Fragewörter. Dabei kann die Frage *warum?* von Kindern gestellt oder auch von der Lehrkraft angeregt werden: Warum also verhexte, verzauberte, vergiftete die Hexe, der Zauberer, die Königin jemanden? Warum küsste oder weinte jemand? Wenn die Kinder die Warum-Frage beantworten, werden sie einen neuen Satz entwickeln – einen weiteren Hauptsatz (als parataktische Reihung) oder einen Nebensatz (als hypotaktisches Satzgefüge):

Die Königin vergiftete Schneewittchen. Denn sie wollte selber die Schönste sein.
Die Königin vergiftete Schneewittchen, weil sie selber die Schönste sein wollte.

Diese Möglichkeit, dass Ergänzungsfragen zu neuen Sätzen führen, dass also Satzteile in Sätzen formuliert werden, wird im Kapitel über den zusammengesetzten Satz weitergeführt, siehe S. 196 ff.

Bei solchen Versuchen mit Fragen und Satzergänzungen erkennen die Kinder, dass immer wieder bestimmte Fragewörter verwendet werden. Diese Wörter werden gesammelt. Jedes der erprobten Fragewörter wird nun als dauerhaftes Arbeitsmittel gestaltet, um die ständige Nutzbarkeit deutlich zu machen. Hierbei wird die Farb- und Formsymbolik für Ergänzungen genutzt: Farbe grün, Form oval. Jedes Fragewort wird dementsprechend auf eine oval geschnittene Pappe geschrieben. Die Pappe oder die Schrift ist grün. Die Papptäfelchen werden für die Flanelltafel oder die Magnettafel präpariert.

Wen? Wem? Was? Wo? Wann? Wie?

usw.

▶ Die Kinder probieren an verschiedenen Satzkernen aus, welche Ergänzungsfragen gestellt werden können. Die Satzkerne werden mit der entsprechenden Farb- und Formsymbolik gestaltet (rot, rechteckiger Rahmen); die Wer-Ergänzungen werden zunächst einfach dazugeheftet.

Beim Thema „Bücherlesen/Ganzschrift lesen“, beim Thema „Erfindungen“ oder beim Thema „Umweltschutz“ können dazu die folgenden Satzbautafeln das Ausgangsmaterial sein. Passende Ergänzungsfragen werden ausgesucht und dazugeheftet:

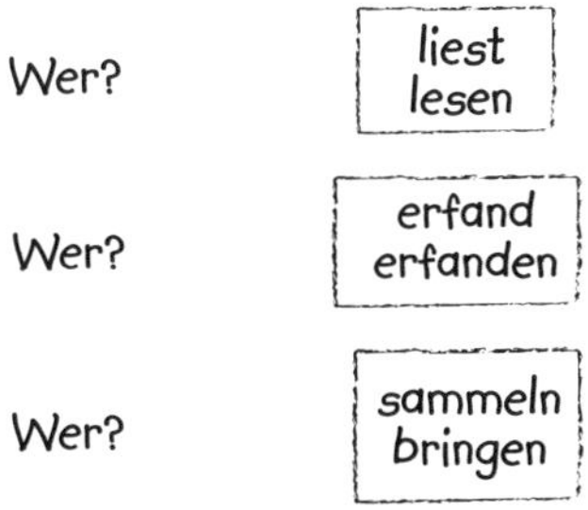

Bei den Überlegungen, welche Ergänzungsfragen wohl passen, ergibt sich immer ein Wechselspiel aus möglichen probeweisen Satzbildungen und Fragestellungen, dann reduziert auf das Fragewort. Wenn Kinder auf ein neues Fragewort stoßen, wird es in das Repertoire mit aufgenommen. Die Kinder experimentieren mithin ständig mit Fragestellungen und Satzbildungen und schärfen dabei auch ihr Sprachgefühl für Ergänzungen als Satzteile.

Die Ergänzungsfragen mit den Ovalen stellen sich die Kinder als eigenes Arbeitsmittel auch im kleinen Format für die Einzel-, Partner- oder Gruppenarbeit selbst her.

▶ Die Kinder können nun Satzbautafeln selber entwickeln, indem sie zu einer Thematik mögliche Satzkerne sammeln und Ergänzungsfragen, die zu diesen Satzkernen passen, hinzufügen.

- Ein Beispiel: Beim Thema „Katz-und-Maus“ haben die Kinder Tom-und-Jerry-Comics gelesen. Sie sammeln in Wortfeldern, wie sich Katzen und wie sich Mäuse bewegen und verhalten. Die Verben werden dann in einem Satzkernfeld zusammengestellt. Die Kinder überlegen, welche Fragen gestellt werden können: Die Maus versteckt sich – wo? Die Katze frisst – was? Die Katze sucht – was? wo? Am Ende ist die folgende Satzbautafel erarbeitet:

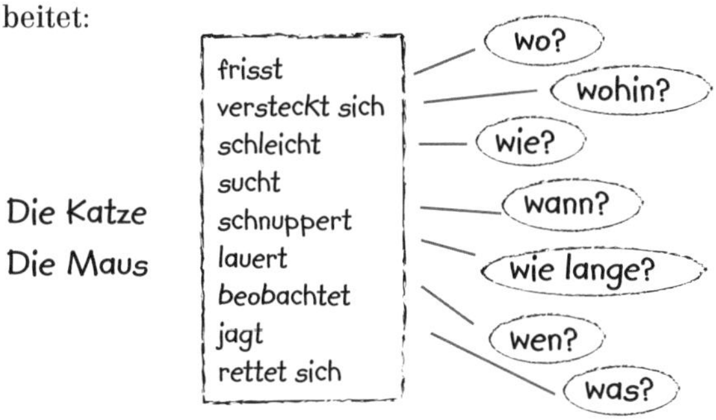

Die Kinder schreiben Katze-und-Maus-Sätze. Diese Sätze können Ausgangsmaterial für eine eigene Verfolgungsgeschichte werden.

Beim Thema „Robinson/Allein auf einer Insel“ werden die folgenden Satzkerne zusammengestellt; die Kinder probieren die Ergänzungsfragen aus, heften geeignete dazu und gestalten mithilfe dieser Sätze eine Rettungsgeschichte:

Das Schiff
Robinson
Freitag
Er
Sie

ging unter
rettete sich
sammelte
jagte
ernährte sich
baute
traf
fürchtete sich
ruderten
wurden entdeckt
fuhren

Bei der Satzbildung mit zweien der Satzkerne stellen die Kinder fest, dass die beiden Wörter, die zum Satzkern gehören, im Satz voneinander getrennt werden: Der eine Teil bleibt an der zweiten Stelle, der andere bildet den Satzschluss:

______ ging ______ unter.
______ wurden ______ entdeckt.

Die Kinder prüfen, ob das bei anderen Satzkernen auch so ist, die aus zwei Wörtern bestehen. Wie ist es bei ähnlichen Satzkernen wie *ging unter*, *wurden entdeckt*?

geht weg, ging weg
fährt weg, fuhr weg
segelt los, segelte los

wurde gefangen
wurde gebaut
wurden gerettet

▶ Mit einigen Verben, die ein Präfix haben, können Sätze gebaut werden. Wann bleibt das Verb mit dem Wortbaustein zusammen, und wann löst sich der Wortbaustein und wandert an das Satzende?

herkommen, entkommen; vorlesen, verlesen; vorzaubern, verzaubern ...

Im Zuge solcher Arbeiten können die Begriffe Satzkern und Ergänzungen eingeführt werden.

Satzteile umstellen (verschieben)

Während der Arbeiten an den Satzergänzungen wird auffällig, dass die so gebildeten Sätze immer mit der Wer-Ergänzung beginnen. Solange es sich um einzelne Sätze handelt, wird dies die Kinder nicht stören. Anders, wenn es die Sätze zu einer Geschichte sind, wie oben in den Beispielen die Katz-und-Maus- und die Rettungsgeschichte. Dann wirkt die Reihung der Sätze mit immer gleichem Bauplan auch in der Wahrnehmung der Kinder eintönig, „langweilig". Das ist Anlass, die Methode Umstellen (Verschieben) einzuführen und andere Satzstellungen auszuprobieren.

Die Methode wird mit Kindern zunächst so handlungsbezogen ausgeführt, wie der Begriff es beschreibt: Satzteile werden umgestellt oder verschoben. Bevor die Kinder dies mit Papierstreifen an ihren Tischen selber tun, sollte das Verfahren mit der Klasse durchprobiert werden.

▶ Ein Beispiel: Die Methode Umstellen wird in zwei Phasen eingeführt: Zuerst operieren die Kinder mit den einzelnen Wörtern, dann mit den Satzteilen.

- **Wort für Wort umstellen:**
  Die Kinder entwickeln die folgende Satzbautafel und den entsprechenden Satz:

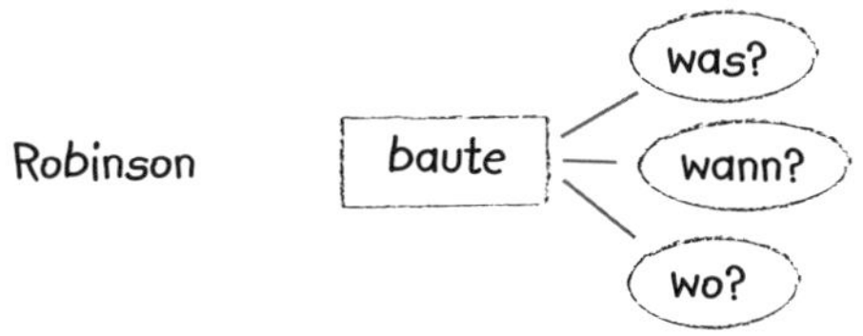

Robinson baute in einer Woche seine Hütte am Waldrand.

Die Wörter des Satzes werden auf Plakatstreifen geschrieben, der Satzkern auf rotem Hintergrund oder in roter Schrift. Die Streifen werden an Kinder verteilt, die sie vor sich halten. Jedes Kind steht nun für ein Wort. Die anderen Kinder dirigieren die Kinder so, dass ein Satz entsteht. Der Satz wird notiert, der Satzkern rot geschrieben oder unterstrichen. Eine neue Satzstellung wird ausprobiert. Die Kinder finden vielleicht auch die Variante: *Baute Robinson …* und haben damit die Satzstellung bei Fragesätzen entdeckt. Wie viele Satzstellungen sind insgesamt möglich?

Die Kinder mit den Wörtern haben jedes Mal ihren Platz gewechselt. Einige Kinder blieben aber immer nebeneinander stehen: *seine Hütte/in einer Woche/am Waldrand.* Kann man diese Wörter auch umstellen? Ein kurzer Versuch zeigt: Das geht nicht. Die Wörter, die immer zusammenbleiben, werden zusammengebunden oder geklebt. Der Vergleich mit den Fragewörtern ergibt: Ergänzungen zu einem Fragewort müssen im Satz immer zusammenbleiben. Man kann sich das Umstellen also erheblich erleichtern, wenn man gleich die Satzteile als Ganzes nimmt.

Satzteile umstellen:

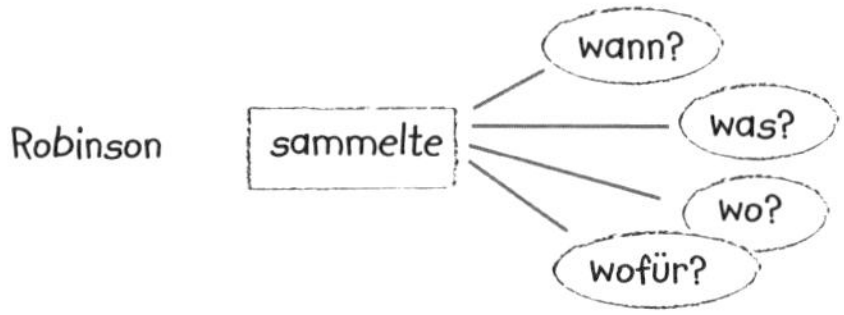

Robinson sammelte jeden Morgen für sein Frühstück Beeren im Wald.

Die Kinder schreiben in Ergänzungsovale die Satzteile:

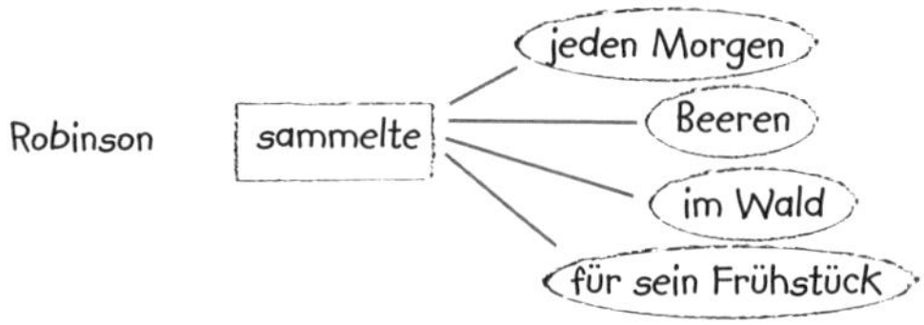

Oder, schon etwas abstrakter:

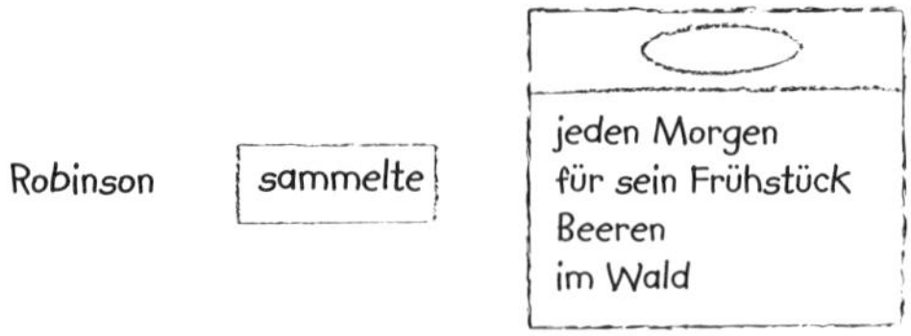

Sechs Kinder erhalten jeweils einen Satzteil auf einer Tafel, die anderen Kinder dirigieren wieder die möglichen Satzstellungen. Wie viele verschiedene Möglichkeiten gibt es?

Die entsprechenden Übungen zu Satzumstellungen können von den Kindern allein oder mit Partnern nachvollzogen werden, wenn sie entsprechendes Material auf Arbeitsblättern erhalten. Sofern sie mit verschiedenen Satzstellungen experimentieren, schreiben sie alle Satzstellungen auf, „die gehen". Wenn sie mit dem Material eine Geschichte schreiben, dann schreiben sie nur die Satzstellung auf, die für sie am besten klingt.

▶ **Weitere Übungsbeispiele – Lügengeschichten:** Bei diesen Beispielen probieren die Kinder aus, welche Umstellungen möglich sind.

ein Riese	ging	mit einem einzigen Schritt	von Deutschland	nach Amerika

ein großer Fisch	flog	einmal	aus dem Meer
direkt	durch die Luft	in unsere Bratpfanne	

▶ Beispiel: Geschichte von Mäuschen und Elefant
Erst im Textzusammenhang kann man sich für eine Satzstellung entscheiden, die am besten klingt, weil sie die ständige Wiederholung des gleichen Satzbaumusters vermeidet.

Das Mäuschen und der Elefant	gehen	in den Supermarkt.

Sie	kaufen	einen ganzen Wagen mit Sachen.

Sie	packen	zwei Taschen voll	an der Kasse.

Der Elefant	trägt	die schweren Taschen	nach Hause.

Das Mäuschen	trägt	den Kassenzettel.

Das Mäuschen	sagt	zu Hause	stolz:

„Was	können	wir beide	schleppen!"

Satzteile weglassen

Die Weglass-Probe ist in der Sprachwissenschaft ein Prüfverfahren, um die obligatorischen von den nur fakultativen Satzgliedern zu trennen. Das aber ist keine sinnvolle Aufgabe für Grundschulkinder, weil für sie zunächst alles, was in einem Satz steht, auch wichtig ist. Deshalb ist das Weglassen als Methode nur möglich, wenn sie bei einer Sprachauffälligkeit gebraucht wird, um einen Text besser zu machen. Zu überladenen Sätzen neigen Kinder in ihren eigenen Texten nicht, von hier aus ergibt sich kaum ein Ansatzpunkt. Auffällig dagegen können die Satzanfänge sein, die stereotyp mit *Und dann* beginnen. Dieses Stereotyp hat für die Kinder zunächst eine wichtige Funktion beim Schreiben: Sie setzen einen Punkt und schließen einen Gedanken oder Erzählschritt ab. Dann holen sie gewissermaßen neu Luft und erklären, dass es nun weitergeht. Genau dies drückt das Stereotyp *und dann* aus. Im Laufe der Zeit werden die Kinder zumal bei Beratungen über andere Texte diese immer gleichen oder ähnlichen Satzanfänge aber als störend („langweilig") empfinden. Häufig werden in der Schulpraxis nun Satzanfangswörter gesucht und aufgelistet, die an die Stelle von *und dann* gesetzt werden: *da, auf einmal, plötzlich, nach einer Weile, zuerst, zuletzt* ... Wenn Kinder solche Wörter inflationär einsetzen, erzeugt dies aber einen seltsam dramatisierten Schreibstil. Die Weglass-Methode ist demgegenüber dem Text angemessener: Die Denkbewegung des Und-nun-geht-es-weiter muss für die Leser nicht gesondert ausgedrückt werden, da der Text ja sichtbar fortgesetzt wird. Deshalb wird ihr sprachlicher Ausdruck weggelassen.

Und dann haben wir unsere Schlitten mitgebracht.
Und dann sind wir mit den Schlitten in den Park gegangen.

Die Kinder streichen die beiden störenden Wörter weg. Übrig bleiben:

haben wir unsere Schlitten mitgebracht.
sind wir mit den Schlitten in den Park gegangen.

Die Kinder merken, dass die Sätze so nicht gut klingen und stellen um:

Wir haben unsere Schlitten mitgebracht.
Wir sind mit den Schlitten in den Park gegangen.

Zumal, wenn die Kinder das Umstellen schon geübt haben, werden sie den gleichen Satzbauplan ebenfalls als störend empfinden und vielleicht den zweiten Satz so umstellen:

Wir haben unsere Schlitten mitgebracht.
Mit den Schlitten sind wir in den Park gegangen.

Stilistisch könnten die Sätze nun mit der Methode Ersetzen noch weiter optimiert werden (Mit den Schlitten → damit; sind gegangen → gingen). Ob die

Überarbeitung an dieser Stelle so weit getrieben wird, hängt vom fachlichen Entwicklungsstand und der Motivationslage der Kinder ab.
Die Texte der Kinder bieten reichlich Material, um das Weglassen in der beschriebenen Weise zu üben. Wenn das zunächst zu heikel ist und für die Einführung auf andere Texte zurückgegriffen werden soll, kann dies mit Texten wie den folgenden geschehen. Noch ein schulpraktischer Hinweis: Bei allen Texten, die überarbeitet werden sollen, bleibt vor jeder Schreibzeile eine Zeile frei. In diese Zeile können Vorschläge zur Überarbeitung notiert werden.

Neues von Mäuschen und Elefant
Der Elefant und das Mäuschen spielen Fußball.
Und da rennt der Elefant das Mäuschen fast um.
Und dann entschuldigt sich der Elefant.
Und dann sagt das Mäuschen:
„Macht doch nichts. Das wäre mir auch fast passiert."

Das Mäuschen und der Elefant sitzen im Kino. Da setzt sich eine Kuh vor sie in die Reihe. Sie trägt einen riesigen Blumenhut. Da kann das Mäuschen nichts mehr sehen.
Dann tippt der Elefant der Kuh auf die Schulter. Und da dreht sich die Kuh um, und dann sagt sie: „Ich lach mich tot. Ein Elefant im Kino!"

Der Elefant war alleine zu Hause. Ein Gewitter tobte draußen. Da zuckten Blitze am Himmel. Dann krachten die Donner. Und dann prasselte der Regen auf das Dach. Und dann heulte der Wind um das Haus. Und dann klapperte die Haustüre. Und dann fürchtete sich der Elefant. Und dann flüsterte er: „Ach, wäre das mutige Mäuschen nur hier!"

Satzteile ersetzen
Auch das Ersetzen von Satzteilen ist eine Methode für die Beratung und Überarbeitung von Texten. Auffällig werden an Texten von Grundschulkindern insbesondere zwei Aspekte:

- inhaltsblasse werden durch **treffendere, spezifischere Wörter** ersetzt (Beispiel: Satzkerne mit dem Verb *sagen*).
- ständig wiederholte Nomen als Fall-Ergänzungen werden **durch Pronomen ersetzt**.

Beispielmaterial bieten die Texte der Kinder. Hier einige neutrale Texte.

▶ Beispiel: *sagen* durch andere Verben aus dem Wortfeld ersetzen

Die Kinder haben Wörter für das Wortfeld *sagen* gesammelt (fragen, antworten, meinen, rufen ...). Nun überarbeiten sie folgende Texte. Sie unterstreichen die Satzkerne mit dem Verb *sagen*:

Die kleine Maria sagt: „Mama, wann sind die Dinosaurier ausgestorben?" Die Mama überlegt, dann sagt sie: „Das ist schon sehr lange her. Genau weiß ich das auch nicht." Da sagt Maria: „Na, gut, dann frag ich Papa, der ist älter als du."

„Papa", sagt Flori beim Mittagessen. Aber der Vater sagt streng: „Beim Essen spricht man nicht." Nach dem Essen sagt der Vater zu Flori: „Also, was willst du mir sagen?" Da sagt Flori: „Jetzt ist es zu spät. Du hast die Fliege mitgegessen."

▶ Beispiele: Nomen als Fall-Ergänzungen durch Pronomen ersetzen
Die Kinder lesen die Texte, erkennen die störenden Wiederholungen und unterstreichen die entsprechenden Satzteile. Nomen werden mit ihren Begleitern unterstrichen.

Neues vom Mäuschen
Das Mäuschen und der Elefant waren im Schwimmbad. Der Elefant war schnell im Wasser. Der Elefant rief: „Mäuschen, nun komm schon!" Aber das Mäuschen suchte etwas. Das Mäuschen durchwühlte seine Taschen. Schließlich rief das Mäuschen: „Elefant, komm noch mal heraus!" Der Elefant schwamm an den Beckenrand. Da sagte das Mäuschen zum Elefanten: „Komm mal raus aus dem Wasser. Ich finde meine Badehose nicht. Hast du sie etwa angezogen?"

Ein Bus ist völlig überfüllt. Ein kleiner Mann versucht noch einzusteigen. Der kleine Mann sagt: „Lassen Sie mich doch mal durch!" Die Leute im Bus rühren sich nicht. Die Leute rufen: „Sie sehen doch, dass der Bus voll ist." Der kleine Mann sagt ganz verzweifelt: „Aber Sie müssen mich noch reinlassen." – „Aber warum denn? Sind Sie was Besonderes?" Da sagt der kleine Mann: „Ich bin doch der Busfahrer."

Bei solchen Beispielen wird deutlich, dass nicht jedes Mal das Nomen mit seinem Begleiter ersetzt werden kann. Dies ist wieder ein Ansatz zum grammatischen Nachdenken: Wann ist das Pronomen als Stellvertreter-Wort richtig, weil der Leser weiß, welches Nomen gemeint ist, und wann ist es nicht richtig, weil der Leser sonst nicht weiß, wer gemeint ist?

3. Subjekt

Sachklärung: Subjekt

Von allen Ergänzungen zum Satzkern ist das Subjekt, die Nominativ-Ergänzung, eine besondere, und zwar in verschiedener Hinsicht:

Semantisch: Das Subjekt bezeichnet in vielen Fällen das „Agens", also den Verursacher einer Handlung. Offenkundig ist dies in Sätzen wie *Peter malt* ... Solche Sätze entstanden bei den Satzbildungen im vorigen Kapitel. In den Texten der Kinder wird man diese Eigenschaft des Subjekts in der Regel finden. Allerdings gibt es auch Satzbildungen, in denen das Subjekt nicht das Agierende kennzeichnet: In Passivsätzen wie *Peter wurde von Marion ausgeschimpft* ist das Subjekt das von einer Handlung Betroffene, während der Handelnde durch ein präpositionales Objekt ausgedrückt wird. Schwierig in der Einordnung sind die Fälle, bei denen die Subjektstelle vom Pronomen *es* eingenommen wird, ohne dass das Pronomen für ein Nomen stellvertretend steht: *Es schneit*. In diesem Fall ist es strittig, ob es sich hier überhaupt um ein Subjekt handelt oder ob das Pronomen nicht fest zum Satzkern gehört, zumal es in der Ersatzprobe auch nicht durch irgendein anderes Wort ersetzt werden kann.

Syntaktisch: Das Subjekt gehört anders als die anderen Satzglieder zum obligatorischen Teil der Satzergänzungen, schlichter: Sätze haben immer ein Subjekt, aber nicht immer Objekte oder adverbiale Bestimmungen. Auch diese Aussage stimmt zwar oft, aber nicht immer. Es gibt Sätze ohne Subjekt, zum Beispiel Satz-Ellipsen wie: *Kommt mal her!* Oder Sätze wie *Dem Peter wurde schlecht. Gestern wurde gefeiert.*

Morphematisch: Während die anderen Ergänzungen vom Satzkern abhängen, gibt es zwischen Subjekt und Satzkern eine grammatische Kongruenz: Das finite Verb orientiert sich, ebenso wie seine Begleiter, in Person und Numerus am Subjekt: *Peter wollte ... Du wolltest ... Ich und du wollten ... Alle wollten ...* Diese Kongruenz gilt übrigens immer.

Trotz einiger Einschränkungen ist damit die besondere Rolle des Subjekts unter allen Ergänzungen doch deutlich (siehe BUSSMANN 1990, S. 748 ff.).

Subjekte können Personen, Tiere und Pflanzen, Gegenstände, Einrichtungen und Institutionen, alle Abstrakta sowie die Stellvertreter-Wörter sein. Bei den Ergänzungsfragen werden die einen Subjektgruppen mit *wer*, die anderen mit *was* erfragt. Nach Personen wird immer mit der Wer-Frage gefragt, Kinder werden dies ebenso bei Tieren tun. Für alles andere steht die Was-Frage. Die Was-Frage wiederum wird auch beim Akkusativ gestellt:

Wen oder was? Nicht immer ist beim Fragen aber schon klar, zu welcher Subjektgruppe die Antwort gehören wird, dann muss die Doppelfrage gestellt werden: *Wer oder was* steht auf dem Dach? Der Schornsteinfeger, eine Taube, der Schornstein?

Didaktische Überlegungen

Begründung

Wegen seiner besonderen Bedeutung im Satz muss das Subjekt als ergänzender Satzteil auch besonders betrachtet werden. Dabei spielen in der Grundschule die skizzierten Abweichungen kaum eine Rolle. Wichtig ist insbesondere die grammatische Kongruenz: Kinder entscheiden, welche Subjekte welcher Verbform entsprechen, und kommen dabei der Kongruenz auf die Spur:

Begrifflichkeit

Als deutschsprachiges Pendant zum Terminus Satzaussage für das Prädikat ist für das Subjekt der Terminus Satzgegenstand gebräuchlich. Wie das Wort Satzaussage, so ist auch das Wort Satzgegenstand für Kinder irreleitend. Im Satz *Ich wünsche mir zu Weihnachten ein Fahrrad* ist für jeden, erst recht für inhaltsorientiert denkende Grundschulkinder, das Nomen Fahrrad der Satzgegenstand. Personen oder Tiere, Abstrakta sind nicht als Gegenstände zu denken. In Ermangelung eines treffenden deutschsprachigen Begriffs sollte deshalb hier der Terminus Subjekt verwendet werden.

Die Fragestellungen sind aus den dargelegten Gründen schwierig: Je nach Subjektgruppe wird *Wer?* oder *Was?* gefragt. Geläufig ist deshalb die Doppelfrage: *Wer oder was?* Für Kinder ist die Doppelfrage im Zusammenhang mit einer angezielten Antwort zunächst wenig handhabbar. Man vergleiche: *Wer schenkt etwas?* und *Wer oder was schenkt etwas?* Die erste Frage ist in der Fragelogik verständlich und bezieht sich auf die Inhaltlichkeit, denn schenken kann zunächst einmal nur eine Person. Die Frage *Wer oder was liegt?* ist sinnvoll, wenn es eine Person oder ein Gegenstand sein kann, nach der oder nach dem gefragt wird. Wenn nur ein Gegenstand gemeint sein kann, dann irritiert aber die Personenfrage *wer*. Andererseits wird die Was-

Frage auch beim Akkusativobjekt verwendet, dort ergibt sich eine analoge Schwierigkeit mit der Doppelfrage *Wen oder was?*.

Angesichts dieses Dilemmas schlage ich den folgenden Weg vor:
Zuerst wird nur *Wer* oder nur *Was* gefragt. Erst wenn Sprachgefühl und Verständnis für den Satzteil Subjekt hinreichend entwickelt sind, kann zur *Wer-oder-was*-Frage übergegangen werden. Im Zweifelsfall verbleibt man bei den einzelnen Fragewörtern. Sprachgefühl und Verständnis werden durch die gesonderte Arbeit mit Subjekten und deren eigene Farb- und Formsymbolik gestärkt: Für die Subjekte gilt im Unterschied zur Mischfarbe Grün für die Ergänzungen die reine Farbe Blau, sowie um die größere Nähe zum Satzkern zu kennzeichnen, eine ebenfalls eckige Form: das Dreieck.
Die folgende **Definition** kann im Unterricht leitend sein:

Mit dem Satzkern
kann man fragen:

Wer?
Was?
Wer oder was?

Die Antwort ist
das Subjekt.

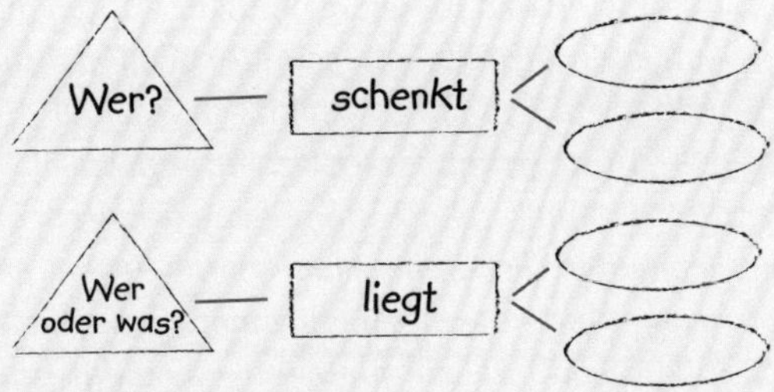

Die Subjektprobe: *Was ist das Subjekt?*
Wer?
Was?
Wer oder was?

Lernprozess

Begriffsbildung: Der Begriff für das Subjekt entwickelt sich bereits beim Umgang mit den Satzkernen und den Ergänzungsfragen. Dies wird verstärkt, wenn dabei die Subjektfragen *wer* oder *was* nicht in die Farb- und Formsymbolik der Ergänzungen einbezogen werden, sondern wenn die Subjektfragen von Anfang an gesondert ausgewiesen sind (siehe das Kapitel: Satzteile S. 152 ff.).

Einführung des Fachbegriffs: Mit der gesonderten Hinwendung zum Subjekt werden die Farb- und Formsymbolik eingeführt (blau und Dreieck) sowie der Begriff Subjekt.

Verwendung und Vertiefung: Von nun an wird der Terminus Subjekt als Arbeitsbegriff im Fachvokabular verwendet. Durch die Methoden Ergänzen,

Ersetzen, Umstellen, Weglassen wird der Nomenbegriff weiter differenziert: Die Kinder erfahren dabei auch, dass Subjekte zumeist nicht weggelassen werden können, dass sie aber durch Verweiswörter ersetzbar sind.

Unterrichtsbeispiele

Nach den Subjekten fragen

Für Kinder erschließen sich Subjekte besonders gut, wenn sie projektartig arbeiten. Sie sammeln für ihre Tätigkeiten oder beobachtete Vorgänge Verben und halten fest, was im Einzelnen getan oder beobachtet wurde. Dazu einige ▶Beispiele:

▶ Wer-Frage zum Thema „Gesundes Frühstück“

Die Kinder haben über Möglichkeiten für ein gesundes Schulfrühstück gearbeitet, Aufgaben verteilt, Lebensmittel und Getränke eingekauft, Geräte wie Messer und Brettchen mitgebracht, Gurken und Tomaten geschnitten, Salat gewaschen, Brote belegt, den Klassenraum geschmückt. Die einzelnen Verben wurden in einer Liste gesammelt: *einkaufen, besorgen, mitbringen, waschen, schneiden, schälen, schmieren, belegen, servieren, schmücken, essen, trinken.* Nach dem gemeinsamen Frühstück werden die Verben als Satzkerne präsentiert und mit den Namen der Kinder oder der Tischgruppen verbunden und weitere Satzteile ergänzt. Wenn während der Arbeit Fotos gemacht wurden, dann können die hier zu erarbeitenden Sätze als Fotounterschriften verwendet werden:

In diesem Beispiel müssen die Verben entsprechend der Fragestellung und für den zu bildenden Satz noch flektiert werden. Dies ist in der Regel angemessen, da eine solche Arbeit ab Ende Klasse 3 einzuordnen ist. Erscheint das in der Klasse als zu schwierig, dann werden die flektierten Formen angegeben – wahlweise: *kauften ein* oder *hat/haben eingekauft* usw.

▶ Was-Frage zum Thema „Fahrradprüfung“
Die Kinder sammeln während der thematischen Arbeit in zwei Wortfeldern Nomen und Verben zu den Teilen des Fahrrades. Die Verben dienen dann als Satzkerne, die wiederum flektiert angepasst werden müssen. Die Kinder ergänzen die Subjekte aus ihrer Liste der Fahrradteile und ergänzen die Sätze weiter.

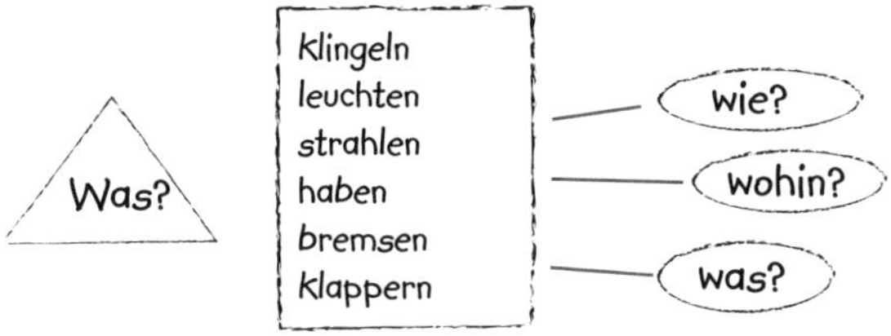

Für Übungen können die Satzteile auch vorgegeben werden. Die folgende Satzbautafel zeigt, wie erarbeitetes Wortmaterial in eine übersichtliche und etwas weiter abstrahierte Grafik übernommen werden kann. An der Zusammenstellung solcher Tafeln können die Kinder beteiligt werden.

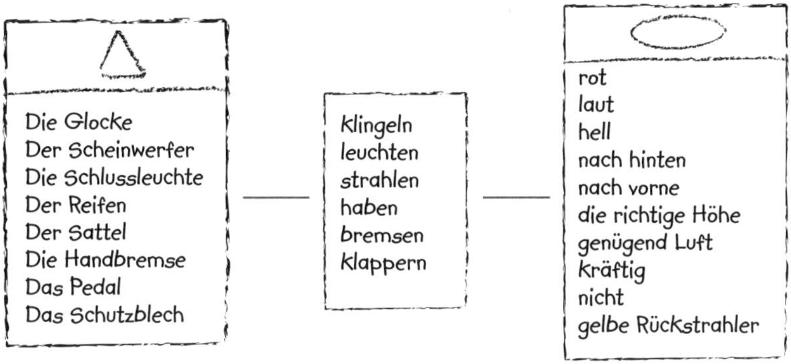

▶ Wer-oder-was-Fragen zum Thema „Krankheit und Gesundheit“
Die Kinder haben erarbeitet, was alles einem Kranken helfen kann: die Ärztin oder der Arzt, liebevolle Menschen, Bettruhe, Medikamente, Heilkräuter … Vorgegeben wird die folgende Satzbautafel:

Die Kinder bilden verschiedene Sätze und probieren dabei aus, wann die Frage *wer?* und wann die Frage *was?* passt. Die Antworten tragen sie in eine Tabelle ein. Beim abschließenden Vergleich stellen sie fest, dass die Frage *wer?* auf Menschen passt und dass man sonst *was?* fragt.

Wer?	Was?
die Ärztin der Kinderarzt	der Hustensaft das Medikament die Bettruhe

Nach dem Subjekt kann man also *wer?* oder *was?* fragen.

▶ **Satzkerne in verschiedenen Verbformen**: Satzkerne werden in verschiedenen Verbformen vorgegeben. Subjekte und weitere Satzteile müssen ergänzt werden. Die Kinder stellen fest, dass mit der Verbform auch die Subjekte in der Person übereinstimmen müssen.

▶ Beispiele zum Thema „Tagesverlauf"

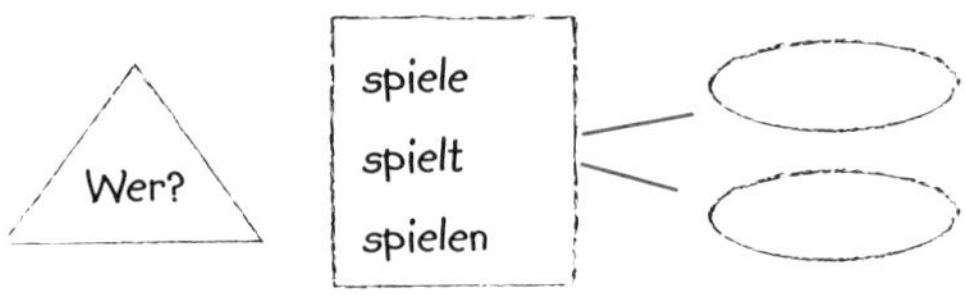

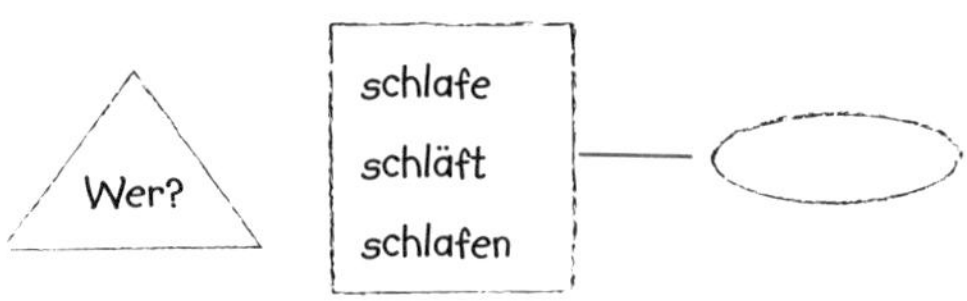

In den folgenden Beispielen erkennen die Kinder zudem das Prinzip der Verbklammer:

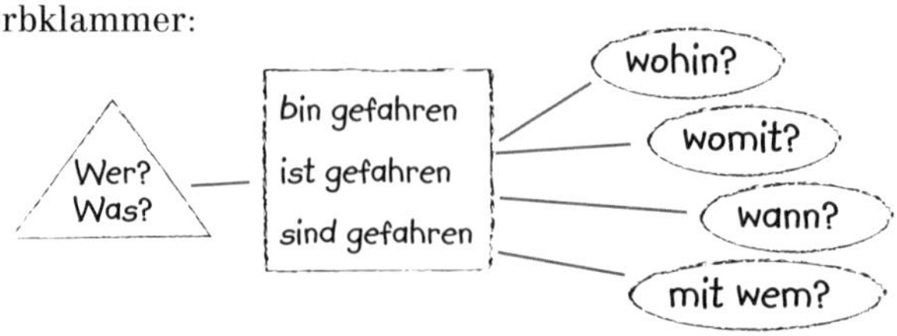

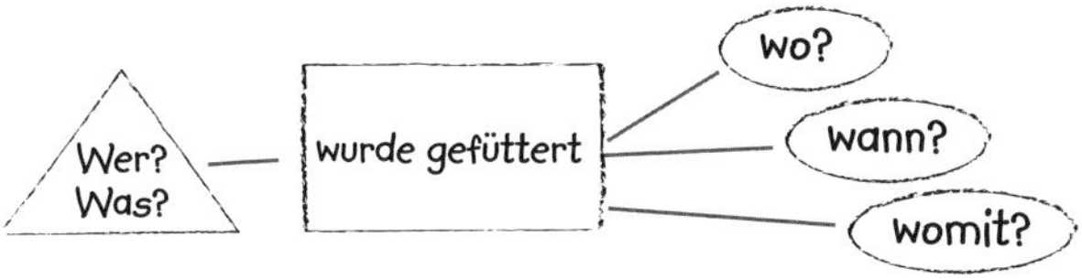

Subjekte umstellen

Da nun alle Farb- und Formsymbole eingeführt sind und die Unterrichtsarbeit vermutlich in Klasse 4 angelangt ist, können die Formsymbole für das bewusste Umstellen von Satzteilen verwendet werden.

Die Kinder erhalten einen Satz sowie mehrere Satzbautafeln und stellen den Satz den Tafeln entsprechend um. Je nach Leistungsfähigkeit erhalten die Kinder eine der drei Vorgaben:

1. Ungegliederter Satz:

Ich	*esse*	auf einem Kindergeburtstag	am liebsten	?

2. Gliederung in Satzteile:

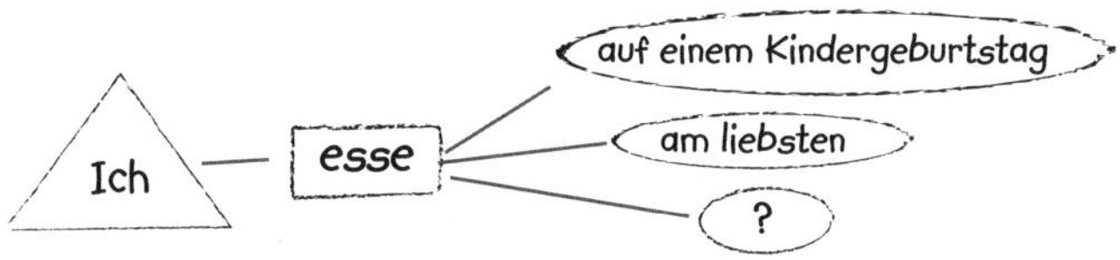

Die Kinder tragen als letzten Satzteil ihr Lieblingsessen ein.

3. Satzbautafel:

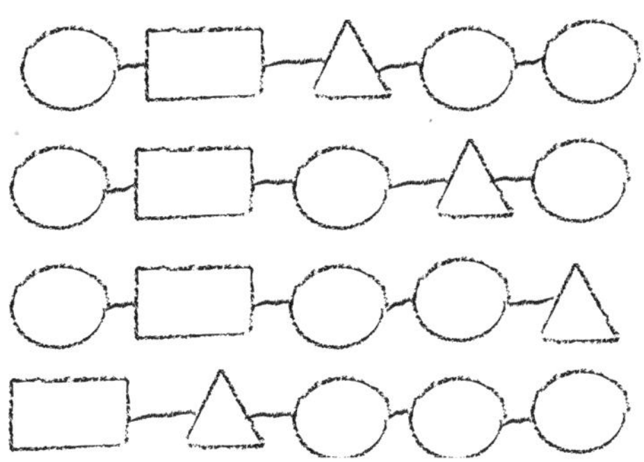

Dann erhalten die Kinder die verschobenen Tafeln, stellen ihren Satz entsprechend um und schreiben die gebildeten Sätze auf. Was können sie feststellen?

- Die erste Satzbautafel ergibt richtige Sätze. Drei Satzstellungen sind dabei möglich.
- Die zweite und die dritte Satzbautafel führen nicht zu richtigen Sätzen, weil das Subjekt an der falschen Stelle steht. Offenbar muss es vor oder direkt hinter dem Satzkern stehen.
- Die vierte Satzbautafel ergibt einen Fragesatz.

Die Feststellungen können an anderen Sätzen überprüft werden, die unterschiedlich viele Ergänzungen haben, zum Beispiel:

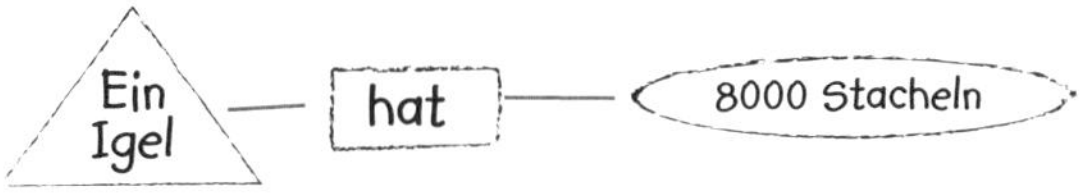

Ebenso können Sätze mit Verbklammer gebildet und untersucht werden. Wenn die Kinder die Satzteile in einer offenen Satzbautafel erhalten, müssen sie die Verbklammer selbst herstellen und Satzteile auswählen bzw. ergänzen:

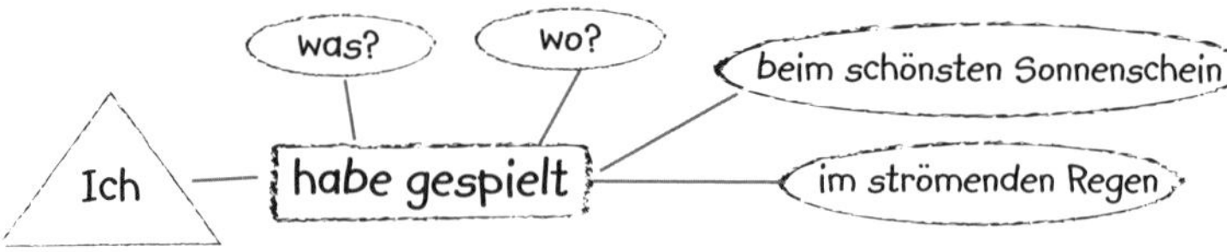

Welche Satzstellungen sind möglich? Was geschieht mit dem Satzkern? Was geschieht, wenn der Satzkern in der kurzen Vergangenheitsform steht: *spielte*? Als Ergebnis können die Kinder diese Satzbautafel mit dem geteilten Satzkern erarbeiten:

Die Kinder probieren das Umstellen:

Wie klingt der Satz am besten?

Sätze mit Verbklammer sind in allen thematischen Zusammenhängen möglich. Es folgen noch zwei Beispiele aus dem Thema „Zoobesuch“.

Beispiel: Ich-Sätze

Ich	sehe zu habe zugesehen	den Affen im Zoo gerne beim Springen den Löwen …

Beispiel: Beschreibungssätze

Die Elefanten Die Seehunde …	tragen bespritzen können tauchen	mit ihrem Rüssel Baumstämme ihren Rücken tief im Wasserbecken

Die Kinder sammeln zuerst Wortmaterial: Tiernamen, Verben, Ergänzungen. Dabei bilden sie „im Kopf“ bereits Sätze, um die entsprechenden Wörter und Wortgruppen zu finden. Sie tragen die Wörter in die Spalten ein. Beim Sammeln und beim Eintragen nutzen sie die gesammelten Ergänzungsfragen, formulieren wieder probeweise schon Sätze, um mögliche weitere Ergänzungen zu finden. Die Sammelaufgabe ist also verbunden mit ständigen bewussten Satzbildungen. Dabei wird auch die Verbklammer immer schon gebildet: Der Satzkern besteht in den Beispielen aus dem finiten Verb und aus einem Partizip (Ich-Text) bzw. aus dem finiten Verb und dem Infinitiv (Beschreibungssätze). Weitere Aufgabe kann sein, die Sätze zu schreiben und dabei mit einer Ergänzung anzufangen. Was geschieht mit den Satzkernen? Sie werden rot unterstrichen, um die Verbklammer augenfällig zu machen.

4. Kategorien für Ergänzungen

Mit den im vorigen Subjekt-Kapitel vorgestellten Experimenten und Übungen ist längst die Grenze dessen erreicht, was sinnvollerweise in vielen Grundschulklassen an satzbezogener Grammatikarbeit möglich ist. Mit der Einschränkung „sinnvollerweise" ist gemeint: eine Grammatikarbeit,

- die Kinder nicht nur nachvollziehend verstehen, sondern bei der sie sich Einsichten handelnd erarbeiten,
- die ihr Interesse an metasprachlichem Arbeiten, also Spracharbeit über Sprache, nicht lähmt, sondern im Gegenteil befördert, zumindest wachhält.

Die weitere Arbeit an Ergänzungen steht unter diesem Vorbehalt: Sie sollte nur dort und nur insoweit weitergeführt werden, als die eben beschriebenen Bedingungen zutreffen.

Sachklärung: Ergänzungen und Ergänzungsklassen

Ermittelt werden die Ergänzungen durch die linguistischen Proben, insbesondere durch die Verschiebe- und Ersatzprobe: Wörter oder Wortgruppen, die im Satz isoliert und verschoben werden können, die auch durch andere Wörter oder Wortgruppen ersetzt werden können, sind Satzglieder oder Ergänzungen. Eine Wortgruppe, die ein Satzglied oder eine Ergänzung darstellt, kann immer nur als Ganzes verschoben und ersetzt werden.

Die Satzglieder oder Ergänzungen antworten auf unterschiedliche Fragen, die mit dem Satzkern gestellt werden. Erinnert sei an das Beispiel: *Wer schenkt wem was wann?* Diese Fragen führen bereits zu vier Ergänzungsklassen:

- Wer schenkt etwas? – eine Nominativergänzung (das Subjekt)
- Wem schenkt derjenige etwas? – eine Dativergänzung (Dativobjekt)

- Was schenkt derjenige (im Sinne von wen oder was)? – eine Akkusativergänzung (Akkusativobjekt)
- Wann schenkt derjenige etwas? – eine Situativergänzung, und zwar eine temporale, also zeitbezogene Situativergänzung (adverbiale Bestimmung der Zeit).

Das Beispiel: *Wer fliegt von wo wohin wie lange?* führt zu weiteren Ergänzungen:

- Von wo (woher) fliegt jemand? – eine Situativergänzung, und zwar jetzt eine lokale, also ortsbezogene Situativergänzung (adverbiale Bestimmung des Ortes)
- Wohin fliegt jemand? – eine Richtungsergänzung (adverbiale Bestimmung der Richtung)
- Wie lange fliegt jemand? – mit einer anderen Frage wieder eine temporale Situativergänzung (adverbiale Bestimmung der Zeit).

Wie viele Ergänzungsklassen es insgesamt gibt, wie sie definiert und terminologisch bezeichnet werden, variiert je nach Grammatiktheorie. Hier das Beispiel einer Sortierung, die zehn bzw. elf Ergänzungsklassen unterscheidet:

Fragewörter	Beispiel	Ergänzungsklasse
Wer? Was?	*Die Lehrerin* liest.	Nominativergänzung (Subjekt)
Wen? Was?	Die Lehrerin mag *Kinder*.	Akkusativergänzung (Akkusativobjekt)
Wessen?	Die Lehrerin gedenkt *ihrer Sorgenkinder*.	Genitivergänzung (Genitivobjekt)
Wem?	Die Lehrerin folgt *dem Kind*.	Dativergänzung (Dativobjekt)
Präposition + Fragewort	Die Lehrerin achtet *auf die Kinder*. (Bei unbelebten Nomen: wo + Präposition: womit, wodurch, worauf …; bei belebten Nomen: Präposition + Fragepronomen: von wem, mit wem, über wen)	Präpositionalergänzung (Präpositionalobjekt)
Wo? **Wann? Wie lange?**	Die Lehrerin sitzt *in der Klasse*. Die Lehrerin kommt *früh*.	Situativergänzung: lokal (adverbiale Bestimmung des Ortes) Situativergänzung: temporal (adverbiale Bestimmung der Zeit)

Fragewörter	Beispiel	Ergänzungsklasse
Wohin? **Woher?**	Die Lehrerin kommt *ins Lehrerzimmer.*	Richtungsergänzung (adverbiale Bestimmung der Richtung)
Was?	Frau Weber ist *Lehrerin*.	Einordnungsergänzung (Gleichsetzungsnominativ)
Was? Wie?	Sie ist *intelligent*.	Artergänzung (adverbiale Bestimmung der Art und Weise)
Was?	Sie will *wandern*.	Infinitivergänzung

(siehe Götze u. a. 1999, S. 389 ff.)

Didaktische Überlegungen

Begründung

Grammatikarbeit ist grundsätzlich ein Wechselspiel von Abstrahieren und Konkretisieren. Die Erarbeitung von Ergänzungsfragen und ihre Anwendung bei weiteren Satzkernen (siehe S. 160 f.) war eine Abstraktion: Die Kinder stellten fest, dass immer wieder Fragen aus einem begrenzten Fragerepertoire genutzt werden können, dass bestimmte Fragen besonders häufig, andere weniger häufig verwendet werden. Nun können die häufigen Fragen zu Fragekategorien zusammengefasst werden, zum Beispiel die Fragen zu Ortsergänzungen. Dies ist dann ein weiterer Schritt in der Abstraktion und führt in die Ergänzungsklassen, allerdings ohne jeden Ehrgeiz zur Vollständigkeit. Für Kinder zusammenfassbar sind:

- die Antworten auf die Wer-, Was-, Wem- und Was-Fragen, die immer zu Nomen oder Pronomen führen (in klassischer Terminologie Subjekt und Objekt),
- die Antworten auf die Wo-, Wohin-, Woher-Fragen (klassisch: adverbiale Bestimmung des Ortes),
- die Antworten auf die Wann-, Wie-lange-, Wie-oft-Fragen (klassisch: adverbiale Bestimmung der Zeit).

Antworten auf die Wessen-Frage können Kinder kaum bei Genitivobjekten finden, da solche Wendungen nicht in ihrem Sprachbereich liegen (sich einer Sache entledigen, sich eines Menschen erinnern, jemanden des Diebstahls bezichtigen). Soll diese Wessen-Frage, zum Beispiel zur Vollständigkeit der vier Fälle, dennoch thematisch werden, dann müssen Beispiele mit attributiver Verwendung des Genitivs herangezogen werden (das Zimmer der Schulleiterin).

Begrifflichkeit

Die Termini für die Ergänzungen ergeben sich aus den Fragen, die vom Satzkern gestellt werden. Die oben schon angeführte Fragekonstellation *Wer schenkt wem was?* besteht demnach aus:

- Wer-Ergänzung, inzwischen als Subjekt mit der Doppelfrage *Wer oder was?* benannt,
- Wem-Ergänzung,
- Was-Ergänzung.

Das zweite Fragepaket *Wer fliegt woher wohin wie lange?* umfasst zusätzlich:

- Woher-Ergänzung,
- Wohin-Ergänzung,
- Wie-lange-Ergänzung.

Entsprechend wird auch mit den anderen Fragen verfahren. Das ist eine von den ersten Satzerweiterungen an gepflegte Terminologie. Die Kinder haben über die Zeit hinweg solche Fragewörter gesammelt und nutzen sie als Repertoire.

Werden Fragen nun systematisiert, dann betrifft dies zunächst den Kasus, für den der deutschsprachige Begriff Fall geläufig und ohne Alternative ist. Begrifflich kann der Fall mit dem Fragewort verbunden werden:

- Wer-oder-was-Fall,
- Wem-Fall,
- Wen-oder-was-Fall,

gegebenenfalls auch ergänzend: Wessen-Fall. Dies spiegelt die Fragestellung, mit der jeder Fall ermittelt wird, und ist deshalb aussagekräftiger als die für Kinder unverständlichen Ordinalzahlen: 1. bis 4. Fall.

Fragen, die sich auf Orte beziehen, können zu Ortsergänzungen, Fragen, die sich auf die Zeit beziehen, zu Zeitergänzungen zusammengefasst werden. Damit können die folgenden **Definitionen** leitend sein:

Vom Satzkern aus werden Ergänzungen erfragt.	Wer *schenkt* wem was wann? Wer *fliegt* woher wohin wann wie lange?
Es gibt Ergänzungen, die immer ein Nomen oder Pronomen enthalten. Sie werden erfragt mit	
Wer oder was? (Subjekt) *Wem?* *Wen oder was?* Man nennt sie Fälle.	Wer schenkt etwas? *das Kind* Wem schenkt es etwas? *seiner Mama* Was schenkt es? *eine CD mit Musik*

Es gibt Ergänzungen, die nach Ortsangaben fragen. Sie werden erfragt mit	
Wo?	Wo wohnt Carlo? *in Duisburg*
Woher?	Woher kommt Carlo? *aus Italien*
Wohin?	Wohin will Carlo im Urlaub? *in die Türkei*
Es gibt Ergänzungen, die nach Zeitangaben fragen. Sie werden erfragt mit	
Wann?	Wann fliegt Carlo? *im Mai*
Wie lange?	Wie lange bleibt er? *zwei Wochen*
Wie oft?	Wie oft war er schon da? *einmal*

Lernprozess

Bezogen auf die Ergänzungen und ihre Benennung wurden die Lernprozesse an anderer Stelle bereits beschrieben, siehe S. 156 ff., zu der Fallsetzung siehe S. 102 ff. Nun können die Fragewörter herangezogen werden. Die Kinder können überlegen, ob bestimmte Fragewörter ähnliche Fragen stellen und worin das Gemeinsame besteht. Die Suche nach Oberbegriffen kann dann zu den Termini Ortsergänzungen und Zeitergänzungen führen.

Unterrichtsbeispiele

Die Fallfragen stellen

Eine Einführung in die Fallsetzungen wurde mit Unterrichtsbeispielen bereits im Kapitel Nomen gegeben, siehe dort S. 102 ff. Hier folgen noch einige Ergänzungen:

▶ Beim Thema „Tiere", „Zoo" oder „Berufe" sprechen die Kinder auch über Tierpfleger und Tierpflegerinnen. Eine Tierpflegerin wird interviewt und die Kinder halten fest, was alles zu ihren Aufgaben gehört. Daraus entstehen Listen mit Verben als Vorlage für Satzkerne, mit Tiernamen und mit Körperteilen von Tieren, Örtlichkeiten und Gegenständen.

	Wem-Ergänzung	**Wen-oder-was-Ergänzung**
geben bürsten waschen messen säubern streicheln	dem Gorilla dem Rhesusäffchen dem Wildpferd dem Erdferkel dem Elefanten der Giraffe der Eule	einige Bananen ein Stück Fleisch das Fell das Gitter der Stall das Fieber die Hufe

Günstig ist, wenn sich bei den Ergänzungslisten immer alle drei Genera (grammatische Geschlechter) finden, weil sich die Flexionsformen des Begleiters zum Teil danach richten. Die Kinder bilden Sätze nach folgendem Satzbauplan:

Ändern sich die Begleiter bei den Tiernamen, wenn sie in die Wen-oder-was-Ergänzung gesetzt werden? Um das herauszubekommen, braucht man einen anderen Satzbauplan, zum Beispiel:

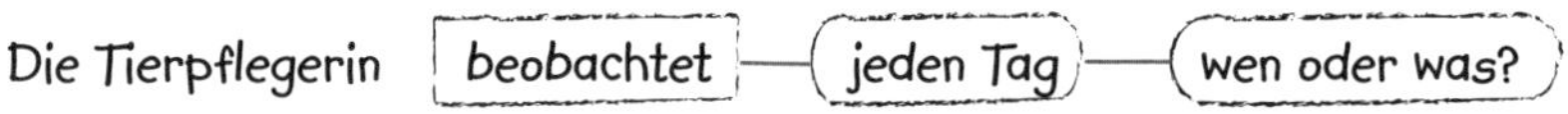

Soll der Genitiv noch hinzukommen, kann dies mit der Liste der Tiere und der Bezeichnung ihrer Haut kombiniert werden. Ausgangswörter werden zuvor in einem Wortfeld „Häute bei Tieren" gesammelt: Haut, Fell, Pelz, Schuppen, Federkleid .... Sprachmuster ist dann für die Genitiv-Generierung: das Fell des Gorillas ...

Die Tiernamen können in eine Tabelle eingetragen werden, der Fallbegriff wird ergänzt. Die Kinder vergleichen, ob und was sich in den einzelnen Fällen am Begleiter und am Nomen ändert.

Wer-oder-was-Fall	**Wessen-Fall**	**Wem-Fall**	**Wen-oder-was-Fall**
der Gorilla	des Gorillas	dem Gorilla	den Gorilla

Die Arbeit kann man mit Personalpronomen und Adjektiven fortsetzen.

▶ Sollen die Fallbegriffe systematisiert geübt werden, kann dies mit folgendem Arrangement geschehen. Dabei spielt die Methode des Ersetzens (Austauschens) eine wichtige Rolle.

Der Hund Basti frisst
Das ist der Futternapf des Hundes Basti.
Das Fleisch im Napf gehört jetzt dem Hund.
Niemand darf den Hund beim Fressen stören.

▶ Die Kinder können die Fallfragen stellen. Sie stellen fest: Alle vier Fragen sind möglich. Dann tauschen sie systematisch Hund Basti gegen Katze Minchen und gegen Meerschweinchen Pitti aus:

Der Hund Basti	frisst.
Die Katze Minchen	frisst.
Das Meerschweinchen Pitti	frisst.

Das	ist	der Futternapf	des Hundes Basti.
Das	ist	der Futternapf	der Katze Minchen.
Das	ist	der Salat	des Meerschweinchens Pitti.

Entsprechend wird mit den beiden anderen Sätzen verfahren.

Die Fallsetzungen können herausgeschrieben werden; dabei ergibt sich für jedes Genus eine Spalte:

	der	die	das
Wer-oder-was-Fall			
Wessen-Fall			
Wem-Fall			
Wen-oder-was-Fall			

Die Kinder stellen fest, wo sich etwas ändert, und markieren die Wörter. An anderen Wörtern mit demselben Begleiter können sie feststellen, ob das immer so ist.

▶ Weitere Übungsmöglichkeiten mit Fallergänzungen sind zum Beispiel: Berufe, die etwas verkaufen, werden mit dem Satzkern *verkauft* vorgegeben. Die Kinder ergänzen zu Sätzen, in denen immer Ergänzungen im Wem-Fall und im Wen-oder-was-Fall vorkommen: die Bäckerin, der Apotheker, die Tankwartin, der Losverkäufer, der Zeitungsverkäufer, die Frau an der Kinokasse, der Mann im Zoogeschäft ...

Die Kinder ergänzen angefangene Sätze mit Ergänzungen im Wem- und im Wen-oder-was-Fall:

Der große, graue Elefant zeigt ...
Das kleine Gespenst gab ...
Die Lehrerin erklärte ...
Die Hebamme gab ....
Der Nikolaus brachte ...

Anschließend werden die Sätze so umgestellt, dass die Wem-Ergänzung vorne steht.

Orts- und Zeitergänzungen kategorisieren

▶ Die Ergänzungsfragen können nun insgesamt noch einmal angesehen werden. Wenn sie als ovale Täfelchen für die Flanell- oder die Magnetwand präpariert sind, können sie leicht gruppiert und umgruppiert werden. Die Kinder überlegen, ob sie einige Fragen zu Gruppen zusammenfassen können. Wenn die Fallfragen schon gesondert erarbeitet wurden, bilden sie bereits eine Gruppe. Zumeist finden die Kinder Fragen heraus, die sich auf Orte beziehen, und Fragen, die die Zeit betreffen. Es bleiben Fragen übrig. Wenn die Kinder passende Vorschläge für Gruppierungen und für Arbeitsbegriffe haben, sollten sie angenommen und in einer Tabelle realisiert werden. Eine solche Tabelle kann etwa so aussehen:

Fall-Ergänzungen	**Orts-ergänzungen**	**Zeit-ergänzungen**	**andere Ergänzungen**
Wer oder was? Wessen? Wem? Wen oder was?	Wo? Von wo? Woher? Wohin?	Wann? Wie lange? Wie oft?	Wie? Womit? Weshalb? Wozu?

Wenn der Umgang mit dieser Systematisierung noch weiter geübt werden soll, können dazu Übungen wie die folgenden angefügt werden:

▶ Die Kinder fragen in dem folgenden Text in jedem Satz nach der Ortsergänzung:

Unser Hund stammt aus der Schweiz.
Wir haben ihn auf einem Bauernhof gekauft.
Wir sind mit ihm nach Hause gefahren.
Er liegt jetzt meistens hinter der Wohnungstür.

Die Kinder stellen die Sätze so um, dass die Ortsergänzungen immer vorne stehen.

▶ Die Kinder fragen in dem folgenden Text in jedem Satz nach der Zeitergänzung:

Unsere Katze schläft den ganzen Tag.
Sie schleicht nachts durch den Garten.
Sie kommt morgens wieder ins Haus.
Sie war auch einmal zwei Tage lang fort.

Die Kinder stellen die Sätze so um, dass die Zeitergänzungen vorne stehen.

▶ Satzkerne werden vorgegeben, bei denen Orts- und Zeitergänzungen sinnvoll sind, zum Beispiel *versteckte sich*, *verreiste*, *flog*, *fand*, *naschte* ... Die Kinder bilden nun Sätze, in denen jeweils eine Orts- und eine Zeitergänzung vorkommen. Sie stellen die Sätze so um, dass die Orts- oder die Zeitergänzung vorne stehen.

5. Satzarten

Sachklärung: Satzarten (Satzmodi)

Die unendliche Menge von Sätzen kann man auf bestimmte Merkmale hin untersuchen, dadurch können alle Sätze einer sehr begrenzten Zahl von Satzarten oder Satzmodi zugeordnet werden. Je nachdem, welche Merkmale man zugrunde legt, variiert die Zahl der Satzarten und die Zuordnung leicht.

Syntaktisch betrachtet:

Das finite Verb kann an verschiedenen Stellen im Satz stehen.

- In der Verb-Erststellung erhält man Frage- und Aufforderungssätze, dabei entfällt bei Aufforderungssätzen das Subjekt.
  Kommst du mal vorbei? Komm doch auf einen Tee mal vorbei!
- Die Verb-Zweitstellung charakterisiert den Aussagesatz.
  Ich komme heute Nachmittag mal auf einen Tee vorbei.
- Die Verb-Letztstellung findet man schließlich bei Nebensätzen, die durch eine Konjunktion oder ein Relativpronomen eingeleitet werden.
  Ich freue mich, dass du auf einen Tee vorbeikommst.

Allerdings darf man im Umkehrschluss nicht sagen, dass Frage- und Aufforderungssätze immer so gebildet werden. Auch in der Verb-Zweitstellung können Fragen und Aufforderungen formuliert werden, die wie Aussagesätze aussehen, aber doch anders gemeint sind: *Du kommst doch? Du kommst heute Nachmittag einfach mal vorbei!*

Pragmatisch betrachtet:

Grundintentionen menschlichen Sprechens sind *sagen*, *auffordern*, *wünschen*, *fragen*:

- *etwas aussagen, mitteilen, erzählen* – also einen Sachverhalt äußern.
  Dies kann zum Beispiel eine schlicht gesagte Mitteilung sein wie: *Peter kommt heute Nachmittag zum Tee vorbei.* Es kann aber auch ein emphatischer Ausruf sein: *Peter kommt tatsächlich mal vorbei! Wie schön ein Teestündchen mit dir mal ist! Was soll Peter denn bei uns!*
- *zu etwas auffordern* – also jemanden beeinflussen, etwas zu tun.
  Heute kommst du aber mal vorbei! Du kommst einfach vorbei! Vorbeikommen sollst du! Dass du mir ja vorbeikommst!
- *etwas wünschen* – also einen Wunsch aussprechen, ohne jemanden direkt aufzufordern, diesen Wunsch auch zu erfüllen.
  Wenn Peter doch mal einfach vorbeikäme!
- *fragen*
  Kommst du vorbei? Wann kommst du? Magst du Tee oder lieber einen Cappuccino? Dabei sind zu unterscheiden der Entscheidungs-Fragesatz, auf den in der Regel nur mit *ja, nein, vielleicht, mal sehen ...* geantwortet wird *(Kommst du vorbei?)*, und der Ergänzungs-Fragesatz, der durch Fragewörter, die W-Wörter, eingeleitet wird und der einen noch nicht bekannten Sachverhalt erfragt *(Wann kommst du?)*.

An den Beispielen wird deutlich, dass jede dieser Grundintentionen nicht nur in einer bestimmten Satzstruktur realisiert wird. Es können vier Satzarten unterschieden werden: Aussagesatz, Aufforderungssatz, Wunschsatz und Fragesatz mit den Varianten Entscheidung und Ergänzung.

Intonatorisch betrachtet:
Sätze werden, abhängig von der Sprecherintention, charaktistisch intoniert. Die Sprachmelodie kann auf einer Ebene bleiben, aufsteigen oder abfallen:

Beispiele und Satzmelodie	**Charakteristik**
Peter kommt auf einen Tee vorbei.	Der Satzbogen fällt am Satzende ab. Das ist die charakteristische Intonation bei *Aussagesätzen*.
Peter kommt tatsächlich mal vorbei! *Wann kommt Peter denn vorbei?*	Der Satzbogen kann wie oben zum Satzende abfallen, er kann aber auch zur Unterstreichung der Verwunderung oder der Freude auf einer Ebene bleiben. *Ausrufesätze* werden so auf einer intonatorischen Ebene artikuliert, ebenso aber auch *Fragesätze mit Ergänzungsfragen*.
Komm doch einfach mal vorbei!	Der Satzbogen steigt auf und fällt dann steil ab. Solch steigend-fallende Intonation ist für *Aufforderungssätze* charakteristisch.
Du kommst zum Tee?	Eine vierte Möglichkeit ist die Umkehrung der steigend-fallenden zur fallend-steigenden Satzmelodie: *Fragesätze mit Entscheidungsfragen* werden so gesprochen. Im Beispielsatz wird das /e/ im Wort Tee intonatorisch hochgezogen, sodass der steigende Melodieteil am Ende erzeugt wird.

Allein der letzte Beispielsatz *Du kommst zum Tee?* kann mit allen vier Intonationen gesprochen werden; je nach Intonation erhält man eine Aussage, einen Ausruf, eine Aufforderung oder eine Frage. Damit ist auch deutlich, dass die Intonation vermutlich der wichtigste Indikator für die Satzart ist.

Allerdings gilt dies nur für die Mündlichkeit. Im Schriftlichen muss neben dem Kontext das Satzschlusszeichen markieren, um welche Satzart es geht. Dafür stehen bekanntermaßen aber nur drei zur Verfügung: der Punkt, das Ausrufezeichen, das Fragezeichen (siehe GÖTZE u. a. 1999, S. 380 ff.).

Didaktische Überlegungen

Begründung
Die Unterscheidung von Satzarten hilft, sich unterschiedlicher Absichten bei sprachlichen Äußerungen bewusstzuwerden. Dabei kommen auch Intonation (mündlich) und Satzschlusszeichen (schriftlich) mit in den Blick.

Begrifflichkeit
In der Regel werden die sprachwissenschaftlichen deutschen Begriffe in der Schulgrammatik übernommen. Dadurch ergeben sich einige Schwierigkeiten im Verständnis der Kinder:

- Der Terminus Fragesatz stellt kein Problem dar.
- Anders ist dies beim in Schulgrammatiken üblichen Begriff Aussagesatz. Er ist für Kinder ein eher irritierender Begriff. Natürlich können sie lernen, dass Sätze, die am Schluss einen Punkt haben, Aussagesätze sind. Doch sagen Aufforderungen auch etwas aus. Ich schlage hier alternativ den Terminus Erzählsatz vor, der sich von der Begrifflichkeit her für Kinder unmittelbar erschließt.
- Schwieriger zu handhaben ist die Übernahme des Terminus Aufforderungssatz, wenn zudem, einer linguistischen Theorie folgend, der Ausrufesatz noch dem Aussagesatz zugeordnet wird. Die Irritation ist perfekt, wenn der Aufforderungssatz ein Ausrufezeichen erhält, aber nicht Ausrufesatz heißt, während der Ausrufesatz ein Ausrufezeichen erhält, aber ein Aussagesatz sein soll.

Ich empfehle, die Satzschlusszeichen und die grundlegende Sprachabsicht miteinander zu verbinden, und die Begriffe von daher zu bestimmen. Ein Ausrufezeichen zum Beispiel haben alle Sätze, die mit Nachdruck gesagt, geflüstert oder gerufen werden, die Emphase ist das entscheidende Kriterium. Dann setzt man ein Ausrufezeichen und dann soll der Satz auch entsprechend Ausrufesatz heißen. Die Kinder sollten auch feststellen, dass Ausrufe nicht immer lauthals gerufen werden müssen. Wenn im Keller plötzlich das Licht ausgeht, kann jemand den Ausruf flüstern: *Ist das unheimlich hier!* Ich schlage mithin die Begriffe vor: **Erzählsatz**, **Fragesatz**, **Ausrufesatz**.

Wenn man mit einem Satz etwas erzählt, ist er ein Erzählsatz. Er hat am Ende einen Punkt.	*Heute Nachmittag möchte ich Fußball spielen.*
Wenn man mit einem Satz etwas fragt, ist er ein Fragesatz und hat am Ende ein Fragezeichen.	*Kommst du mit zum Fußballspielen?* *Wann treffen wir uns?*
Wenn man mit einem Satz etwas ruft, ist er ein Ausrufesatz und hat am Ende ein Ausrufezeichen.	*Heute gibt es ein Fußballspiel!* *Kommt alle zugucken!* *Ist das finster hier!*

Erzählsatz, Fragesatz, Ausrufesatz
sind die drei Satzarten.

Satzart-Probe: *Ist das ein Erzählsatz, ein Fragesatz oder ein Ausrufesatz?*
Wird der Satz normal gesprochen? – ein Erzählsatz
Wird mit dem Satz gefragt? – ein Fragesatz
Wird der Satz mit besonderem Nachdruck gesprochen? – ein Ausrufesatz

Lernprozess

Die Kinder kennen aus dem eigenen Sprachhandeln hörend und selbst sprechend die Grundintentionen menschlichen Sprechens, einschließlich individueller Intonationen, zu denen neben der Sprachmelodie auch der Nachdruck und die Situation gehören. Ein Kind kann denselben Satz personenspezifisch unterschiedlich interpretieren: Kommt der ordnungsvernarrte Vater ins Kinderzimmer und sagt: *Das sieht ja wieder herrlich aus,* weiß das Kind, das ist ein Befehl: *Sofort aufräumen!* Kommt die Mutter und sagt: *Das sieht ja wieder herrlich aus,* dann ist es nur eine folgenlose Bemerkung. Sagt der Opa dasselbe, meint er damit: *Schön, dass du so fein spielst,* und fordert damit die Frage heraus: *Opa, willst du mitspielen?* (Dies ist nur ein Beispiel, die Rollen können natürlich auch anders verteilt sein.) Die Kinder haben für ihr vertrautes Umfeld ein feines Gespür für Intentionen. Sollen sie mit drei Satzarten zusammengebracht werden, führt dies zu Vergröberungen. Das aber darf nicht davon abhalten, den feineren Unterscheidungen mit den Kindern nachzugehen.

Da die Kinder bei der Beschäftigung mit Büchern schon vor der Schule, zumindest aber bereits in den ersten Wochen die Satzschlusszeichen in prägnanten Situationen kennenlernen, haben sie die Zeichen längst auf die ihnen bekannten Grundintentionen bezogen. Die Einführung der drei vorgeschlagenen Termini ist deshalb kein besonderes Problem der Begriffsbildung.

Wohl aber sollte es nicht bei der schlichten Bezeichnung bleiben. Vielmehr müssen die von Kindern erfahrbaren Intentionen mit zur Sprache kommen, und Sätze müssen unterschiedlich intonatorisch durchprobiert werden: Wie wird aus einem Erzählsatz eine Frage, wie ein Ausruf, wie ein Befehl?

Unterrichtsbeispiele

Intonationen ausprobieren

▶ Vorlesenüben ist leider in Verruf geraten, weil immer nur an z. B. leidvolle Übungen wie Fehlerlesen gedacht wird. Vorlesen hat aber eigene didaktische Qualitäten, wenn es **gestaltetes Vorlesen** ist. Dazu motivieren schon in den ersten Schulwochen Dialogtexte, die mit verteilten Rollen gelesen werden. Hier ein ▶ Beispiel aus den ersten Schulwochen:

(Malte sieht fern, Oma macht in der Küche Abendessen.)
Malte: Los, spring schon
Toll
Oma: Malte, kommst du essen
Malte: O nein, Oma, es ist so toll
Oma: Salat mit Tomaten, Malte
Malte: Eine Minute, Oma
Oma: Nein, Malte
Aus
Malte mault
Malte kommt
Malte isst
Mm

Die Kinder merken, dass hier die Satzzeichen am Ende fehlen. Sie kennen schon die drei Möglichkeiten. Wie bekommt man heraus, welches Satzzeichen gesetzt werden muss? Die Kinder lesen die Sätze. Was sagt die Oma, wann wird sie strenger, wann wird sie energisch? Wo also werden Punkte gesetzt, wo ein Ausrufezeichen? Was ist mit dem Satz: *Malte, kommst du essen.* Wie wird die Oma ihn sprechen? Als Frage oder als Aufforderung? Vermutlich werden die Kinder die Erfahrung gemacht haben, dass solche Fragen in ähnlichen Situationen als Aufforderung gemeint sind. Wenn die Oma nun Malte überlassen wollte, ob er kommt oder nicht, wie würde sie dann den Satz sagen? Auch das kann probiert werden. Am Ende setzen die Kinder die Satzzeichen und üben, den Text szenisch zu sprechen und zu spielen.

Hierzu noch ein Beispiel:

Lisa und Timo
Gestern hat Lisa Timo ein Geheimnis gesagt:
„Vielleicht ziehen wir bald um
Bleiben wir dann Freunde“
Heute wissen alle Kinder Lisas Geheimnis
Lisa ist traurig und wütend
Ein Freund, der ein Geheimnis verrät, ist kein Freund
Da wird auch Tim traurig
„Tut mir so leid, Lisa“
„Komm wir spielen“ ruft Lisa
„Vielleicht ziehen wir ja doch nicht um“

Viele Texte machen eine solche Arbeit über alle Grundschuljahre hinweg möglich: Die Satzzeichen werden eliminiert, und die Kinder entscheiden nach ihren Erfahrungen und experimentieren mit Klangproben, welche Zeichen hier wohl die richtigen sind.
▶ Beim Thema „Urlaub/Ferien“ oder „Fahrzeuge“ stellen die Kinder Autofahrt-Sätze zusammen:

Jetzt sind wir bald an der Grenze
Mensch, pass doch auf
Wann sind wir endlich da
Hört endlich mit dem Zanken auf
Das sieht ja toll aus
Da ist noch ein Auto aus Köln
Warum geht es denn nicht weiter
Lass das
Wo ist denn nur die Straßenkarte
…

Die Sätze werden ohne Satzzeichen untersucht: Die Kinder machen Klangproben, setzen gegebenenfalls auch mehrere Satzzeichen, wenn mehreres möglich ist, zum Beispiel beim Autofahrt-Satz: *Warum geht es denn nicht weiter !?* Der Satz wird dann in einen Zusammenhang gesetzt, um zu erklären, zu welcher Satzart er gehört.

Das Auto steht im Stau.
Der Vater ist genervt und ruft: Warum geht es denn nicht weiter!
Der Vater fragt einen Polizisten, der auf der Straße geht/die Mutter, die

zum Seitenfenster hinaussieht: Warum geht es denn nicht weiter?
Der Vater denkt nur laut: Warum geht es denn nicht weiter.

Die Sätze können sortiert werden:

Erzählsätze	**Ausrufesätze**	**Fragesätze**
...	...	...

Die Kinder spielen Autofahrt und verwenden dabei die gesammelten Sätze. Hört man immer, welche Satzzeichen gesetzt werden müssten?

▶ In anderen Zusammenhängen können andere Sätze gesammelt werden, die situativ vorkommen und alle drei Satzarten enthalten. Das können Themen sein wie „Zoo" oder „Markt/Einkaufen", oder es werden Schulhofsätze gesammelt, Sätze beim Fußballspiel, beim Picknick, Lehrerin-Sätze ... Auch Übungsmaterial lässt sich aus solchen thematischen Zusammenhängen gewinnen:

Im Zoo
Warum darf man die Tiere nicht füttern
Haben die aber einen langen Hals
Sandra komm sofort zurück
Wo sind denn die Affen
Nichts ins Wasser werfen
Die Affen haben alle einen roten Hintern
Wo ist die Toilette
Ist der Kleine niedlich
...

In der Klasse
Holt die Lesebücher heraus
Wer möchte anfangen
Ich lese euch mal den Anfang der Geschichte vor
Hört bitte gut zu
Habt ihr alles verstanden
Nun aber raus in die Pause
...

In Kinderbüchern und Lesebüchern werden Sätze mit Frage- und mit Ausrufezeichen herausgesucht. Was geschieht im Text kurz vorher und was bedeutet das Satzschlusszeichen hier? Die Szene wird vorgelesen und der entsprechende Satz dabei probeweise intoniert. Diese Übung setzt sich dann fort beim gestalteten Vorlesen von Texten.

▶ Wenn es in der Klasse einen Klassenbriefkasten gibt, dann können die Briefe mit den Vorschlägen, Fragen und Beschwerden auf die Intention hin untersucht werden. Wie müssen die Satzzeichen gesetzt werden?

▶ Übungsmöglichkeiten ergeben Texte, in denen Frage- und Ausrufesätze verstärkt vorkommen. Ein Beispiel:

Auf dem Bahnsteig
Achtung, der Zug fährt gleich ab
Hierher, hier ist unser Wagen
Ja wo seid ihr denn
Fährt der Zug wirklich nach München
Ach, du Schreck, das ist der falsche Zug
Wo fährt denn der Zug nach München
Kommt schnell, wir müssen zum Gleis 7
Nun macht schon
Habt ihr auch eure Taschen
Verflixt, jetzt ist der Zug weg

Fragen stellen

Fragen sind grob in zwei Fragetypen zu unterscheiden:

- **Entscheidungsfragen**, bei denen der Befragte nur mit *ja* oder *nein*, mit *vielleicht* oder *weiß nicht* antworten kann: *Arbeiten Sie gern?*
- **Ergänzungsfragen**, die durch Fragewörter, die W-Wörter, eingeleitet werden. Die Frage enthält eine unvollständige Information und soll durch die Antwort ergänzt werden: *Wann fangen Sie morgens an zu arbeiten?*

Andere Typen wie rhetorische Fragesätze lasse ich hier unberücksichtigt.

▶ Fragenstellen ist im Zusammenhang mit Interviews sinnvoll. Beim Thema „Unsere Schule" können die Kinder die Personen befragen, die an der Schule arbeiten: die Lehrkräfte, die Sekretärin, den Schulleiter oder die Schulleiterin, den Hausmeister oder die Hausmeisterin, die Reinigungskräfte. Sie bereiten sich auf die Interviews vor, indem sie Fragen sammeln. Zu beliebten Fragen von Kindern gehören zum Beispiel:

Seit wann sind Sie Lehrerin?
Unterrichten Sie gern?
Was ist Ihr Lieblingsfach?
Haben Sie Kinder?

Die Kinder schreiben die Fragen auf Karteikarten und beim Interview die Antworten dazu. Bei der Auswertung kommt auch zur Sprache: Auf welche Fragen gab es ausführliche Antworten, auf welche Fragen nur kurze? Dabei werden die Kinder feststellen, dass man ausführliche Antworten zumeist auf Fragen erhält, die mit einem Fragewort, einem W-Wort, anfangen: Was?, Warum?, Wann?, Wie?, Wo? usw. Die Kinder können nun unterscheiden zwischen W-Fragen und Ja-nein-Fragen und lernen: Wenn man mehr wissen will, muss man eine W-Frage stellen.

Entsprechende Interviews kann man bei vielen Themen durchführen. Dies ist immer auch eine Gelegenheit, darüber nachzudenken, welche Fragen günstig sind und welche nicht.

▶ **W-Fragen:** Bei vielen Sachthemen können die Kinder ihr Wissen in Quizfragen umsetzen. Eine W-Frage wird gestellt, und drei Antwortmöglichkeiten werden angeboten, von denen eine stimmen muss, also das klassische Multiple-Choice-Verfahren. Die Schwierigkeit ist hierbei, Fragen zu stellen, die eine kürzere Antwort ermöglichen, und die Antworten so auszuwählen, dass jede möglich sein könnte. Dazu ist fachliches Wissen Voraussetzung.

Was ist ein Iglu? ☐ ein Eisberg ☐ ein Schneehaus ☐ ein Indianerzelt
Wie nennt man die Füße eines Rehs? ☐ Tatzen ☐ Hufe ☐ Pranken

Die Quizfragen werden auf Karteikarten geschrieben und für Spiele gesammelt. Auf der Rückseite der Karte müssen die Autoren ihre Namen schreiben, weil sie die Richtigkeit einer Antwort auch verantworten.

Im Übrigen gehen die Kinder im Bereich der Satzgrammatik bei den Ergänzungsfragen ohnehin ständig mit W-Fragen um.

▶ **Ja-nein-Fragen:** Auch hierzu gibt es ein bekanntes Gesellschaftsspiel: Ein Wort muss erraten werden, der Rätselsteller darf aber nur mit *Ja* oder *Nein* antworten. Das verlangt, dass keine W-Fragen gestellt werden. Fragt jemand so, wird sich sofort die Untauglichkeit herausstellen. Auch dieses Spiel ist nahezu in allen thematischen Zusammenhängen spielbar, natürlich auch außerhalb von Unterrichtsthemen. Die Wörter können Sachbereiche betreffen (Ritter und Burgen, Tiere, Unsere Stadt, Berufe ...), aber auch Fantasiebereiche (Märchenwesen/Märchenorte/Märchendinge, Traumberufe ...).

6. Der zusammengesetzte Satz

Wenn bisher von Sätzen die Rede war, ging es um den einfachen oder komplexen Hauptsatz, ohne die koordinierende Verbindung mehrerer Hauptsätze und erst recht ohne Satzverbindungen, die aus einem Haupt- und wenigstens einem Nebensatz bestehen. Kinder gehen mit solchen zusammengesetzten Sätzen lesend um, sprachgewandtere Kinder schreiben auch selbst solche Sätze. Sie sind aber nicht direkter Gegenstand der Grundschularbeit, weder die hiermit thematisch werdende Kommasetzung für die Rechtschreibung noch die kategorisierende Arbeit im Bereich Grammatik. Kein Lehrplan weist Entsprechendes aus.

Dennoch: Es lohnt sich, in das Thema auch mit Grundschulkindern einzusteigen, im Wortsinne: hineinzusteigen von zwei oder drei Seiten her, um diese sprachlichen Möglichkeiten in einen ersten Augenschein zu nehmen. Alle weiteren Erkundungen und Bearbeitungen sind dann Aufgabe der nachfolgenden Schulstufen.

Sachklärung: Satzverbindung (Parataxe) und Satzgefüge (Hypotaxe)

Wenn mehrere Hauptsätze aneinandergereiht und durch eine Konjunktion bzw. durch ein Komma oder Semikolon getrennt sind, spricht man von einer Satzverbindung, einer parataktischen Fügung. Kinder schreiben oft in Parataxen, sie sind aber kein Durchgangsstadium von Schreibanfängern. In der Literatur finden wir häufig stilistisch feingefügte nebengeordnete Sätze: *Armut ist die größte Plage, Reichtum ist das höchste Gut. Das Wasser rauscht, das Wasser schwoll, der Fischer saß daran. Jeder Tag hat seine Plage und die Nacht hat ihre Lust. Das Leben ist ernst, heiter die Kunst.* Neben der Konjunktion *und* können auch andere Konjunktionen nebengeordnete Sätze miteinander verbinden: *oder, aber, jedoch, nur, denn, somit, mithin, trotzdem.*

Wird einem Hauptsatz ein Nebensatz oder werden ihm mehrere Nebensätze untergeordnet, spricht man von einem Satzgefüge, einer hypotaktischen Fügung. Nebensätze können vorangestellt, nachgestellt und eingeschoben sein, und sie können verschiedene Funktionen im Satzgefüge einnehmen. In den Grammatikmodellen werden die Nebensätze je nach systemischem Ansatz unterschiedlich eingeordnet und benannt. Auch werden die Begriffe Haupt- und Nebensatz oft mit anderen Termini besetzt; gebräuchlich ist Gliedsatz statt Nebensatz, wobei dieser Begriff nicht alle Nebensatzarten umfasst. Da dies alles aber kein Gegenstand der Grundschularbeit ist, führe ich diese Diskussion hier nicht weiter aus.

Ich folge dem Ansatz, auch bei Nebensätzen nach der Beziehung zum Satzkern des Hauptsatzes zu fragen. Damit können drei Typen von Nebensätzen ausgemacht werden: Ergänzungs-, Attributiv- und Angabesätze.

Ergänzungssätze: Sie vertreten ein Satzglied im Hauptsatz und werden eingeleitet mit den Konjunktionen *dass, ob,* W-Partikeln, oder es sind Infinitivsätze.

Susanne sah *Peters Freude* – Susanne sah, *wie sich Peter freute.*

Susanne fragte Peter *nach einem gemeinsamen Kinobesuch.* – Susanne fragte Peter, *ob er mit ihr ins Kino gehen würde.*

Peter und Susanne gingen *noch auf eine Pizza* zum Italiener. – Peter und Susanne gingen zum Italiener, *um noch eine Pizza zu essen.*

Sie schauten *zum Aussuchen eines Weins* in die Weinkarte: Sie schauten in die Weinkarte, *um einen Wein auszusuchen.*

Attributivsätze: Sie ersetzen nicht ein Satzglied im Hauptsatz, wohl aber den Teil eines Satzgliedes. Eröffnet werden die Attributivsätze entweder durch ein Verweiswort, das unmittelbar auf das jeweilige Satzglied Bezug nimmt, oder sie sind nicht eingeleitet.

Sie gingen *ins Bistro, das* sich direkt neben dem Kino befand.

Hinten in der Ecke, wo noch ein Platz frei war, setzten sie sich.

Angabesätze: Angabesätze sind nicht vom Satzkern des Hauptsatzes abhängig, sondern an den Hauptsatz angefügt. Sie können auch wegfallen. Eingeleitet werden sie durch Konjunktionen wie *weil* (Kausalsatz), *während* oder *nachdem* (Temporalsatz), *sodass* (Konsekutivsatz), *obwohl* (Konzessivsatz), *wenn* oder *falls* (Konditionalsatz), *während* (Adversativsatz).

Sie gingen ins Bistro, *weil* ... Sie gingen ins Bistro, *nachdem* ...

(siehe Götze u. a. 1999, S. 399 ff.)

Didaktische Überlegungen

Begründung

Zusammengesetzte Sätze kennen die Kinder. Auch Kinder aus sprachärmeren Milieus lernen sie in der Schule und durch Lektüre kennen und verstehen. Die Begründungen, Satzverbindungen und Satzgefüge auch grammatikalisch zu bedenken und mit ihnen bewusster umzugehen, gehen in verschiedene Richtungen:

- Die Arbeit an zusammengesetzten Sätzen kann schwächeren Kindern helfen, entsprechende Sätze in Texten leichter zu strukturieren und zu verstehen.
- Für differenziertere sprachliche Darstellungen und zur eigenen stilistischen Weiterentwicklung ist die Wahrnehmung und Übung entsprechender Satzkonstruktionen wichtig; diese Intention gilt allerdings insbesondere für die nachfolgenden Schulstufen.
- Mit Blick auf den Grammatikunterricht liegt ein Grund in der sonstigen Bescheidung der satzbezogenen Arbeit auf den Hauptsatz. Es ist deshalb sinnvoll, wenigstens in Einstiegen auch komplexere Satzformen zum Thema zu machen.

Begrifflichkeit

Die beiden Begriffe **Haupt**- und **Nebensatz** werden im Gebrauch eingeführt, weiter definiert werden sie nicht. Erst recht entfallen spezifischere Termini für einzelne Nebensatztypen. Einen Sonderfall der Satzverbindung stellen die Begleitsätze und die wörtliche Rede dar, die in den Grammatiken in diesem Zusammenhang nicht bearbeitet werden, meines Erachtens aber hier hingehören. Dafür werden die allgemein üblichen deutschsprachigen Begriffe Begleitsatz, wörtliche Rede, Doppelpunkt und Redezeichen eingeführt und verwendet.

Lernprozess

Die Einstiege in die Thematik sind aus drei Richtungen möglich:

- Die Kinder nehmen zusammengesetzte Sätze in Texten wahr und untersuchen sie.
- Bei Satzbildungen stoßen die Kinder auf Ergänzungsfragen, die auch mit einem weiteren Satz zu beantworten sind.
- Die Kinder erhalten in thematischen Zusammenhängen Satzmuster, die mit der Einleitung zu einem Nebensatz beginnen (Ich finde ungerecht, dass ...).

Für diese Einstiege werden im Folgenden einige Unterrichtsbeispiele gegeben.

Unterrichtsbeispiele

Sätze mit Nebensätzen ergänzen

▶ In der Klasse wird ein Klassenbriefkasten eingerichtet. Hier können Vorschläge, Beschwerden, Anträge an den Klassenrat eingeworfen werden. Dort finden sich Briefe wie:

Wir wollen uns über Sven und Mirko beschweren, die stören uns immer beim Gummitwist. Kirsten und Sylvia
Ich möchte gern mal über Indianer sprechen. Sven
Was ich ungerecht finde. Die Mädchen nehmen immer nur die Mädchen dran. Carlos

Die Briefe sind Anlässe für Gespräche und Verhandlungen zum Beispiel im Klassenrat. Sie sind aber auch Gegenstände für die sprachliche Arbeit. Die Kinder sortieren eine Briefsammlung: Welche Briefe passen in den nächsten Klassenrat, welche auf die Planungstafel? Was also sind Beschwerden, was sind Vorschläge? An welchen Wörtern erkennt man das? In diesem Zusammenhang können Satzbildungsmuster angeboten werden:

Ich finde es ungerecht, dass ...
Wir beschweren uns darüber, dass ...
Ich schlage für den nächsten Ausflug vor, dass ...

In diesen Mustern wird ein Ergänzungssatz eingeleitet. Die Kinder probieren diese Satzbildungsmuster mit eigenen Anliegen aus:

Ich finde es ungerecht, dass die Mädchen immer die Mädchen drannehmen.
Ich finde es ungerecht, dass ich mich melde und nie drankomme.
Ich finde es ungerecht, dass die aus der vierten Klasse auf dem Schulhof Fußball spielen dürfen, wir aber nicht.
usw.

Diese Nebensatzbildung soll nicht normativ für die Briefe werden, aber sie stellt eine weitere Möglichkeit dar, einen Vorschlag oder eine Beschwerde zu formulieren.

▶ An anderer Stelle können Satzbautafeln zu solchen Satzbildungen führen.

Beim Thema „Wünschen“ kann mit dieser Satzbautafel gearbeitet werden:

Die Kinder schreiben ihre Wünsche in die leeren Ovale:

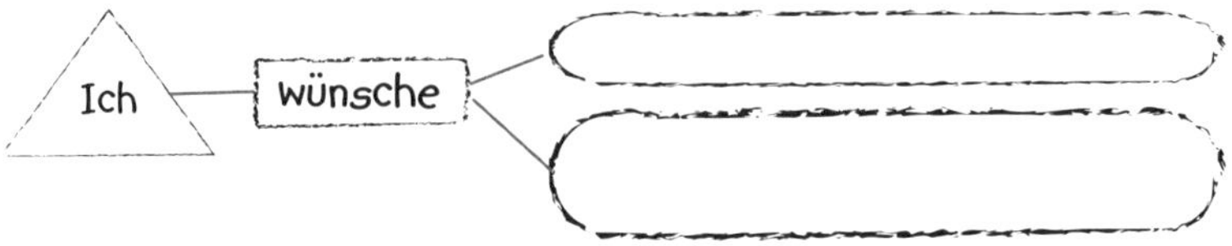

Dabei kann es sein, dass Kinder bei der Was-Ergänzung auch schon einen Nebensatz mit *dass* verwenden, zumal, wenn dies vorher bereits im Unterricht Gegenstand war. Auf jeden Fall kann versucht werden, die Was-Ergänzung mal durch einen Satzteil im Hauptsatz zu ergänzen, mal als Nebensatz zu formulieren, der mit *dass* eingeleitet wird:

Die Kinder entscheiden dann, welche Formulierung für sie besser klingt. Ein Gesichtspunkt wird vermutlich sein, dass man lieber einen Nebensatz schreibt, wenn sonst der Hauptsatz zu lang wird. Ansonsten werden die Kinder wie Erwachsene emotional entscheiden. Formulierungen mit hölzernen Nominalisierungen werden Kinder in der Regel gar nicht erst versuchen: Ich wünsche mir die baldige *Genesung meiner Oma*. Stattdessen werden Kinder schreiben: Ich wünsche mir, *dass meine Oma wieder gesund wird*. Oder: Hoffentlich wird meine Oma bald wieder gesund. Die Prüffrage heißt: Woran merkt man, dass dies ein Wunsch ist (wünsche mir, hoffentlich)?

▶ Beim Thema „Ich“ oder „Junge/Mädchen“ denken die Kinder auch über ihr Jungen- und Mädchensein nach. Sie haben Spielzeuge, Kleidung, Vorlieben gesammelt, Erfahrungen ausgetauscht. Sind sie immer froh, ein Junge oder ein Mädchen zu sein, oder wünschen sie das manchmal anders? Die Kinder erhalten folgende Satzmuster für ihre Meinungen (hier das Beispiel Mädchen):

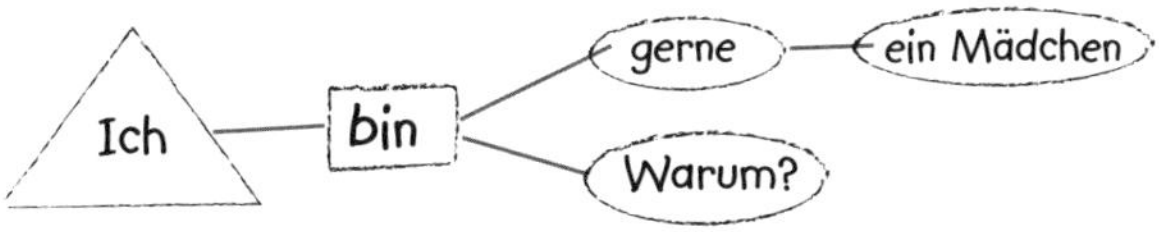

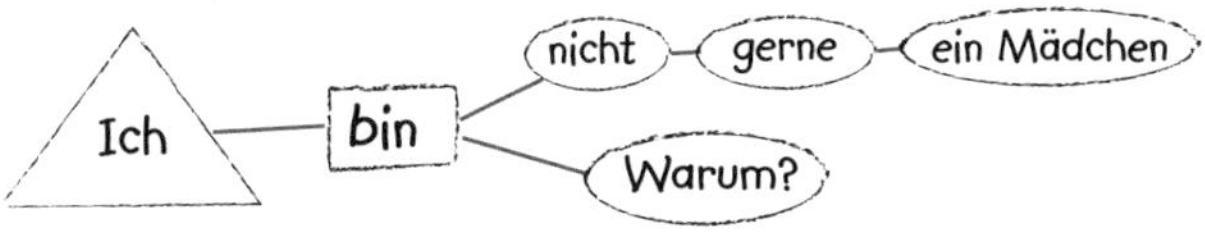

Wie formulieren die Kinder die Warum-Ergänzung? Lösungsmöglichkeiten können sein:

> Ich bin gern ein Mädchen wegen meiner Lieblingsbücher über „Die wilden Hühner".
> Ich bin gerne ein Mädchen, denn ich lese gern „Die wilden Hühner".
> Ich bin gerne ein Mädchen, weil ich gern „Die wilden Hühner" lese.
> Ich bin gerne ein Mädchen. Ich lese nämlich gern „Die wilden Hühner".
> Ich bin gern ein Mädchen. Weil ich lese gern „Die wilden Hühner".

Die erste Variante werden Kinder nicht wählen. Sie werden versuchen, die Warum-Ergänzung in einem neuen Satz auszudrücken: parataktisch mit *denn* oder hypotaktisch mit dem Kausalsatz, der mit *weil* eingeleitet wird. Die letzte Variante ist eine aktuelle Satzbildung, bei der die Konjunktion *weil* formwidrig einen Hauptsatz einleitet. Sie sollte nicht als Formulierungsbeispiel dienen. Die Möglichkeiten der Kinder werden gegebenenfalls durch weitere ergänzt. Prüffrage ist: An welchem Wort erkennt man, dass auf die Ergänzungsfrage *warum?* ein Grund genannt wird (wegen, denn, weil, nämlich)? Die Kinder denken darüber nach, welche Satzbildung ihnen am besten gefällt.

▶ Ähnlich kann zum Beispiel beim Thema „Verkehr" gearbeitet werden. Die Kinder überlegen hierbei auch, wann sie und andere Leute zu Fuß gehen, wann sie lieber ein Verkehrsmittel nutzen und warum das so ist. Auch über Alternativen wird nachgedacht. In diesem Zusammenhang wird mit folgender Satzbautafel gearbeitet:

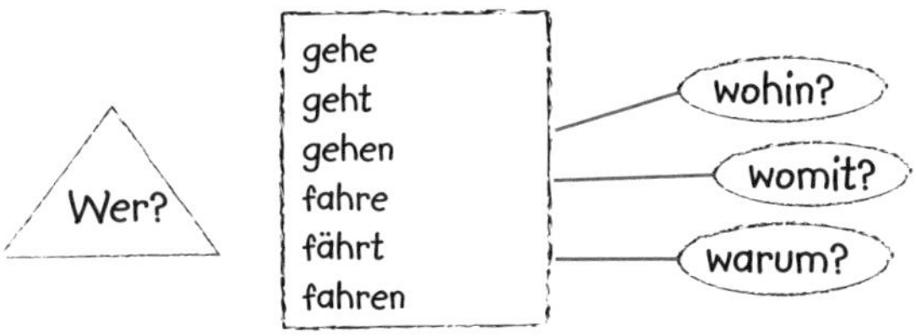

Die Warum-Frage ist wieder zu sperrig für ein Satzglied. Es können Sätze entstehen wie: *Ich fahre mit dem Fahrrad zur Schule, weil ...* oder: *Ich fahre mit dem Fahrrad zur Schule, denn ...*

Bei solchen Experimenten mit Satzbildungen entdecken die Kinder, dass eine Ergänzungsfrage auch zu einem neuen Satz führen kann.

Bezogen auf die Rechtschreibung lernen sie im Übrigen bei bestimmten Satzmustern die Kommasetzung und die dass-Schreibung, ohne dass dies an dieser Stelle grammatiktheoretisch weiter vertieft wird.

Verbindewörter in Texten finden und sie ausprobieren

Die Kinder haben durch solche Versuche mit der Bildung von zusammengesetzten Sätzen einige Satzverbindungen erkannt; in den Beispielen waren das die Konjunktionen *dass, denn, weil.* Nun können sie in Kinder- und Lesebüchern nach anderen Verbindewörtern suchen. Also: Gesucht werden Kommastellen in langen Sätzen. Steht direkt hinter dem Komma ein Verbindewort? Wenn ja, wird es herausgeschrieben. Auf einer beliebigen Lesebuchseite für Klasse 4 können die Kinder nach dieser Suchregel die Konjunktionen finden: *wie* (mehrmals), *weil, da, ohne dass, dass* (mehrmals), *als.* Nun kann an Texten ausprobiert werden, welche dieser Verbindeworte am besten passen.

▶ Beim Thema „Pflanzen" steht auch die Brennnessel im Mittelpunkt. Sie ist exemplarisch, weil der Zusammenhang von Sprache und Wertschätzung hier auch für Kinder offenkundig wird. Was verändert der Wortbaustein *Un-* oder *un-* in Wörtern? Ist die Brennnessel wirklich ein *Un*-Kraut? Durch Sachinformationen erfahren die Kinder mehr über die Brennnessel. Am Ende erhalten die Kinder unter anderem folgende Satzreihen:

> Brennnesseln wachsen fast überall, sie sind sehr anspruchslos.
> Manche Menschen reißen sie heraus, sie lassen anderen Pflanzen keinen Platz.
> In einer Ecke des Gartens sollten sie wachsen dürfen, sie sind sehr nützlich.
> Brennnesseln sind Heilpflanzen, aus ihren Blättern kann man Tee und Saft gegen Krankheiten herstellen.
> Gärtner nutzen sie als Düngemittel, sie enthalten viele wertvolle Nährstoffe.

Die Kinder probieren, die beiden nebeneinandergesetzten Sätze durch eines der gefundenen Verbindewörter miteinander zu verknüpfen. Sie werden hier kausale Verbindungen finden, also *denn* zur Nebenordnung (Parataxe) oder *weil* zur Unterordnung (Hypotaxe). Zudem können sie feststellen, welche Sätze umgestellt werden müssen, nämlich die mit dem Verbindewort *weil*. Der Satzkern wandert an das Satzende.

In vorgegebenen Sätzen probieren die Kinder aus, welche Verbinde-Wörter hier am besten hineinpassen:

Ich war gerade zu Hause, _____ klingelte schon das Telefon.
Auf dem Schulweg sah ich, _____ auf die Plakatwand ein neues Plakat geklebt wurde.
Plötzlich fing es an zu regnen, _____ ich pitschnass wurde.
_____ ich zu Hause ankam, hatte es aufgehört zu regnen.

Regelungen bei direkter Rede entdecken

Der übliche Weg im Rechtschreibunterricht beim Thema Redezeichen und wörtliche Rede ist, die Regeln an Beispielsätzen zu vermitteln und zu üben. Dies ist zumeist in Klasse 3 Unterrichtsthema. Bis dahin haben die Kinder in Lesetexten unzählige Male direkte Reden und Begleitsätze gesehen und verstanden. Auf diesem Erfahrungshintergrund können sie die Regeln auch selber finden.

▶ Zur gezielten Wahrnehmung ist das Lesen mit verteilten Rollen nützlich. Bei einem literaturorientierten Thema „Es war einmal", „Schelmengeschichten" oder „Geschichten aus aller Welt" lesen die Kinder Geschichten von Nasreddin Hodscha, wie sie heute noch in der Türkei und im arabischen Raum erzählt werden. Nasreddin lebte vor über 700 Jahren, war klug und witzig und brachte die Leute zum Nachdenken. Hodscha ist übrigens ein Ehrenname und bedeutet „gelehrter Mann"; er trug den weißen Turban des Gelehrten.

Wem glaubst du?

Eines Tages suchte ein Freund den Hodscha auf und sagte: „Hodscha, kannst du mir deinen Esel leihen?"
Hodja antwortete: „Es tut mir leid, aber ich habe ihn an jemand anderen ausgeliehen."
Als er das gesagt hatte, begann der Esel zu schreien.
Der Freund rief: „Aber Hodscha, ich höre den Esel doch! Er ist im Stall!"
Da sagte Hodscha würdevoll: „Du glaubst also nicht meinem Wort, sondern dem eines Esels?"

Die Kinder lesen die Geschichten mit drei verteilten Rollen: Erzähler, Freund und Nasreddin. Alle drei müssen darauf achten, wann sie mit dem Vorlesen an der Reihe sind. Die Kinder stellen fest, wie die wörtlichen Reden markiert sind. Sie erkennen die Redezeichen („Gänsefüßchen unten und oben") sowie die Begleitsätze, die am Ende einen Doppelpunkt haben. Ein Satz ist in diesem Text kein Begleitsatz. Die Begleitsätze werden blau unterstrichen, die Redesätze rot.

Hodscha fällt vom Esel
Eines Tages, als Hodscha seinen Esel in höchster Geschwindigkeit ritt, fiel er herunter. Alle Kinder versammelten sich um ihn herum. „Oh Hodscha, wie kommt es, dass du runtergefallen bist?", lachten sie. Der Hodscha antwortete: „Worüber lacht ihr? Ich wollte sowieso absteigen."

Was ist hier anders? Ein Begleitsatz steht hinter der Rede, zwischen Begleitsatz und Rede steht ein Komma. Im Text werden Begleitsatz und Rede markiert, der Text wird wieder mit verteilten Rollen gelesen.

Mit den Kindern kann ein Schema für die Zeichensetzung bei wörtlichen Reden entwickelt werden:

(Begleitsatz): „ (Rede) "

„ (Rede) ", (Begleitsatz)

Dies ist noch nicht die vollständige gültige Regel, deshalb folgt noch eine dritte Nasreddin-Geschichte:

Ein Gelehrter
Ein Mann, der nicht lesen konnte, brachte dem Hodscha einen Brief. „Kannst du mir den Brief vorlesen?", fragte er ihn. Der Hodscha besah sich den Brief. „Die Handschrift ist so schlecht, dass ich sie nicht lesen kann", sagte er dann. Der Mann wurde böse. „Du trägst den weißen Turban eines Gelehrten und kannst noch nicht einmal einen Brief lesen!", schimpfte er. Der Hodscha setzte seinen Turban ab und sagte: „Wenn du denkst, dass jeder, der den weißen Turban trägt, ein Gelehrter ist, dann setz du ihn auf und sieh, ob du den Brief lesen kannst."

Die drei Fälle mit nachgestelltem Begleitsatz werden genauer untersucht. Was ist gleich, was ist anders? Wenn der Begleitsatz nachgestellt ist, steht zwischen Rede und Begleitsatz immer ein Komma. Hat die Rede am Ende ein

Ausrufe- oder ein Fragezeichen, dann wird das auch gesetzt. Die Kinder durchforsten nun ihre Lesebücher und Kinderliteratur, wie dort die Zeichen gesetzt werden, wenn der Begleitsatz nachgestellt ist. Beispiele werden aufgeschrieben, die Begleitsätze werden blau, die Redesätze rot unterstrichen. Das Ergebnis der Recherche kann das folgende Schema sein, das der gültigen Zeichensetzung entspricht:

„____________“, ______________

„____________!“, ______________

„____________?“, ______________

Die Kinder können überlegen, warum am Ende des Erzählsatzes kein Punkt gesetzt wird, aber beim Fragesatz ein Fragezeichen, beim Ausrufesatz ein Ausrufezeichen. Die Lösung: Eigentlich soll immer nur ein Satzzeichen stehen, deshalb entfällt der Punkt. Aber Fragen und Ausrufe sollen besonders markiert werden.

Der Fall des eingeschobenen Begleitsatzes spielt in den eigenen Texten der Kinder keine Rolle. Wenn die Kinder bei ihren Recherchen auch auf diese Fälle stoßen, kann auch die Regelung hierzu besprochen werden (nach dem Redeteil steht ein Komma, dann folgt der Begleitsatz, wieder ein Komma, dann folgt der zweite Redeteil). Thema der Grundschule ist dies aber nicht mehr.

Literatur

BARTNITZKY, HORST/BUNK, HANS-DIETER (Hrsg.): KUNTERBUNT, verschiedene Lehrwerke. Neubearbeitung ab 2003. Leipzig: Ernst Klett Grundschulverlag

BARTNITZKY, HORST: Sprachunterricht heute. Berlin: Cornelsen Scriptor 2000

BARTNITZKY, HORST/SPECK-HAMDAN, ANGELIKA (Hrsg.): Deutsch als Zweitsprache lernen. Frankfurt a. M.: Grundschulverband 2005

BILDUNGSSTANDARDS im Fach Deutsch für den Primarbereich. Beschluss vom 15.10.2004. München: Wolters Kluwer 2005

BÖTTCHER, WOLFGANG/SITTA, HORST: Der andere Grammatikunterricht. München: Urban und Schwarzenberg 1978

BUSSMANN, HADUMOD: Lexikon der Sprachwissenschaft. Stuttgart: Alfred Kröner Verlag 1990

EISENBERG, PETER/MENZEL, WOLFGANG: Grammatik-Werkstatt. In: Grammatik – Praxis und Hintergründe. Sonderheft Praxis Deutsch. Seelze: Friedrich 1995

ENGIN, HAVVA/MÜLLER-BOEHM, EVA/STEINMÜLLER, ULRICH/TERHECHTE-MERMEROGLÜ, FRIEDERIKE: Kinder lernen Deutsch als zweite Sprache. Berlin: Cornelsen Scriptor 2004

GLINZ, HANS: Der deutsche Satz. Düsseldorf: Pädagogischer Verlag Schwann 1961

GÖTZE, LUTZ/HESS-LÜTTICH, ERNEST W. B.: Grammatik der deutschen Sprache. Gütersloh, München: Bertelsmann Lexikon Verlag 1999

HILDEBRAND, RUDOLF: Vom deutschen Sprachunterricht. Bad Heilbrunn: Julius Klinkhard 1962, 27. Auflage (zuerst 1867)

KLUGE, WOLFHARD (zum Beispiel): Abschied vom Grammatik-Tort.
In: BRÜGELMANN/BALHORN: Das Gehirn, das Alfabet und andere Geschichten. Konstanz: Ekkehard Faude-Verlag 1990;
Grammatik-Arbeit in der Grundschule – Aufbau und Klärung von Spracherfahrung. In: SCHOBER (Hrsg.): Deutschunterricht für die Grundschule. Bad Heilbrunn: Klinkhardt 1998

LINKE, ANGELIKA/NUSSBAUMER, MARKUS/PORTMANN, PAUL R.: Studienbuch Linguistik. Tübingen: Niemeyer 1996

MENZEL, WOLFGANG: Grammatik-Werkstatt. Seelze-Velber: Kallmeyersche Verlagsbuchhandlung 1999

SCHWENK, HELGA: Grammatikunterricht in der Schule? In: BRAUN/KRALLMANN: Handbuch Deutschunterricht Band 2. Düsseldorf: Schwann 1983

WEISBERGER, LEO: Das Tor zur Muttersprache. Düsseldorf: Pädagogischer Verlag Schwann 1950

Stichwörter